ERLEBNISPARKS
IN DEUTSCHLAND

DIE AUTOREN

Die Texte und Informationen in diesem Buch wurden von den erfahrenen Fachautoren der Parkscout-Redaktion verfasst und zusammengestellt.

Freizeit-Land Geiselwind

Liebe Leserin, lieber Leser,

in einer Zeit, die in zunehmendem Maße immer stärker geprägt ist von Hektik und Alltagsstress bieten sich Freizeitparks, Zoos oder auch Erlebnisbäder als Oase der Entspannung oder als Entdeckungsreise in fremde Welten an, um die täglichen Probleme einmal außen vor zu lassen und sich eine kleine Auszeit zu gönnen.

Wilde Achterbahnen, spannende Tierbegegnungen für Jung und Alt, qualitativ hochwertige Wellness-Angebote – die Bandbreite des Angebots in den deutschen Erlebniswelten lässt keine Wünsche offen und zieht jedes Jahr Millionen von Menschen in seinen Bann. Und so unterschiedlich sie auch sein mögen, sind sie doch alle Leuchttürme der gesamten Freizeitindustrie in Deutschland, die mit einzigartigen Attraktionen und Angeboten die Lust der Menschen an Spaß, Nervenkitzel, Bildung und Erholung auf höchstem Qualitätslevel be-friedigen. Dieses Buch mag als Landkarte dienen, um diese strahlenden Leuchttürme ausfindig zu machen und damit neue Welten sowie neue Abenteuer zu entdecken.

Wir wünschen Ihnen viel Vergnügen bei der Lektüre dieses Buches und viel Spaß in den deutschen Erlebnisparks Ihrer Wahl, von denen wir auf den kommenden Seiten insgesamt 73 Ziele ausführlich vorstellen ...

Ihr Parkscout.de-Team

Das Redaktionsteam von Parkscout.de steht Ihnen jederzeit per E-Mail unter **redaktion@parkscout.de** für Fragen, Anregungen und Kritik zu diesem Buch zur Verfügung.

INHALT

Erlebnisparks im Süden 104

Erlebnisparks im Osten 166

Achterbahnspaß im Movie Park Germany

Erlebnisparks im
Norden

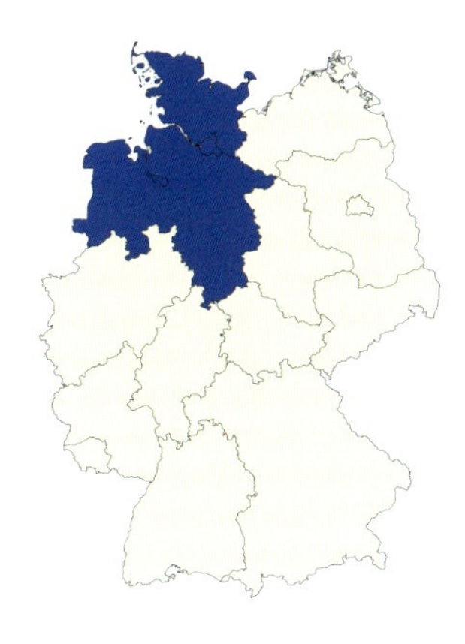

Rund 13 Millionen Menschen wohnen in den vier nördlichen Bundesländern Niedersachsen, Schleswig-Holstein, Hamburg und Bremen auf einer Gesamtfläche von fast 65.000 Quadratkilometern.

Zu den Highlights unter den Ausflugszielen im Norden gehören der Heide-Park in Soltau, der HANSA-PARK an der Ostsee, der Hamburger Tierpark Hagenbeck, der Erlebnis-Zoo Hannover, der Weltvogelpark Walsrode und das BadeLand Wolfsburg.

Nachfolgend finden Sie eine Auswahl der beliebtesten Erlebnisparks der Region, von denen wir einige näher vorstellen.

Freizeitparks und Co.

Park	Ort	Internet	Seite
Miniatur Wunderland	20457 Hamburg	www.miniatur-wunderland.de	10
Kidsplanet Harsefeld	21698 Harsefeld	www.kidsplanet.tv	–
rabatzz!	22525 Hamburg-Stellingen	www.rabatzz.de	–
HANSA-PARK	23730 Sierksdorf	www.hansapark.de	14
Tolk-Schau Freizeitpark	24894 Tolk	www.tolk-schau.de	–
Tier- und Freizeitpark Thüle	26169 Friesoythe-Thüle	www.tier-freizeitpark.de	–
Jaderpark	26349 Jaderberg	www.jaderpark.de	–
Bullermeck Spielscheune	26434 Hooksiel	www.bullermeck.de	–
Magic Park Verden	27283 Verden	www.magicpark-verden.de	–
Klimahaus® Bremerhaven 8° Ost	27568 Bremerhaven	www.klimahaus-bremerhaven.de	18
Wild- und Freizeitpark Ostrittrum	27801 Ostrittrum	www.freizeitpark-ostrittrum.de	–
Heide-Park Resort	29614 Soltau	www.heide-park.de	22
Serengeti Park	29693 Hodenhagen	www.serengeti-park.de	26
Abenteuerland Mellendorf	30900 Wedemark	www.abenteuerland-mellendorf.de	–
Rasti-Land	31020 Salzhemmendorf	www.rastiland.de	32
Familienpark Sottrum	31188 Holle/Sottrum	www.familienpark-sottrum.de	–
Erse-Park	31311 Uetze	www.erse-park.com	–
Zappel Spielarena	49124 Georgsmarienhütte	www.zappelspielarena.de	–

Zoos und Tierparks

Park	Ort	Internet	Seite
Wildpark Schwarze Berge	21224 Rosengarten-Vahrendorf	www.wildpark-schwarze-berge.de	–
Wildpark Lüneburger Heide	21271 Hanstedt-Nindorf	www.wild-park.de	–
Tierpark und Tropen-Aquarium Hagenbeck	22527 Hamburg	www.hagenbeck.de	12
Möllner Wildpark	23879 Mölln	www.moelln.de	–
Esel- und Landspielhof	24327 Blekendorf	www.eselundlandspielhof.de	–
Tierpark Neumünster	24537 Neumünster	www.tierparknms.de	–
Zoo am Meer Bremerhaven	27568 Bremerhaven	www.zoo-am-meer-bremerhaven.de	20
Bürgerpark Bremen	28209 Bremen	www.buergerpark.de	–
Wild- und Abenteuerpark Müden/Örtze	29328 Müden	www.wildpark-mueden.de	–
Filmtierpark Eschede	29361 Höfer	www.filmtierpark.de	–
Greifvogel-Gehege Bispingen	29646 Bispingen	www.greifvogel-gehege.de	–
Weltvogelpark Walsrode	29664 Walsrode	www.weltvogelpark.de	24
Erlebnis-Zoo Hannover	30175 Hannover	www.zoo-hannover.de	28
Schmetterlingsfarm Steinhude	31515 Wunstorf/Steinhude	www.schmetterlingsfarm.de	–
Tierpark Bad Pyrmont	31812 Bad Pyrmont	www.tierpark-badpyrmont.de	–
Arche Noah Zoo Braunschweig	38124 Braunschweig	www.zoo-bs.de	–
Tierpark Essehof	38165 Lehre-Essehof	www.tierpark-essehof.de	–
Tierpark Nordhorn	48531 Nordhorn	www.tierpark-nordhorn.de	36
Zoo Osnabrück	49082 Osnabrück	www.zoo-osnabrueck.de	38
Naturtierpark Ströhen	49419 Ströhen	www.tierpark-stroehen.de	–

Erlebnisbäder

Bad	Ort	Internet	Seite
Salztherme Lüneburg	21335 Lüneburg	www.salue.info	–
ARRIBA Erlebnisbad	22850 Norderstedt	www.arriba-erlebnisbad.de	–
Badebucht Wedel	22880 Wedel	www.badebucht.de	–
Ostsee-Therme Scharbeutz	23683 Scharbeutz	www.ostsee-therme.de	–
Badeparadies Weissenhäuser Strand	23758 Weissenhäuser Strand	www.weissenhaeuserstrand.de	–
HolstenTherme	24568 Kaltenkirchen	www.holstentherme.de	–

Erlebnisbäder (Fortsetzung)

Bad	Ort	Internet	Seite
Olantis Huntebad	26122 Oldenburg	www.olantis.com	–
Nordseetherme Sonneninsel	26427 Bensersiel	www.bensersiel.de	–
Ocean Wave	26506 Norden-Norddeich	www.ocean-wave.de	–
Graft Therme	27753 Delmenhorst	www.grafttherme.de	–
Weserpark Oase	28307 Bremen	www.weserpark-oase.de	–
Soltau Therme	29614 Soltau	www.soltau-therme.de	–
Allwetterbad Munster	29633 Munster	www.ihr-stadtwerk.de	–
Wasserparadies Hildesheim	31134 Hildesheim	www.wasserparadies-hildesheim.de	–
Sole- Frei- und Hallenbad	31162 Bad Salzdetfurth	www.mit-natur-natuerlich-fit.de	–
Tropicana Stadthagen	31655 Stadthagen	www.tropicana.stadthagen.de	–
Badeparadies Eiswiese	37073 Göttingen	www.badeparadies.de	–
BadeLand Wolfsburg	38448 Wolfsburg	www.badeland wolfsburg.de	34
Nettebad Osnabrück	49090 Osnabrück	www.nettebad.de	40
Hallenwellen- und Freibad Vechta	49377 Vechta	www.vechta.de	–
Spaßbad Topas	49733 Haren/Ems	www.schlossdankern.de	–

Informationen im Internet

Mehr Erlebnisparks im Norden Deutschlands finden Sie unter:

www.parkscout.de

www.freizeitstars.de

Direkte Links

Niedersachsen: www.parkscout.de/bundesland/niedersachsen

Bremen: www.parkscout.de/bundesland/bremen

Hamburg: www.parkscout.de/bundesland/hamburg

Schleswig-Holstein: www.parkscout.de/bundesland/schleswig-holstein

01

MINIATUR WUNDERLAND

Miniatur-Welt der Superlative

INFORMATIONEN

Bundesland
Hamburg

Adresse
Miniatur Wunderland
Im Kultur & Gewerbespeicher
Kehrwieder 2–4, Block D
20457 Hamburg
Tel. (040) 300 68 00
www.miniatur-wunderland.de

Öffnungszeiten
Ganzjährig täglich 9.30–18 Uhr, je nach Wochentag oder Jahreszeit häufig länger bis in die späteren Abendstunden

Hunde
Erlaubt

GASTRONOMIE

Im Bistro-Restaurant werden kalte und warme Speisen zu familienfreundlichen Preisen angeboten.

Ganz nah dran (Titelbild)
Der bisher größte Bauabschnitt: Skandinavien (rechts)

Wer hat in seiner Kindheit nicht davon geträumt, eine tolle Anlage für die Modelleisenbahn zu basteln und die Züge nach Herzenslust durch die selbstgebauten Landschaften fahren zu lassen?! Die Brüder Frederik und Gerrit Braun haben sich diesen Traum erfüllt – und haben in einem denkmalgeschützten Gebäude in der Hamburger Speicherstadt nicht nur irgendeine Modelleisenbahn-Anlage errichtet, sondern direkt die größte der Welt.

Die Fakten sprechen für sich: Auf einer Fläche von 1.300 Quadratmetern wurden in 580.000 Arbeitsstunden etwa 13 Kilometer Gleise, 930 Züge, 215.000 Figuren und 335.000 Lichter installiert. Allerdings fing im Jahr 2000 auch hier natürlich alles erst einmal klein an und die mittlerweile acht vorhandenen Bauabschnitte mitsamt charakteristischen Landschaften und berühmten Bauwerken entstanden Stück für Stück. Bewegte man sich mit »Harz«, »Knuffingen«, »Österreich« und »Hamburg« zunächst auf heimischem Territorium, machte man schließlich den Sprung über den großen Teich nach »Amerika«, wandte sich dann mit dem Bauabschnitt »Skandinavien« dem hohen Norden zu, die letzten Neuzugänge waren die »Schweiz« und der »Flughafen«. Aber damit sind die Gebrüder Braun noch lange nicht zufrieden. Eifrig werden Pläne für die kommenden Jahre geschmiedet. Nach dem nun bald fertiggestellten Bereich »Italien« soll »Frankreich« folgen, langfristig möchte man bis 2020 noch »England« und »Afrika« verwirklichen. Auch darüber hinaus ist ein Ende noch lange nicht in Sicht …

Aber das Miniatur Wunderland ist weit mehr als eine herkömmliche Modellbahn-Anlage, in der Züge durch eine idyllische Umgebung fahren und hier und da mal ein paar Figuren zu sehen sind. Stattdessen eröffnet sich dem Besucher eine spektakuläre Miniatur-Welt, die alle 15 Minuten den Wechsel von Tag und Nacht durchläuft und die gefüllt ist mit einer Menge an Leben. Die Landschaften strotzen nur so vor Details und Feinheiten, sind vollgepackt mit größeren oder kleineren Szenerien, die den Betrachter oftmals zum Schmunzeln bringen.

Von Großereignissen wie Ritterfestspielen, Pop-Konzerten oder einem Fußballmatch über Gefängnisausbrüche und Verkehrsunfälle bis hin zu tanzenden Elfen oder einem Liebespaar, das es sich im Sonnenblumenfeld gemütlich macht, ist alles vertreten. Zudem geht auch ein Feuerteufel um, der regelmäßig an verschiedenen Stellen Brände legt – die von einer ganzen Brigade an Wunderland-Feuerwehrwagen aber natürlich schnellstmöglich gelöscht werden. Hinter diesen Aktionen steckt das »Carsystem«, eine eigens von den Brauns ausgetüftelte revolutionäre Technik, die die kleinen Fahrzeuge computergesteuert durch die Straßen düsen lässt. Ebenso entwickelten die kreativen Köpfe Möglichkeiten, um die Modell-Flieger am »Flughafen« starten und landen zu lassen und in den großen Wasserbecken im Bereich »Skandinavien« Ebbe und Flut zu simulieren.

Diese faszinierende Anlage in der Hamburger Speicherstadt ist absolut einen Besuch wert und kann sowohl großen als auch kleinen Gästen sehr ans Herz gelegt werden. Nicht umsonst ist das Miniatur Wunderland mit einer Million Besuchern pro Jahr die beliebteste Touristenattraktion der Hansestadt. ■

TIPPS

Vor allem an Wochenenden und in den Ferien kann es am Einlass zu langen Wartezeiten kommen. Um diese zu umgehen, können Sie auf der Homepage einen Blick auf die Wartezeitenprognose werfen oder über das Reservierungssystem spezielle Tickets buchen, mit denen Sie zu einer bestimmten Ankunftszeit bevorzugten Einlass erhalten.

An bestimmten Tagen wird ein Rollstuhl-Abend angeboten, der sich ausschließlich an Rollstuhlfahrer und schwerstbehinderte Gäste richtet, die hier einen ungehindert freien Blick auf die Anlage bekommen.

EVENTS

Mehrmalig im Jahr kann man bei dem Event »Nachts im Wunderland« die Miniatur-Welt in einem kleinen Kreis von Besuchern in entspannter Atmosphäre genießen und sogar einen Blick hinter die Kulissen erhaschen.

Gourmets sei die »Kulinarische Weltreise« ans Herz gelegt. Bei diesem All-inclusive-Abend können sich Besucher auf genüssliche Highlights der einzelnen Länder des Wunderlands freuen.

TIERPARK UND TROPEN-AQUARIUM HAGENBECK

Hamburgs tierisches Original

INFORMATIONEN

Bundesland
Hamburg

Adresse
Tierpark und Tropen-Aquarium Hagenbeck
Lokstedter Grenzstraße 2
22527 Hamburg
Tel. (040) 530 03 30
www.hagenbeck.de

Öffnungszeiten
Tierpark: ganzjährig täglich 9–18 Uhr, im Winter bis 16.30 Uhr, im Sommer bis 19 Uhr
Tropen-Aquarium: ganzjährig täglich 9–18 Uhr

Hunde
Nicht erlaubt

Tierbegegnungen pur (Titelbild)
Afrika-Panorama (rechts)

Hagenbeck gehört zu Hamburg wie Michel, Hafen, Alster und Elbe und hat sich zu einer der wichtigsten kulturellen Institutionen der Hansestadt entwickelt. Elefanten und Giraffen füttern, Eisbären und Walrossen beim Tauchen zusehen, Ponys reiten und Ziegen streicheln – all das und noch viel mehr können die Besucher hier erleben.

Der Name Hagenbeck steht seit mehr als einhundert Jahren für die einzigartige Mischung aus großzügiger Parkanlage, Tieren aus aller Welt und kulturellen Bauwerken. Freisichtanlagen wie das berühmte »Afrika-Panorama« oder das innovative Orang-Utan-Haus begeistern die Gäste. Auf 25 Hektar leben 1.850 Tiere aller Kontinente aus 210 Arten, etliche bedrohte Arten werden hier mit großem Erfolg gezüchtet.

Das Füttern der Asiatischen Elefanten ist in dieser Form einmalig in Deutschland. Sogar Giraffen dürfen zu bestimmten Zeiten gefüttert werden. Bei den moderierten Schaufütterungen erzählen Tierpfleger Wissenswertes über ihre Schützlinge.

Seit Juli 2012 verzaubert das neue »Eismeer« die Gäste: Der 750 Meter lange Besucherweg führt durch Felslandschaften und Eisformationen. Gewaltige Walrosse tauchen in ihrem acht Meter tiefen Becken und beäugen die Besucher. Seebären tollen herum, Eisbären schwimmen vorbei, während eine Kolonie Humboldt-Pinguine blitzschnell durch das Wasser taucht. In dem sieben Grad warmen Lebensbereich der arktischen Pinguine können die Tiere nicht nur schwimmen, sondern mit Klettern, Rutschen und Hüpfen ihr gesamtes Repertoire an natürlichen Bewegungsabläufen nutzen.

Expedition um den Äquator

Ein verschlungener Dschungelpfad führt über vier Ebenen durch die einzigartige Erlebniswelt des Tropen-Aquarium Hagenbeck. Üppige Pflanzen wuchern in verlassenen Dörfern, Schlangen winden sich durchs Geäst, Echsen huschen durch das Grün, Lemuren turnen über den Madagaskar-Dorfplatz, Krokodile lagern am Ufer eines Sees und Vögel fliegen durch die feuchtwarme Luft. Es gibt Leben in jeder Nische, die Natur erobert sich alle Räume zurück. Mehr als 14.300 Tiere aus über 300 Arten leben unter einem sonnendurchlässigen Foliendach.

Ein Stollen führt in eine Höhlenwelt mit einzigartigen Bewohnern. Durch die Kommandozentrale eines U-Boots geht es direkt in die Unterwasserwelt. Armdicke Muränen, extravagante Feuerfische und die farbenprächtige Welt eines lebenden Korallenriffs gehören zu den Anblicken, die sonst nur Tauchern vorbehalten sind. In insgesamt 31.000 Litern Süßwasser und fast Millionen Litern Salzwasser zeigen sich verborgene Welten. Highlight ist das Große Hai-Atoll: Die in Europa einzigartige, konkav gebogene Sichtscheibe ist vierzehn Meter lang, sechs Meter hoch und 22 Zentimeter dick. Verschiedene Haiarten, Stechrochen, ein Riesenzackenbarsch und viele andere Fische ziehen in den 1,8 Millionen Litern Wasser ihre Bahnen. ■

GASTRONOMIE

Während im Sommer die »Flamingo-Lodge« mit einer abwechslungsreichen Speisekarte für das leibliche Wohl sorgt, können die Besucher im Winter in das gemütliche »Restaurant am Spielplatz« einkehren. Zudem sind ganzjährig mehrere Imbissstände und Picknickplätze zu finden.

Großer Hai-Atoll

4 HANSA-PARK

Freizeitspaß mit frischer Brise

INFORMATIONEN

Bundesland
Schleswig-Holstein

Adresse
HANSA-PARK
Am Fahrenkrog 1
23730 Sierksdorf
Tel. (045 63) 47 40
www.hansapark.de

Öffnungszeiten
In der Regel Anfang April–Oktober, meist 9–18 Uhr

Hunde
Erlaubt

Themenwelt »Hanse in Europa« (Titelbild)

Einen ganz besonderen Platz unter den großen deutschen Freizeitparks nimmt unbestritten der HANSA-PARK im schleswig-holsteinischen Sierksdorf ein. Einerseits durch seine einmalige Lage, die den Besuchern einen Blick aufs Meer bietet. Andererseits durch eine Auswahl an Attraktionen für jedes Alter und eine besondere Art des Erzählens, die die Geschichte der Hanse greifbar macht.

Schon vor Betreten des Parks blicken die Gäste auf die originalgetreu nachgebildeten Fassaden bekannter Gebäude aus verschiedenen Hansestädten in Europa. Das wohl hierzulande bekannteste Wahrzeichen, das Lübecker Holstentor, fungiert als zentraler Blickfang und Eingangsportal zugleich. Der Bezug zu ebenjener Historie und dem allgegenwärtigen Wasser sind unübersehbar die Inspirationsquelle der HANSA-PARK-Macher.

Wasserspaß ist überall

Eine supersteile Abfahrt erleben die Bootspassagiere im »Super-Splash«. Eine spaßige Attraktion, die im Sommer besondere Beliebtheit durch ihren hohen Nässefaktor und die damit verbundene Erfrischung erfährt. Zumindest die Chance, auch einmal trocken zu bleiben, bietet die Wasserbahn »Rio Dorado« im mexikanischen Design. Das Gleiche gilt im Übrigen für die Wildwasserbahn, die zu den schönsten in Deutschland zählt. Doch nicht nur die Fahrattraktionen zeigen, dass man als Gast seine Wasserscheu ablegen sollte. Gerade für die kleinen Gäste, die in der Regel einen besonderen Drang zum Wasser haben, sind der Wasserspielplatz im Wikingerlook und nicht zuletzt der freche »Sprechende Brunnen« mit seinen lockeren Sprüchen und unberechenbaren Fontänen ein Hit. Eine Wasserattraktion speziell für Familien mit kleineren Kindern und ein großer Publikumsliebling ist die »Sturmfahrt der Drachenboote«.

Hoch hinaus – auch für die Kleinen

Wenn die Großen mutig im »Navajo Trail« den Pfad der Häuptlinge bezwingen und ihren Spaß in einem der höchsten und größten Hochseilgärten seiner Art in Europa haben, kommen im HANSA-PARK auch die Kids nicht zu kurz. Wie bereits der Name »Niedrigseilgarten« verrät, sorgt der spezielle Kinderparcours für altersgerechtes Magenkribbeln wenige Zentimeter über dem Boden.

Überhaupt legt man hier viel Wert darauf, dass die jüngsten Besucher einen tollen Tag im Park erleben können. Erst 2013 gab es mit dem »Dschungel-Paradies« eine Ergänzung zu den vielen Attraktionen wie Ballpools, Kinder-Freifallturm und Karussells, die ganz alleine oder zumindest in Begleitung der Eltern erlebt werden können. 2014 erweiterte der HANSA-PARK sein Spielangebot mit der »Fondaco dei Tedeschi«, während das 4D-Kino mit »Happy Feet« und »Yogi Bär« gleich zwei spannende Filme zeigt.

Ungeheurer Nervenkitzel

Schon »Nessie«, Deutschlands erste Loopingachterbahn, ist nach wie vor ein besonderer Liebling nicht nur der Coasterfans. Auch die Achterbahnen »Crazy Mine«, im Stile wildgewordener Bergwerksloren, und »Rasender Roland«, der die Strecke und sogar den Looping von Nessie kreuzt, machen eine Menge Spaß. Die »Schlange von Midgard« erzählt

TIPPS

Eine perfekte Kombination aus Freizeitparkbesuch und Familienurlaub bietet sich mit den Bungalows und Ferienwohnungen des HANSA-PARK Resort direkt zwischen Park und Ostsee.

Das Preis-Leistungs-Verhältnis des Frühstücks im HANSA-PARK ist kaum zu schlagen. Sie können den Park bedenkenlos nüchtern betreten und dort in aller Ruhe frühstücken, ohne dass es sich in der Urlaubskasse allzu stark bemerkbar macht.

Die Schlange von Midgard

GASTRONOMIE

Der HANSA-PARK bietet seinen hungrigen Gästen nicht nur Fast Food und Süßigkeiten, sondern auch eine große Auswahl an regionalen und internationalen Gerichten, wobei auch gesunde Speisen wie frische Salate, Gemüsesticks und Obst nicht fehlen. Das alles gibt es zu wirklich fairen Preisen, so dass man den Picknick-Korb getrost zu Hause lassen kann.

Der Schwur des Kärnan (rechts)
Nessie (links oben)
Gruselevent: Zeit der Schattenwesen (links unten)

indes eine Geschichte aus den nordischen Mythen. Die aufwändig gestaltete Bahn ist nicht nur optisch ein Highlight und sollte unbedingt ausprobiert werden. Für viele Gäste und Achterbahnfreunde weltweit stellt der »Fluch von Novgorod« eine der Top-Attraktionen des Parks dar. Die kombinierte Achterbahn- und Themenfahrt setzte weltweit Maßstäbe und katapultiert die Fahrgäste wortwörtlich auf eine wilde Reise mit einmaligen Fahrelementen. Getoppt wird dieses Erlebnis nur noch von dem neuen Hyper Coaster »Der Schwur des Kärnan«, der seit 2015 für den ganz besonderen Nervenkitzel sorgt.

Erhöht erlebenswert

Ob eine rasante Tour mit dem 70 Meter hohen Kettenflieger »Torre del Mar« oder eher eine ruhigere Fahrt im 100 Meter hohen »Holstein-Turm« einen Blick über Meer und Park verschafft, das bleibt dem Mut der Gäste überlassen. Doch auch von unten lässt sich das Gelände bequem erkunden: Die Eisenbahn »HANSA-PARK-Express« fährt einmal rund um den Park – so lässt sich sicher die eine oder andere Attraktion entdecken, die noch unbedingt ausprobiert werden muss. Sehenswert ist in jedem Falle immer auch das Showangebot, das von der bei Kindern beliebten Seelöwenshow über die Varietéshow in der »Arena del Mar« bis hin zu Freilichtdarbietungen und der aufwendig gestalteten Parade reicht. Für ein paar Minuten Pause und Entspannung sorgen nicht nur gemütliche Bootsfahrten, sondern auch gärtnerisch schön gestaltete Bereiche des Parks mit ausreichenden Sitzmöglichkeiten.

Das gastronomische Angebot des HANSA-PARK, das in den vergangenen Jahren mehrfach ausgezeichnet wurde, ist in jedem Falle erwähnenswert. Hierbei wurde insbesondere die Auswahl honoriert, die weit entfernt von der obligatorischen Currywurst mit Pommes (die es aber selbstverständlich auch gibt) liegt: Fischgerichte, die zu einem Park am Meer natürlich dazugehören, sind hier ebenso zu finden wie saisonale Angebote oder gesundes Gemüse am speziellen Kinderbuffet.

Ein bunter Strauß an Events

Bekannt ist der HANSA-PARK bereits seit längerem auch für seine schön gestalteten Events: Beim »Osterhasen- und Osterblütenfestival« und dem »Sommerblütenfestival« stehen namensgebend die vergänglichen Kunstwerke der Natur im Vordergrund. Farbenprächtige Blütenarrangements und Musik lassen den HANSA-PARK zur permanenten Gartenschau werden. Die »Zeit der Schattenwesen« lässt die Besucher im Herbst gruseln, bevor der »Herbstzauber am Meer» traditionell den Saisonabschluss mit Girlanden, Lichtskulpturen und einem Feuerwerk bildet.

Der HANSA-PARK macht vor, wie ein guter Freizeitpark sein muss: Spaß für die ganze Familie und ein moderates Preis-Leistungs-Verhältnis machen ihn zum echten Tipp für einen vielversprechenden Familienausflug. ■

Hochseilgarten (oben)
Fluch von Novgorod (unten)

04

KLIMAHAUS BREMERHAVEN 8° OST

Rund ums Klima

INFORMATIONEN

Bundesland
Bremen

Adresse
Klimahaus® Bremerhaven 8° Ost
Am Längengrad 8
27568 Bremerhaven
Tel. (0471) 90 20 30 0
www.klimahaus-bremerhaven.de

Öffnungszeiten
Ganzjährig geöffnet, in der Regel 10–18 Uhr

Hunde
Nicht erlaubt (Ausnahme Blindenhunde)

Klimahaus von außen (Titelbild)

Im Klimahaus Bremerhaven 8° Ost ist der Name Programm: Hinter dem ungewöhnlichen Namen verbirgt sich eine unterhaltsame wie lehrreiche Reise durch verschiedene Klimazonen eben auf jenem 8. östlichen Längengrad, auf dem auch Bremerhaven liegt. Wie wirkt sich das Tun des Menschen auf heiße wie kalte Bereiche unserer Erde aus? Hier erhält man nicht nur darauf eine Antwort, sondern ebenso einen Einblick in die Arbeit der Wissenschaftler die dieses komplexe Thema bewerten wollen.

Auf einer Fläche von ca. 11.500 Quadratmetern werden die verschiedenen Klimazonen nicht nur optisch dargestellt, sondern auch mit den jeweils passenden Temperaturen und Gerüchen erlebbar gemacht: von der trockenen Eiseskälte im polaren Klima der Antarktis über die feuchte, gemäßigt warme mitteleuropäische Luft bis hin zum trockenen Wüstenklima.

Elemente und Perspektiven

Mit welchen wichtigen Maßnahmen die Menschheit, aber auch jeder Besucher für sich, Einfluss auf die Zukunft nehmen kann, kann im Bereich »Chancen« erfragt und erlebt werden. Individuell kann hier zum Beispiel am »CO_2-Terminal« ein persönliches Klimakonto angelegt werden. Auseiner Reihe konkreter Fragen zu Alltagsgewohnheiten ermittelt der Rechner nicht nur, wie viele Tonnen an Treibhausgasen durch die Lebensgewohnheiten entstehen – in der Bilanz wird auch deutlich, welches Potenzial zum Klimaschutz bereits in kleinen Veränderungen des alltäglichen Verhaltens steckt.

Im multimedialen »Klimaarchiv« schließlich stehen PC-Terminals mit allgemeinverständlichen Hintergrundinformationen rund ums Klimageschehen zur Verfügung. Bücher, Magazine, Filme und Unterrichtsmaterialien zu den Themen Wetter und Klima, Klimawandel, Klimaforschung, Klimaschutz und zu den Länderstationen des Ausstellungsbereiches »Reise« stehen für Besucher bereit. Dort sind auch die prächtig gestalteten und nicht weniger lehrreichen Aquarien zu finden, die den Besuchern Einblicke in die Unterwasserwelt ausgewählter Orte entlang des 8. Längengrades verschaffen.

In die Haut eines Wetterfrosches können die Besucher im »Wetterstudio« schlüpfen und einen eigenen Wetterbericht moderieren. In Zusammenarbeit mit dem deutschen Wetterdienst wird hier außerdem alles rund um das Thema Wettervorhersage erklärt.

Das Drumherum

Damit sich Familien genauso wohl fühlen können wie Schulklassen, Betriebsausflügler oder auch Einzelbesucher, wurden auch die Gastronomiebereiche großzügig

dimensioniert. Neben einem kleinen Snack im »Café Südwärts« oder einer größeren Stärkung im Selbstbedienungsrestaurant »Längengrad« wird auch Platz für Veranstaltungen mit bis zu 800 Personen geboten, die sich mit Themenbuffets oder Galadiners verwöhnen lassen können. Kindergeburtstage mit lehrreicher Schatzsuche sind ebenso möglich wie der Kauf umweltschonend hergestellter Souvenirartikel im Shop »8° Ost«.

Ob für Klassenausflüge oder den lehrreichen wie erholsamen Familienausflug: Das Klimahaus Bremerhaven 8° Ost ist einen Besuch wert. ■

TIPP

Gerade bei dem komplexen Thema Klima kann man schnell die Übersicht verlieren. Das Angebot einer Führung sollte deshalb gleich genutzt werden – rechtzeitiges Reservieren nicht vergessen!

GASTRONOMIE

Mit dem »Café Südwärts«, dem Restaurant »Längengrad« und »Axels Bar« stehen verschiedene Möglichkeiten für größere oder kleinere Mahlzeiten zur Verfügung. Auch für Veranstaltungen mit bis zu 800 Personen kann auf Anfrage gesorgt werden.

EVENTS

Zahlreiche Veranstaltungen und Kongresse, insbesondere für Lehrer und Schulklassen, oder spezielle Führungen mit Taschenlampen oder Vorträge werden aktuell auf der Internetseite angekündigt.

Lehrreiche Erlebnisse beispielsweise in Kamerun (oben) oder auf Sardinien (unten)

ZOO AM MEER BREMERHAVEN

Nordisch by Nature

INFORMATIONEN

Bundesland
Bremen

Adresse
Zoo am Meer Bremerhaven
H.-H.-Meier-Straße 7
27568 Bremerhaven
Tel. (0471) 30 84 10
www.zoo-am-meer-bremerhaven.de

Öffnungszeiten
Ganzjährig täglich April–September 9–19 Uhr,
März und Oktober 9–18 Uhr,
November–Februar 9–16:30 Uhr

Hunde
Erlaubt (gegen eine Eintrittsgebühr von € 1)

GASTRONOMIE

Nicht nur für das Wohl der Tiere wird hier gesorgt – auch die Besucher werden bestens verpflegt im Restaurant und Café mit Meerblick.

Fütterung bei den Humboldtpinguinen (Titelbild)
Eisbär auf Tauchgang (rechts)

Waren Zoos und Tierparks in der Vergangenheit oftmals nur eine Ansammlung von Tiergehegen, so sind moderne Anlagen nicht nur von den Haltungsbedingungen exotischer und heimischer Tiere deutlich besser geworden. Thematische Konzepte bilden einen großen Kontrast zur reinen Tierschau. Ein besonderer Vertreter dieser neuen Art Tierparks ist der Zoo am Meer in Bremerhaven.

Zwar zählt der 1928 gegründete und nach mehrjähriger kompletter Umbauphase in 2004 wiedereröffnete Zoo mit rund 300.000 Besuchern jährlich nicht zu den größten Tierparks in Deutschland – jedoch zeichnet sich dieser vielleicht gerade deshalb mit seiner nordischen und maritimen Ausrichtung als besonders lohnenswertes Ziel aus. Die Chance, mit dem Umbau »alles richtig zu machen«, wurde genutzt: Die Einbeziehung der natürlichen Meereskulisse in die Gehegegestaltung vermittelt durch die großzügigen, naturnahen Biotopanlagen einen Eindruck von der Weite im Lebensraum von Robben, Pinguinen und ihren tierischen Kollegen. In dem ständig gereinigten und daher glasklaren Wasser hinter dicken Glasscheiben tummeln sich Eisbären so nah, dass man unweigerlich Gänsehaut bekommen muss. Auch die quirligen Zwergotter sind auf ihren Unterwasserstreifzügen prima zu beobachten.

Nicht nur im Wasser zu Hause

Das Leben begann im Wasser, und da Wasser ein Themenschwerpunkt im Zoo am Meer ist, sind neben Scholle, Kabeljau, Knurrhahn, Seesternen und Seeigel auch versteinerte Wasserlebewesen in vielfältiger Form zu sehen.

Für Kinder gibt es Scheiben bis zum Boden, eine spezielle Kinderbeschilderung, Fühlkästen, Kaninchen und Meerschweinchen zum Kuscheln und natürlich einen Spielplatz. Doch auch andere Tiere, die man eigentlich weder dem nassen Element noch einer nordischen Herkunft zurechnen würde, haben in Bremerhaven eine Heimat gefunden und fühlen sich sichtlich wohl: Die Schimpansen mit ihren Jungtieren in der weiten Zoosavanne und die kleinen Weißgesichtsseidenaffen im Regenwald begeistern immer.

Lehrreiches Engagement

Der Zoo engagiert sich für den Schutz bedrohter Tierarten mit der Beteiligung an Zuchtprogrammen und Projekten in den Herkunftsländern der Tiere. Bei verschiedenen Veranstaltungen wird in vielfältiger Weise auf die Bedrohung von Tierarten und Lebensräumen hingewiesen, damit auch die Besucher ein Gespür für die Wichtigkeit dieser Projekte bekommen. Forschungen an Wildtieren und naturkundliche Bildung in Form von Zooschulunterricht gehören heute ebenfalls zu den Aufgaben von modernen Zoos. Insgesamt kann der Zoo am Meer mit seiner modernen Gestaltung und Präsentation überzeugen und sollte bei einem Aufenthalt im Raum Bremerhaven zu den Ausflugszielen gehören. ■

TIPPS

»Wissen live«: Durch tägliche kommentierte Fütterungen (ab 10:30 Uhr und 14:30 Uhr) erfährt man Unglaubliches, Wissenswertes und Lustiges direkt von den Tierpfleger/-innen.

An jedem Montag (abgesehen von Feiertagen) gelten reduzierte Eintrittspreise.

Wer noch ein originelles Geschenk für verschiedene Gelegenheiten sucht, wird sich vielleicht für eine Tierpatenschaft gewinnen lassen: Ab € 50 für ein Zwerghuhn bis € 2.500 für einen Eisbären findet sich bestimmt das Passende.

EVENTS

Im Zoo am Meer wird so einiges geboten, darunter eine Nachtführung, der Forschertag für Kinder, ein Tier-Zeichenkurs oder der Zootag, an dem man einmal hinter die Kulissen schauen darf. Weitere Informationen finden Sie auf der Homepage.

5 HEIDE PARK RESORT

Rekorde und Premieren

INFORMATIONEN

Bundesland
Niedersachsen

Adresse
Heide Park Resort
Heide Park 1
29614 Soltau
Tel. (01805) 91 91 01
€ 0,20/Min. aus dem Festnetz,
Mobilfunk max. € 0,60/Min.
www.heide-park.de

Öffnungszeiten
In der Regel Ende März–Anfang November 10–18 Uhr

Hunde
Erlaubt

Scream – höchster Gyro-Drop-Tower der Welt (Titelbild)

Weltrekorde, Deutschland-Premieren und eine ausgewogene Mischung aus Thrill-Attraktionen und familienfreundlichen Angeboten – mit diesen Worten lässt sich Norddeutschlands größter Familien- und Freizeitpark, das Heide Park Resort in Soltau, am einfachsten beschreiben. Wenn es darum geht, seinen Gästen deutschlandweit einmalige Erlebnisse zu bieten, war und ist man in der Lüneburger Heide immer ganz vorne dabei – und das bereits seit mehr als 35 Jahren.

So war »Desert Race« mit einer Beschleunigung von 0 auf 100 Kilometer pro Stunde in nur 2,4 Sekunden bei der Eröffnung die erste Katapultstart-Achterbahn des Landes, mit »Limit« brachte man im Heide Park Resort bereits im Jahre 1999 die erste Hängeachterbahn nach Deutschland und »KRAKE« ist seit der Eröffnung 2011 der einzige Dive Coaster bundesweit mit einem Fall aus über 40 Metern Höhe. Das bereits 2001 eröffnete Mammutprojekt »Colossos« gilt weiterhin noch als höchste und schnellste Holzachterbahn Europas, und auf dem ganzen Planeten findet sich kein anderer Gyro-Drop-Tower, der es mit der Höhe von »Scream« aufnehmen kann. Dass zuletzt im Jahre 2014 mit »Flug der Dämonen« der erste Wing Coaster des Landes in Soltau eröffnet wurde, passt entsprechend in die Vorreiterrolle, die das Heide Park Resort seit Jahrzehnten übernommen hat.

Familienfreundliches Angebot

Doch auch abseits der Großattraktionen, die sich vorwiegend an ein jugendliches Publikum richten, wird hier einiges geboten. Das toll thematisierte »Mountain Rafting«, eine Wildwasserbahn, der interaktive Wasserspaß »To-

PiLauLa-Schlacht« oder der 75 Meter hohe »Panorama-Turm« sind Beispiele für die zahlreichen familienfreundlichen Attraktionen, bei denen der Fokus nicht auf Thrill gelegt wurde. Auch unter den insgesamt neun Achterbahnen des Parks gibt es durchaus Anlagen, die für kleinere Kinder geeignet sind, wie der »Indy-Blitz« oder auch der Powered Coaster »Grottenblitz«.

Selbst an einen nur 12,6 Meter hohen Freifallturm für die Jüngeren wurde gedacht: Gleich in der Nähe des großen Bruders »Scream« sorgt »Screamie« auch bei dem Nachwuchs für genug Nervenkitzel.

Ideal für die gesamte Familie ist die Show »Madagascar LIVE!«, die auf dem dritten Teil der erfolgreichen Kinoreihe basiert. Ob »Bucht der Totenkopfpiraten«, »Land der Vergessenen«, »Wild West« oder »Transsilvanien«: Die vier Themenwelten des Heide Park Resort stehen für gemeinsame, aufregende Erlebnisse.

Abenteuerlich übernachten

Für einen mehrtägigen Aufenthalt bietet sich das einzigartige Vier-Sterne-Themenhotel »Abenteuerhotel« an, das mit einem wechselnden abendlichen Show-Programm auch nach Parkschluss keine Langeweile aufkommen lässt. Wer es preisgünstiger mag, kann auch im »Holiday Camp« in einem bunten Holzhaus übernachten.

Insgesamt bietet das Heide Park Resort also ein abwechslungsreiches und hochklassiges Angebot für die ganze Familie – allerdings auch nur bei entsprechendem Wetter, da die Zahl der Indoor-Attraktionen doch etwas überschaubar ist. ■

TIPP

Aufgrund der recht überschaubaren Anzahl an überdachten oder Indoor-Attraktionen sollten Sie für Ihren Besuch möglichst einen regenfreien Tag auswählen.

GASTRONOMIE

Die Palette reicht von deftigen bayrischen Spezialitäten über amerikanische Burger bis hin zu Currywurst, Pizza und frischen Salaten. Zudem kommen bei Waffeln, Crêpes, Lebkuchenherzen und den verschiedensten Eissorten auch Naschkatzen auf ihre Kosten.

Holzachterbahn Colossos

07

WELTVOGELPARK WALSRODE

Ein Königreich für Piepmätze

INFORMATIONEN

Bundesland
Niedersachsen

Adresse
Weltvogelpark Walsrode
Am Vogelpark
29664 Walsrode
Tel. (051 61) 604 40
www.weltvogelpark.de

Öffnungszeiten
In der Regel Ende März–Anfang November täglich ab 10 Uhr

Hunde
Nicht erlaubt, allerdings besteht kostenfrei die Möglichkeit einer Unterbringung in einem der parkeigenen Hundehäuser.

GASTRONOMIE

Neben dem idyllischen Restaurant »Rosencafé« und dem historischen Gasthof »Zum Kranich« sorgen zwei Imbissstände sowie ein mobiler Eiswagen für das leibliche Wohl der Besucher.

Auf Federfühlung mit dem Lieblingsvogel: Meet & Greet (Titelbild)

Was in den 1960er Jahren mit der Hobby-Züchtung einiger Fasanen und Wasservögel begann, hat sich bis heute zu einem der artenreichsten und renommiertesten Vogelparks der Welt entwickelt. Nicht nur das aus etwa 675 Arten stammende und mittlerweile mehr als 4.000-köpfige Federvieh, sondern auch die zahlreichen erfolgreichen Nachzüchtungen vieler bedrohter Arten machen den Weltvogelpark Walsrode zu einem beliebten Ausflugsziel für nationale und internationale Besucher.

Noch heute ist die »Fasanerie« ein wichtiger Bestandteil des Weltvogelparks, darüber hinaus ist hier aber eine Vielzahl der unterschiedlichsten Volieren und Freigehege zu finden. Zu den tierischen Stars gehören unter anderem die Andenkondore mit ihrer beeindruckenden Flügelspannweite von bis zu 3,20 Metern, die sie den Besuchern in einer Flugshow vorführen. Aber auch einige vom Aussterben bedrohte Arten wie Riesenseeadler, Kagu, Mindanao-Hornvogel oder Schneekranich sind im Park zu sehen. Ein weiteres Highlight ist seit 2012 das »Kolibri-Haus«, in dem sich die kleinsten Vögel der Welt fast wie zu Hause fühlen.

Loris füttern in »Toowoomba«

Ein weiterer Besuchermagnet ist die 2011 eröffnete Lori-Erlebniswelt »Toowoomba«. Die farbenprächtigen Honigpapageien flattern frei in der Halle umher und lassen sich natürlich gerne von Besuchern mit bereitstehenden Leckereien verwöhnen – nicht nur für kleine Vogelfreunde ein unvergessliches Erlebnis. »Toowoomba« befindet sich in einem separaten Bereich der »Paradieshalle« gegenüber der »Fasanerie«, weitere Papageien sind im »Lori-Atrium«, »Papageienhaus« sowie »Welli-Paradies« zu finden.

Eine Besonderheit des Weltvogelparks ist die in Kooperation mit der indonesischen Regierung für die EXPO 2000 errichtete »Regenwaldhalle«, in der sich die Besucher ein Bild von der beeindruckenden Tier- und Pflanzenwelt des südostasiatischen Inselstaates machen können. Unter der üppigen Vegetation der Halle sind nicht nur mehr als 80 verschiedene Vogelarten zu finden, sondern auch einige Bauwerke wie die aus Lavagestein errichtete balinesische Tempelmauer oder das Toraja-Haus aus den Berglandschaften Sulawesis.

Aber auch Pflanzenfreunde kommen im Weltvogelpark auf ihre Kosten. Die ganze Saison über tauchen hunderte verschiedener Blumen-, Baum- und Straucharten den Park in ein Farbenmeer. Zu den Highlights gehört die Rhododendronblüte, die ab etwa Mitte Mai den Rhododendrengarten schmückt. Hinzu kommen etwa 70 verschiedene Rosensorten sowie eine Vielzahl anderer Blumen und Pflanzen. Einen besonders schönen Blick auf den Rosengarten hat man im Sommer übrigens vom »Rosencafé« aus, das sich direkt neben dem »Lori-Atrium« befindet.

Lebhafte Loris füttern, kreischenden Papageien lauschen oder entspannt durch eine Parkanlage schlendern – im Weltvogelpark Walsrode bieten sich viele Möglichkeiten der Freizeitgestaltung. Viele Spielgelegenheiten für Kinder und ein umfangreiches Edutainment-Angebot machen den Park zudem zu einem idealen Ausflugsziel für die ganze Familie. ■

TIPPS

Verpassen Sie auf keinen Fall die Fütterungen. Etwas Besonderes ist dabei vor allem die täglich um 13:30 Uhr beginnende Fütterung in der gläsernen Vogelbabystation.

Einen exklusiven Einblick in die Geschehnisse hinter den Kulissen vermittelt der »Hobby-Tierpfleger-Tag«. Das Angebot für € 159 beinhaltet den Eintritt in den Park und die persönliche Betreuung durch einen Park-Ranger. Außerdem darf man bei der Fütterung verschiedener Vogelarten helfen und bei der Flug- und/oder der Indoorshow sein Talent als Hobby-Falkner beweisen.

In der Lori-Erlebniswelt Toowoomba

10 SERENGETI-PARK

Erst Safari, dann Achterbahn!

INFORMATIONEN

Bundesland
Niedersachsen

Adresse
Serengeti-Park Hodenhagen
Am Safaripark 1
29693 Hodenhagen
Tel. (051 64) 979 90
www.serengeti-park.de

Öffnungszeiten
In der Regel Ende März–Anfang November 10–17 Uhr

Hunde
Erlaubt (außer in den Serengeti-Bussen)

Der Serengeti-Park im niedersächsischen Hodenhagen bietet seinen Gästen eine gelungene Kombination aus Safaripark und klassischen Fahrattraktionen – alles eingebettet in eine rund 200 Hektar große natürliche Landschaft am Rande der A7.

Rund 1.500 Tiere warten darauf, Sie während einer zehn Kilometer langen Safari-Tour, bei der es auch Halte- und Fotostopps gibt, zu begrüßen. Elefanten, Tiger, Bären, Nashörner, Zebras oder auch die berühmten weißen Löwen sind hier frei laufend in einzelnen thematischen Arealen zu finden. Die spannende Reise durch das »Reich der wilden Tiere« können Sie wahlweise mit dem eigenen Pkw oder alternativ auch mit einem aufpreispflichtigen, kommentierten Safaribus antreten.

Besonders Letzteres ist zu empfehlen, da die Erfahrung der Busfahrer so manche Begegnung während der einstündigen Tour ermöglicht, die sonst verpasst werden würde. Außerdem lernt man hierbei natürlich weitaus mehr über die Tiere, als es bei einer Fahrt mit dem Auto der Fall wäre. Nach diesem Abenteuer bietet sich gleich ein Besuch des Erlebnisbereichs »Abenteuer Safari« mit seinen über 40 Attraktionen und Fahrgeschäften an.

Familienspaß (Titelbild)
Elefantenbulle Tonga (unten)

Safari im Boot oder im Lkw

Zu den Highlights gehören neben den neuen Jetboats des »Black Mamba River« hier vor allem die »Aqua-Safari«, bei der in echten »Airboats« mit Tourguides auf einem Gewässer nach dem legendären Riesenaffen King Kong gesucht wird, und die »Dschungel-Safari-Tour«, bei der es in offenen Lkw in hohem Tempo durch den Wald und ein Giraffengehege geht. Je nach Altersstruktur der Gäste können diese Safaris auch durchaus wilder ausfallen, da die Fahrzeuge manuell von Mitarbeitern gesteuert werden.

Neben der familientauglichen Achterbahn »Chura Racer« und einer nicht allzu nassen Wildwasserbahn findet man im Serengeti-Park auch einige Kirmes-Klassiker wie einen Top Spin, einen Breakdance, ein Riesenrad oder einen Wellenflieger. Ein 17 Meter hoher Freifallturm oder eine Riesenschiffschaukel gehören ebenso zum Repertoire des Parks wie das 30 Meter hohe Flugabenteuer »Senga«. Wer sich lieber aktiv betätigt, darf auf einem Abenteuer-Hochseilgarten seine ersten Kletter-Erfahrungen machen.

Sie können sich nicht entscheiden, ob Sie lieber einen Freizeitpark oder einen Zoo besuchen möchten? Im Serengeti-Park finden Sie eine gute Mischung aus beidem. Der Safari-Charakter der Tiergehege bietet einen zusätzlichen Anreiz – gerade, wenn man seinen Fotoapparat im Gepäck hat. ■

TIPP

Wer länger bleiben will, kann im Serengeti-Park auch in einer der gemütlichen Safari-Lodges oder Masai Mara Lodges übernachten. Auf Anfrage können auch rollstuhlgerechte Ferienhäuser gebucht werden.

GASTRONOMIE

Wer bei all den Aktivitäten hungrig geworden ist, der kann im »Crocodile-Bistro« neben der »Aqua-Safari«, im Service-Restaurant »Zanzibar« mit Seeblick oder im angrenzenden preiswerten SB-Restaurant einkehren. Zudem sind überall im Park verschiedene Kioske verteilt.

Nashörner hautnah

09

ERLEBNIS-ZOO HANNOVER

Dschungel und Goldgräberstädtchen mitten in Hannover

INFORMATIONEN

Bundesland
Niedersachsen

Adresse
Erlebnis-Zoo Hannover
Adenauerallee 3
30175 Hannover
Tel. (0511) 28 07 41 63
www.zoo-hannover.de

Öffnungszeiten
Ganzjährig täglich ab 9 Uhr, im Frühling und Sommer bis 18 Uhr, sonst bis 16 Uhr

Hunde
Erlaubt (nur ein Hund pro Besucher)

Üppige Dschungelvegetationen und versunkene Tempelanlagen, Goldgräberstädte und Abenteuerpfade: Was sich nach der Kulisse eines großen Abenteuerfilms anhört, beschreibt nur einige der Themenbereiche im Erlebnis-Zoo Hannover.

Schon lange gehören Zoos zu den beliebtesten Zielen von Familienausflügen. Exotische Tiere aus nächster Nähe zu sehen statt nur im Fernsehen, fasziniert vor allem die jüngeren Besucher. Der Erlebnis-Zoo Hannover lässt seine Gäste durch seine aufwendige Gestaltung und Wegeführung sowie den Aufbau der auf den ersten Blick völlig offenen Tierareale besonders tief in die erzählten Geschichten eintauchen. So führt ein verschlungener Abenteuerpfad nicht nur durch üppige Vegetation und über schwankende Hängebrücken zu Nilpferden und Giraffen, sondern auch vorbei an Flugzeugwracks oder beein-

Bootsfahrt auf dem Sambesi (Titelbild)
Blick auf den Hafen Yukon Bays (unten)

druckenden Wasserfällen, die unbedingt fotografiert werden wollen. Wer Zebras, Antilopen, Flamingos oder Nashörner aus einer anderen Perspektive erleben möchte, sollte auf keinen Fall eine Fahrt mit den aufwendig dekorierten Booten der »Sambesi Boot Expedition« versäumen.

Ab in die Kälte

Die nordamerikanischen Goldgräberstädte sind legendär. Mit gigantischem Aufwand wurde mit »Yukon Bay« eine Hafen- und Naturkulisse geschaffen, die den Besucher direkt nach Kanada versetzt. Hier im Erlebnis-Zoo dient sie als Zuhause von Eisbären, Wölfen und Pinguinen – wobei Letztere ja eigentlich in Kanada nicht heimisch sind. Die putzigen Gesellen sind nämlich mit einem Frachter direkt im Hafenbecken »gestrandet« – ein Kniff im für den Zoo typischen Humor, um die Wasser und Kälte liebenden Tiere in passender Umgebung zu präsentieren. Eisbären und Robben können durch große Panoramafenster im Rumpf des Schiffes auch unter Wasser beobachtet werden. Die stimmige Kulisse wird durch passende Shop- und Gastronomiegestaltung komplettiert – und das, übrigens im Zoo frisch zubereitete, Eis ist sogar ein Geheimtipp.

Brrrr – jetzt lieber dahin, wo's warm ist!

Größer als der Kontrast vom kalten Yukon zum heißen australischen »Outback« geht es kaum. Die wohl bekanntesten Tier-Vertreter vom fünften Kontinent, Kängurus, Emus, Wallabys und Wombats, fühlen sich indes in ihrer fast perfekten Kulisse offensichtlich wohl. Während in der australischen Hitze Wasser oftmals Mangelware ist, stellt dieses im »Dschungelpalast« wohl das wichtigste Element dar. Der wie frisch von Forschern aus dem dicht bewachsenen Unterholz geschlagen wirkende Heimatort der Indischen Elefanten ist der absolute

TIPPS

Wer den Zoo einmal ganz anders erleben will, sollte eine Führung mit einem erfahrenen Zoo-Scout buchen – vor allem für Gruppen empfehlenswert.

Treffen Sie Ihr Lieblingstier – der Zoo wird Sie gerne über die Möglichkeiten solch hautnaher Kontakte informieren.

Die wunderbar thematisierten Toiletten in den einzelnen Themenbereichen sind einen Besuch wert, auch wenn Sie mal nicht »müssen«.

Badende Elefanten im Dschungelpalast

GASTRONOMIE

Im Erlebnis-Zoo Hannover wird auch das Essen zum Erlebnis: Ob geräucherter Fisch in »Yukon Bay«, knusprige Baguettes mit Blick auf die Nashörner, Wok- und Tandoori-Spezialitäten am »Dschungelpalast« oder frische Nudelgerichte im Familienrestaurant – in jeder Themenwelt warten die Restaurants und Snack-Stationen mit passender Gestaltung und entsprechenden Speisen auf.

Gelehrige Robben (links oben)
Gorillafamilie auf dem Gorillaberg (links Mitte)
Bennett-Känguru im Outback (links unten)
Eisbär (rechts oben)
Ausgelassenes Speisen (rechts unten)

Publikumsmagnet und die mehrmals täglich stattfindenden Showeinlagen sind gut besucht. Den Rüsselträgern mit dem sprichwörtlich guten Gedächtnis beim Plantschen und Spielen im Palastpool zuzusehen, ist eine wahre Freude.

Der »Evolutionspfad« führt den Besuchern vor Augen, wie sich Affen und Menschen im Laufe der Zeit entwickelt haben. Am Ziel, dem »Gorillaberg«, fühlen sich neben den Gorillas auch Gibbons sichtlich wohl. Den Blick auf die traumhafte Naturkulisse mit Wasserfällen, plätschernden Bächen und üppiger Vegetation werfen die Besucher durch große Panoramafenster, die in die Felsen eingelassen sind. Ab und an ziehen neue Tierarten im Zoo ein, wie zum Beispiel die Roten Varis, eine Lemurenart aus Madagaskar. Die ersten Europäer, die Madagaskar erforschten, wurden von den unheimlichen Geräuschen und leuchtenden Augen der Halbaffen erschreckt und die Tiere kurzum nach dem altrömischen Begriff für Geister »Lemur« benannt. Besuchen kann man die Varis im »Tropenhaus«, wo auch Meerkatzen und Kaiserschnurrbart-Tamarine zu Hause sind. Mit »Kibongo« haben auch die Schimpansen ein neues Zuhause gefunden. Mächtige Baobab-Bäume, eine verlassene Forscherstation und eine marode Hängebrücke bilden die Kulisse für die »Geschichte« rund um die quirligen Menschenaffen.

Landluft schnuppern

Neben Exoten haben natürlich auch heimische Arten eine Daseinsberechtigung: Bei frechen Gänsen und glücklichen Kühen herrscht auf »Meyers Hof« Landidylle pur. Wer auch den kulinarischen Genüssen nicht ganz abgeneigt ist, wird im urigen Ambiente an den üppigen und günstigen Angeboten des »Gasthaus Meyer« seine helle Freude haben. Die berühmten Kinderbuchfiguren von Helme Heine, das Schwein Waldemar, Johnny Mauser und Franz von Hahn, fühlen sich auf dem »Mullewapp«-Hof wohl. Neben allerlei Spielgelegenheiten und einem Fanshop rund um die drei Freunde ziehen besonders die rasante Sommer-Rodelbahn und der Streichelzoobereich die kleinen Besucher an. Für den Unterricht in der Zooschule wird ein liebevoll eingerichteter Biologie-Raum mit Terrarien mit Ameisen und Amphibien zum Beobachten bereitgehalten. Schließlich findet man mit »Tante Millis Futtertrog« noch ein Familienrestaurant mit vielen gesunden und leckeren Gerichten von frischer Pasta bis Pfannkuchen.

Winterspaß

Auch im Winter ist der Erlebnis-Zoo Hannover einen Besuch wert. Wenn Eis und Schnee die Landschaften in ein weißes Kleid gezaubert haben, warten zusätzliche Attraktionen wie eine Schlittschuhbahn oder Eisstockschießen auf die Gäste. Ein Besuch im Winter, vielleicht mit einem leckeren Glühwein, hat so seinen ganz besonderen Reiz.

Der Erlebnis-Zoo Hannover bietet eine perfekte Symbiose aus Freizeit- und Tierpark und wurde schon mehrfach zum Zoo des Jahres gewählt. ■

TIPP

Wer herzhafte deutsche Küche mag, sollte im urgemütlichen »Gasthaus Meyer« einkehren, welches auch nach Zooschluss geöffnet ist.

Landidylle auf Meyers Hof

10

RASTI-LAND

Der T-Rex wartet!

INFORMATIONEN

Bundesland
Niedersachsen

Adresse
Rasti-Land
Quanthofer Straße 9
31020 Salzhemmendorf
Tel. (051 53) 940 70
www.rasti-land.de

Öffnungszeiten
In der Regel Anfang April–Anfang November 10–18 Uhr

Hunde
Erlaubt

Bobkart-Bahn (Titelbild)
Familien-Freifallturm (unten)

Am Rande des Weserberglandes befindet sich in Salzhemmendorf mit dem Rasti-Land einer der traditionsreichsten Freizeitparks Deutschlands, der auf eine mehr als 40-jährige Geschichte zurückblicken kann und sich mit seinem Angebot an Familien mit Kindern richtet.

Das Highlight des Rasti-Land ist zweifellos der liebevoll gestaltete Themenbereich »Das Reich des T-Rex«, wo eine große Rafting-Anlage auf die Besucher wartet. In neun Personen fassenden Rundbooten geht es durch eine 500 Meter lange Wildwasser-Strecke, die durch einen überdimensionalen Strudel, einen langen Tunnel, einen riesigen Wasserfall zurück ins Tageslicht und anschließend durch die Welt der Dinosaurier mit vielen Spezialeffekten und Überraschungen führt – so steht zum Beispiel auch ein Vulkanausbruch auf dem Programm. Dass man dabei nicht ganz trocken bleibt, versteht sich von selbst.

Wer noch nicht nass genug ist, besteigt einfach danach eines der Boote der »Wasserschlacht«, wo auf jeden Insassen eine große Wasserkanone wartet, mit der er die Insassen der anderen Boote ins Visier nehmen kann – ein Riesenspaß bei heißen Temperaturen.

Auch die »Wildwasserbahn« ist ein Garant für gute Laune: Die vom Park in Eigenregie gebaute Anlage verfügt gleich über zwei Abfahrten, eine davon mit einer Höhe von rund zehn Metern. Wer dabei trocken geblieben sein sollte, geht am besten direkt danach zu den vier »Boots-Wasserrutschen«, wo es zwölf Meter in die Tiefe geht – entweder etwas gemächlicher durch zwei Röhrenrutschen oder in hohem Tempo auf zwei Wellenrutschen.

Paradies für Kinder

Natürlich hat auch das Rasti-Land eine Achterbahn, die allerdings entsprechend dem Zielpublikum des Parks ausgesprochen familienfreundlich ausgefallen ist. Ein zwölf Meter hoher Freifallturm im Look eines Leuchtturms, der mit einem witzigen Fahrprogramm ausgestattet ist und für Kinder genau die richtige Mischung aus Spaß und Thrill bietet, sowie die Schiffschaukel »Santa Maria« gehören ebenfalls zu den rasanteren Fahrgeschäften des Parks. Den Wind um die Nase wehen lassen kann man sich übrigens auch auf den »Go-Karts«, wobei sich das Rasti-Land hier für alle Besucher eine kleine Überraschung hat einfallen lassen: Die Nutzung der Karts, bei denen man wie ein Mini-Schumi durch die Kurven rasen kann, ist nämlich nicht wie in anderen Parks aufpreispflichtig, sondern bereits im Eintrittspreis enthalten – die Geldbörse darf hier also geschlossen bleiben. Nicht verpassen sollte man auch die »Bobkart-Bahn« – hier kann der Besucher die Geschwindigkeit seines Elektro-Schlittens selbst steuern, während er einen Edelstahlkanal hinabsaust.

Das Rasti-Land ist ein Paradies für Kinder – es gibt überall etwas zu erleben und zu entdecken. Das Angebot des Parks ist hervorragend auf seine Zielgruppe zugeschnitten und lässt keine Wünsche offen. ■

TIPP

Bei schlechtem Wetter empfiehlt sich auch ein Besuch der gleich neben dem Rasti-Land liegenden »Kids-Dinoworld«, einem kleinen Indoor-Park, der sogar über eine Wildwasserbahn verfügt.

EVENTS

Im Oktober verwandelt sich das Rasti-Land in ein familientaugliches Spukreich, in dem gruselige Gestalten wie Hexen, Vampire und Geister ihr Unwesen treiben. Nähere Informationen dazu finden Sie auf der Homepage des Parks.

GASTRONOMIE

Für den hungrigen Besucher stehen ein Restaurant mit gutbürgerlicher Küche sowie mehrere Snackstationen und Kioske bereit.

Rafting-Bahn

BADELAND WOLFSBURG

Spaß und Entspannung für Jedermann

INFORMATIONEN

Bundesland
Niedersachsen

Adresse
BadeLand Wolfsburg
Allerpark 4
38448 Wolfsburg
Tel. (053 61) 890 00
www.badeland-wolfsburg.de

Öffnungszeiten
Ganzjährig täglich 8–20 Uhr, je nach Saison oder Wochentag länger

Hunde
Nicht erlaubt

Badelandschaft (Titelbild)

Im Wolfsburger Allerpark, in dem eine ganze Menge an Freizeitaktivitäten angeboten wird, liegt auch Norddeutschlands größtes Freizeitbad, das BadeLand Wolfsburg. Auf 3.000 Quadratmetern Wasserfläche kann dort mittlerweile schon seit mehr als zehn Jahren ausgiebig geschwommen, geplanscht, gespielt, entspannt und genossen werden.

Der Focus liegt dabei in erster Linie auf Erholung, wie der großzügige Entspannungsbereich mit seinen verschiedenen Möglichkeiten zeigt. Lassen Sie Ihren Körper im »Wellenbecken« sanft auf und ab wiegen oder machen Sie es sich im »Sprudelbecken« bei einer Wassertemperatur von 36 Grad gemütlich – eine ideale Gelegenheit, um einmal so richtig abzuschalten und die Seele baumeln zu lassen. Das Highlight des Bereichs stellt übrigens das 810 Quadratmeter große »Mediterranbecken« dar, welches einen 110 Meter langen Strömungskanal besitzt und die Gäste zudem mit Sprudel- und Lichteffekten, Unterwasserliegen, Nackenduschen, Unterwassermusik und Massagedüsen verwöhnt.

Abwechslungsreiche Schwitzkammern

Wer noch mehr für Körper und Geist tun möchte, sollte die reizvoll gestaltete SaunaLandschaft ansteuern, in der auf 2.400 Quadratmetern nicht nur zwölf verschiedene Saunen und Dampfbäder, sondern auch vielfältige Wellness-Anwendungen auf die Besucher warten.

Das Programm an Schwitzkammern ist übrigens recht abwechslungsreich und orientiert sich an verschiedenen Kulturkreisen, vereint dabei unter anderem finnische, russische, römische und türkische Elemente. Probieren Sie doch auch einmal etwas weniger Bekanntes aus, wie zum Beispiel die gemütliche »Erdkaminsauna«, in der es sich an einem flackernden Feuer entspannen lässt, oder die russische »Banja-Sauna«, bei der Birkenzweige eine wichtige Rolle spielen. Besonders zu empfehlen ist übrigens die »Panorama-Sauna«, die einen weiten Ausblick auf den Allersee und die umgebenden Parkanlagen bietet.

Springen, rutschen, planschen

Natürlich wurde im BadeLand Wolfsburg aber auch an diejenigen Gäste gedacht, die weniger nach Erholung und Entspannung, sondern eher nach Aktivität, Spiel und Spaß suchen. Im Schwimm- und Sportbereich stehen ein großes Wettkampf-Schwimmerbecken sowie ein Springerbecken mit verschieden hohen Sprungbrettern zur Verfügung; zudem laden die neue »Reifen-Trichter-Rutsche« oder die mit aufregenden Lichteffekten versehene Dunkelrutsche »Black Hole« zu turbulenten Fahrten ein.

Auch die kleinen Besucher wurden selbstverständlich nicht vergessen: Sowohl im »Kleinkindbecken« mit Spritzdüsen und Schiffchenkanal als auch im »Wasserspielgarten« mit Rutsche, Geysiren und Wasserpilz lässt es sich nach Herzenslust planschen und toben.

Das BadeLand Wolfsburg ist eine runde Sache und bietet eine gelungene Kombination aus aktivem Wasserspaß und Erholung, bei der wohl (fast) jeder Gast auf seine Kosten kommen dürfte. ■

TIPP

Neben diversen kostenpflichtigen Aquafitness-Kursen gibt es im BadeLand Wolfsburg montags, mittwochs und freitags morgens die Möglichkeit, kostenlos an Wassergymnastik teilzunehmen.

GASTRONOMIE

Hungrige Badegäste finden sowohl im Eingangsbereich als auch in der Bade- sowie der SaunaLandschaft die Möglichkeit, sich mit leckeren und gesunden Speisen zu stärken.

EVENTS

Familiensonntag
Eine Menge lustiger und familiengerechter Spiele und Wettbewerbe wird im BadeLand an jedem 2. Sonntag im Monat veranstaltet. Zudem wird jedes Mal der monatliche Rutschenmeister gekürt.

Mitternachtssauna
An jedem 1. Freitag im Monat (Oktober bis Mai) wird den Saunagästen bis 1 Uhr nachts ein ausgefallener Abend mit besonderen Wellness-Anwendungen und verschiedenen Programmpunkten geboten.

Ein Fest für Saunafreunde in der Panoramasauna

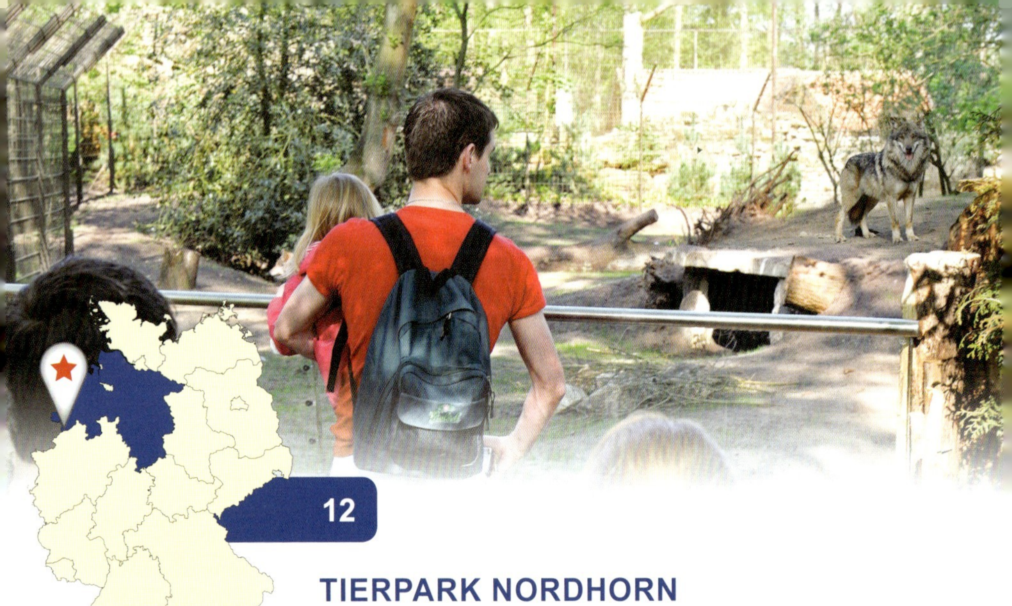

TIERPARK NORDHORN

Seltene Tierarten und begehbare Gehege

INFORMATIONEN

Bundesland
Niedersachsen

Adresse
Tierpark Nordhorn
Heseper Weg 110
48531 Nordhorn
Tel. (059 21) 71 20 00
www.tierpark-nordhorn.de

Öffnungszeiten
Ganzjährig täglich ab 9 Uhr

Hunde
Erlaubt

Wolfsanlage (Titelbild)

Der Tierpark Nordhorn in Niedersachsen zählt zu den beliebtesten Ausflugszielen der Region. Weit über 1.700 kleine und große Tiere aus 100 verschiedenen Tierarten gibt es hier zu entdecken. Viele begehbare Gehege, tägliche Schaufütterungen und der Riesenspielplatz machen einen Besuch des Zoos zu einem ganz besonderen Erlebnis.

Ein Schwerpunkt des Tierparks ist die Erhaltungszucht von bedrohten Tierarten. So ist das nordamerikanische Waldbison, das gleichzeitig auch das Wappentier des Zoos darstellt, sowohl in seinem Ursprungskontinent als auch in deutschen Tierparks eine Seltenheit. Ende 2011 durften die vier erwachsenen Tiere und das Jungtier in ihr neues Gehege einziehen, in dem ihnen ein gemeinsamer Laufstall und ein neuer Außenbereich zur Verfügung stehen. Der Tierpark Nordhorn gehört zu den wenigen Zoos in Deutschland, in denen diese beeindruckenden Tiere zu sehen sind.

Ungewöhnliche Lebensgemeinschaften

Zu den weiteren Highlights des Tierparks gehört der Geierfelsen, eine naturgetreue Anlage, auf der nicht nur Gänsegeier, sondern auch Sibirische Steinböcke beheimatet sind – eine südeuropäisch-russische Wohngemeinschaft, wie sie nur in wenigen Tierparks zu finden ist. In den Sommermonaten schwimmt ein weiterer Mitbewohner, die Europäische Sumpfschildkröte, im Teich des Geheges umher.

Jedoch ist es für Kinder auch spannend, Schafe, Ferkel oder Ziegen einmal zu streicheln. Ausgestattet mit einer Tüte Spezialfutter dürfen sie in dem Streichelzoo-Gehege die Tiere füttern.

Eine weitere Besonderheit des Tierparks ist der Vechtetalarm, den man seit 2007 auf einem idyllisch gelegenen hölzernen Stegweg erkunden kann. Kleine Klettermaxe finden hier in den Ästen dreier mächtiger Eichen ein verwinkeltes Baumhaus, durch das man auch in die höher gelegenen Bereiche des Parks gelangen kann. Dank der vielen Informationstafeln und Lernspiele entlang des Stegs können sich Groß und Klein hier auf unterhaltsame Weise über den Fluss und den Auwald informieren. Am Ende des Pfades wartet der Vechtehof, in dem originalgetreue bäuerliche Wohnräume und alte Gerätschaften zu sehen sind. Auch die vom Aussterben bedrohten, überwiegend regionalen Haustierrassen, wie die Bentheimer Landschafe und Schweine, die Cröllwitzer Puten und die Twentse Landgänse, sind hier beherbergt. Hier befindet sich außerdem das historische Gasthaus »De MalleJan«, in dem man sich im gemütlichen Innenbereich mit Spezialitäten stärken kann. Im integrierten Colonialwarenladen werden darüber hinaus regional produzierte Produkte verkauft.

Der Tierpark Nordhorn begeistert nicht nur mit seinen seltenen Tierarten und begehbaren Gehegen, sondern auch durch die schönen Parkanlagen. Viele Attraktionen, wie die täglichen Schaufütterungen, machen den Tierpark Nordhorn zu einer tollen Ausflugsmöglichkeit für die ganze Familie. ■

TIPPS

Mit Ihren Kindern können Sie Bauer Harm auf dem Vechtehof besuchen und ihm bei seinen Arbeiten wie Ställe misten, Eier aufholen oder Esel putzen über die Schulter schauen.

Wer den »schönsten Tag im Leben« in einem ganz besonderen Ambiente erleben möchte, der kann im historischen Vechtehof den Bund der Ehe schließen.

Nach Absprache können im Park kostenlos Rollstühle und Rollatoren ausgeliehen werden.

EVENTS

Das ganze Jahr über finden im Tierpark Nordhorn verschiedene Veranstaltungen wie beispielsweise das traditionelle »Schuhsohlenbacken« oder der Schafauftrieb der Tierparkschafe statt. Genaue Termine sind der Website des Parks zu entnehmen.

GASTRONOMIE

Im Gasthaus »De MalleJan« wird im historischen Ambiente leckere Hausmannskost geboten, während die »Cafeteria« aufgrund ihrer unmittelbaren Lage am Spielplatz und am Streichelzoo vor allem für Familien geeignet ist.

Leopard (links)
Indoorspielplatz (rechts)

ZOO OSNABRÜCK

Zoo im Wald

INFORMATIONEN

Bundesland
Niedersachsen

Adresse
Zoo Osnabrück
Klaus-Strick-Weg 12
49082 Osnabrück
Tel. (05 41) 95 10 50
www.zoo-osnabrueck.de

Öffnungszeiten
Ganzjährig täglich im Sommer 8–17:30, im Winter 9–16 Uhr, Sommer-/Winterzeit wechselt mit der Uhrenumstellung

Hunde
Erlaubt (außer in den Tierhäusern)

Die Hybridbären Tips und Taps (Titelbild)

Der heutige Zoo Osnabrück wurde im Jahre 1936 als Heimattiergarten eröffnet und ist im Stadtteil Schölerberg inmitten eines bewaldeten Grundstücks zu finden. Hinter dem eher unscheinbar wirkenden Haupteingang versteckt sich ein moderner Tierpark mit verschiedenen Themengebieten, womit der Zoo Osnabrück zu den modernen Vertretern seiner Art gehört.

Gleich hinter dem Eingang lohnt sich ein Besuch des »Unterirdischen Zoos«, einer weltweit einmaligen Anlage, wo man in einem großen Höhlensystem unter der Erde einen Blick auf Dinge wagen kann, die einem sonst eher verborgen bleiben – als Beispiel wären Nester oder Gangsysteme von Präriehunden oder Ratten genannt. Die Wegeführung gleicht einem Labyrinth, was den Ausflug in die Unterwelt noch einmal deutlich spannender macht. Weitaus übersichtlicher geht es zu im »Tal der Grauen Riesen« mit seinen großen Elefanten- und Nashorn-Anlagen, die sicherlich nicht von ungefähr ein wenig an den »Jurassic Park« erinnern.

Ab nach Afrika!

Der zwei Hektar große Bereich »Samburu« stellt eine Savannenlandschaft nach, welche Giraffen, Strauße, Zebras und Antilopen beheimatet, die dank sehr schön gestalteter Aussichtsplattformen aus nächster Nähe beobachtet werden können. Auch das riesige »Takamanda«-Areal mit seinen Hyänen, Schakalen, Schimpansen, Pinselohrschweinen und Mantelpavianen zeigt einen Ausschnitt der afrikanischen Natur – nur Wassergräben oder Glasscheiben trennen die Tiere von den Besuchern.

Ein Highlight dürfte der 2012 eröffnete »Affentempel« sein. Thematisch angelehnt an die

Ruinen von Angkor Wat, ragt die Anlage über 15 Meter in die Höhe und bietet ein dichtes Wegenetz, das sich durch den ganzen Tempel erstreckt und damit einen hautnahen Blick auf die dort lebenden Schweinsaffen ermöglicht – die benachbarte Tigeranlage wurde im Jahr 2014 im gleichen Stil umgebaut.

In den Norden hingegen geht es im »Kajanaland«, wo ein bis zu sechs Meter hoher Höhenpfad durch die Tierwelt Finnlands führt. Bären, Rentiere und Luchse findet man hier genauso wie Wisente oder Vielfraße.

Rochen im Aquarium

Freunde von Meeresbewohnern hingegen dürfen sich auf das »Tetra-Aquarium und Terrarium« freuen, wo nicht nur Salz- und Süßwasserfische zu sehen sind, sondern auch zahlreiche exotische Amphibien, Reptilien und Insekten. Insbesondere das über 10.000 Liter fassende Rochen-Becken lädt zu ausgiebigem Beobachten ein.

Ein 100 Quadratmeter großes Südamerikahaus, verschiedene Spielplätze, ein Streichelzoo oder eine Dorfschule für den Zoo-Unterricht runden das Angebot im Zoo Osnabrück passend ab. Einzig das leicht konfuse Wegesystem und die oft nicht ersichtliche Ausschilderung schmälern den Gesamteindruck ein wenig.

Der Zoo Osnabrück gehört zweifellos zu den schönsten Tierparks in Deutschland und ist gerade bei hohen Temperaturen im Sommer dank der dichten Bewaldung ein Geheimtipp. Allerdings fällt der Eintrittspreis auch zugegebenermaßen nicht ganz günstig aus. ■

TIPP

Der »Unterirdische Zoo« verbindet den Zoo Osnabrück mit dem benachbarten Naturkundemuseum – der Besuch des Museums ist nicht aufpreispflichtig.

GASTRONOMIE

Neben verschiedenen Kiosken bieten das Zoorestaurant, eine afrikanische Lodge und ein Baumhausrestaurant den Besuchern die Möglichkeit, in besonderer Atmosphäre und mit Blick auf die Tiere zu speisen.

Affentempel in der asiatischen Themenwelt »Angkor Wat«

NETTEBAD OSNABRÜCK

Spiel, Spaß und Entspannung

INFORMATIONEN

Bundesland
Niedersachsen

Adresse
Nettebad
Im Haseesch 6
49090 Osnabrück
Tel. (05 41) 20 02 22 70
www.nettebad.de

Öffnungszeiten
Ganzjährig täglich
Freizeitbad: 9–22 Uhr,
Sportbad: 6:30–22 Uhr,
Spa & Beauty ab 10 Uhr,
Außenbereich (nur im Sommer):
6:30–21 Uhr

Hunde
Nicht erlaubt

Der Außenbereich mit Blick auf die Rutschen (Titelbild)

Die einen wollen ein Schwimmbad mit actionreichem Badespaß, die anderen eines, um sich sportlich zu betätigen. Im Nettebad Osnabrück wird Badegästen gleich beides geboten. Spektakuläre Rutschen, Whirlpools und ein eigenes Sportbad stehen dabei für einen erlebnisreichen Aufenthalt. Darüber hinaus sorgt der großzügige Spa-Bereich mit Saunalandschaft für die nötige Entspannung.

Das Freizeitbad punktet trotz überschaubarer Größe mit vie-len Attraktionen. Direkt beim Be-treten der modernen Schwimmhalle trifft man auf das große Freizeitbecken, das zudem mit einem separierten Wellenbeckenbereich sowie einem Abschnitt mit wohltuenden Whirlliegen und Massagedüsen aufwartet. Hier schließt sich auch der Strömungskanal an, der die Badegäste fast schwebend durch das Becken befördert. Freibadliebhaber müssen auch an kalten Tagen nicht auf das Schwimmen unter freiem Himmel verzichten – ein ganzjährig beheiztes Außenbecken bietet den Freiluftfans zwölf Monate Badespaß. An warmen Tagen können Badegäste hingegen auch den Wasserspielgarten, die große Liegewiese und das Beachvolleyballfeld nutzen.

Super-Rutschen

Ein weiteres Highlight ist die 36 Meter lange Edelstahl-Rutsche, die mitten durch die Schwimmhalle verläuft und durch die Kachelverkleidung auch optisch gut integriert ist. Die Hauptattraktion des Nettebads ist jedoch der Rutschenpark mit dem »Crazy-River«, der »Black-Hole«-Röhrenrutsche und der in Europa einmaligen Slooprutsche. Den »Crazy-River« gleiten Badegäste aus gut neun Metern Höhe in großen Reifen hinunter, während die ganz Mutigen fast 80 Meter durch die schnelle, mit Disco-Lichteffekten ausgestattete »Black- Hole« rutschen. Die Dritte im Bunde ist die 2011 eröffnete »Sloop«, eine rasante Free-Fall-Rutsche. Nachdem man hier in einer Art Kapsel Position genommen hat und die Luke sich unter einem öffnet, geht es auf dem 23 Meter hohen Rutschenturm erst einmal fünf Meter im freien Fall in die Tiefe, bevor man Kontakt mit der Rutsche bekommt.

Erholung tanken

Im 50-Meter-Becken des Sportbads können sowohl Hobby-Schwimmer als auch Profi-Sportler ihre Übungs- oder Trainingseinheiten in aller Ruhe absolvieren. Entspannt geht es im Nettebad auch im »Spa&Beauty« sowie in der »Loma-Saunalandschaft« zu. Hier werden Momente der Ruhe und vielfältige Anwendungen für Körper und Schönheit geboten. Insbesondere der Saunabereich lässt dabei kaum Wünsche offen. Ein besonderer Blickfang ist der zentral angeordnete und mit Naturstein ummantelte Saunaofen in der Rosen-Sauna. Zusätzlich schaffen Rosenquarz-Steine eine gemütliche Atmosphäre. Aber auch die Licht-, Hitze-Farben- und Dampf-Stern-Sauna sind, genauso wie die Dampfbäder, schön gestaltet und sorgen mit stilvollen Ambiente für eine wohltuende Auszeit.

Das Nettebad Osnabrück bietet für Badegäste jeden Alters ein umfassendes Angebot. Neben rasanten Rutsch-Attraktionen und einem Sportbad für ambitionierte Schwimmer kann das Freizeitbad auch mit seinen abwechslungsreichen Wellness-Angeboten überzeugen. ■

TIPP

Wer seinen Kindern einmal einen ganz besonderen Kindergeburtstag bereiten will, kann ein entsprechendes Arrangement im Nettebad buchen. Für Kinder von 4 bis 14 Jahren sowie ab einer Gruppengröße von 6 Kindern ist dieser Überraschungsspaß buchbar.

GASTRONOMIE

Wer durch den ganzen Wasserspaß im Nettebad hungrig geworden ist, der kann sich eine kulinarische Auszeit in der Nette-Gastro nehmen.

EVENTS

Das Nettebad Osnabrück bietet zahlreiche Fitnesskurse für unterschiedliche Altersgruppen an. Die Sportpalette reicht dabei von AquaJogging bis zum Aqua Riding.

Schwitzen für Nachtschwärmer: An jedem 2. Freitag im Monat hat die Loma-Sauna bis 2 Uhr nachts geöffnet.

Im Nettebad wartet sowohl Rutschen- (links) als auch Familienspaß (rechts)

Seeblick, Heide Park Resort

Erlebnisparks im Westen

Neben dem bevölkerungsreichsten Bundesland Nordrhein-Westfalen gehören noch Hessen, Rheinland-Pfalz und das Saarland zur Region. Fast 30 Millionen Menschen leben hier auf 77.600 Quadratkilometern.

Dementsprechend hoch ist auch die Dichte der Ausflugsziele – hier findet man unter anderem das Phantasialand in Brühl, den Holiday Park in Haßloch, den Kölner Zoo, die ZOOM Erlebniswelt, das Inselbad Bahia in Bocholt oder den AQUApark in Oberhausen.

Nachfolgend finden Sie eine Auswahl der beliebtesten Erlebnisparks der Region, von denen wir einige näher vorstellen.

Freizeitparks und Co.

Park	Ort	Internet	Seite
Potts Park	32429 Minden	www.pottspark-minden.de	–
Zoo Safaripark	33758 Holte-Stukenbrock	www.safaripark.de	48
Erlebnispark Steinau	36396 Steinau	www.erlebnispark-steinau.de	50
Ketteler Hof	45721 Haltern	www.kettelerhof.de	–
LEGOLAND® Discovery Centre	46047 Oberhausen	www.legolanddiscoverycentre.de	–
Grusellabyrinth NRW	46238 Bottrop	www.grusellabyrinth.de	64
Movie Park Germany	46244 Bottrop	www.moviepark.de	66
Schloss Beck	46244 Bottrop	www.schloss-beck.de	70
Kernie's Familienpark	47546 Kalkar	www.kernies-familienpark.de	–
Phantasialand	50321 Brühl	www.phantasialand.de	78
Odysseum Köln	51103 Köln	www.odysseum.de	–
Eifelpark	54647 Gondorf	www.eifelpark.de	–
Tier-Erlebnispark Bell	56288 Bell	www.tier-erlebnisparkbell.de	–
Wild- und Freizeitpark Klotten	56818 Klotten	www.klotti.de	–
FORT FUN Abenteuerland	59909 Bestwig	www.fort-fun.de	94
Freizeitpark Lochmühle	61273 Wehrheim	www.lochmuehle.de	–
Taunus Wunderland	65388 Schlangenbad	www.taunuswunderland.de	–
Kurpfalz-Park Wachenheim	67157 Wachenheim	www.kurpfalz-park.de	–
Holiday Park	67454 Hassloch	www.holidaypark.de	100

Zoos und Tierparks

Park	Ort	Internet	Seite
Zoo Wuppertal	42117 Wuppertal	www.zoo-wuppertal.de	52
Solinger Vogel- und Tierpark	42697 Solingen	www.solinger-vogelpark.de	–
Zoo Dortmund	44225 Dortmund	www.zoo.dortmund.de	56
Tierpark und Fossilium Bochum	44791 Bochum	www.tierpark-bochum.de	–
Grugapark Essen	45147 Essen	www.grugapark.de	58
ZOOM Erlebniswelt	45889 Gelsenkirchen	www.zoom-erlebniswelt.de	60
Zoo Duisburg	47058 Duisburg	www.zoo-duisburg.de	74
Krefelder Zoo	47800 Krefeld	www.zookrefeld.de	–
Allwetterzoo Münster	48161 Münster	www.allwetterzoo.de	76
Naturzoo Rheine	48432 Rheine	www.naturzoo.de	–
Kölner Zoo	50735 Köln	www.zoo-koeln.de	82
Affen- & Vogelpark Eckenhagen	51580 Reichshof Eckenhagen	www.affen-und-vogelpark.de	–
Euregiozoo	52066 Aachen	www.euregiozoo.de	84
Wildpark Rolandseck	53424 Remagen-Rolandseck	www.wildpark-rolandseck.de	–
Hochwildpark Rheinland	53894 Mechernich	www.hochwildpark-rheinland.de	–
Wildgehege und Greifvogelstation Hellenthal	53940 Hellenthal	www.wildgehege-hellenthal.de	86
Zoo Neuwied	56566 Neuwied	www.zooneuwied.de	–
Panorama-Park Sauerland Wildpark	57399 Kirchhundem	www.panoramapark-wildpark.de	–
Zoo Frankfurt	60316 Frankfurt	www.zoo-frankfurt.de	98
Opel-Zoo Kronberg	61476 Kronberg/Taunus	www.opelzoo.de	–

Erlebnisbäder

Bad	Ort	Internet	Seite
Die Welle Gütersloh	33332 Gütersloh	www.welle-guetersloh.de	–
Sport- und Freizeitbad Ishara	33613 Bielefeld	www.ishara.de	–
H2O Remscheid	42897 Remscheid	www.h2o-badeparadies.de	54
maritimo Oer-Erkenschwick	45739 Oer-Erkenschwick	www.maritimo.info	–
AQUApark Oberhausen	46047 Oberhausen	www.aquapark-oberhausen.com	62
Inselbad Bahia	46399 Bocholt	www.bahia.de	72

Erlebnisbäder (Fortsetzung)

Bad	Ort	Internet	Seite
Aqualand	50765 Köln	www.aqualand.de	–
Aquana	52146 Würselen	www.aquana.de	–
monte mare Kreuzau	52372 Kreuzau	www.monte-mare.de	–
monte mare Rheinbach	53359 Rheinbach	www.monte-mare.de	–
AGGUA Troisdorf	53840 Troisdorf	www.aggua.de	–
Taubertsbergbad Mainz	55122 Mainz	www.taubertsbergbad.de	88
monte mare Rengsdorf	56579 Rengsdorf	www.monte-mare.de	–
Westfalenbad Hagen	58097 Hagen	www.westfalenbad.de	90
Schwimm-In Gevelsberg	58285 Gevelsberg	www.schwimm-in-gevelsberg.de	92
AquaMagis Plettenberg	58840 Plettenberg	www.aquamagis.de	–
AquaFun Soest	59494 Soest	www.aquafun-soest.de	–
Rebstockbad	60486 Frankfurt am Main	www.bbf-frankfurt.de	–
monte mare Obertshausen	63179 Obertshausen	www.monte-mare.de	–
Erlebnisbad Calypso	66117 Saarbrücken	www.erlebnisbad-calypso.de	–
La Ola - Das Freizeitbad	76829 Landau	www.la-ola.de	–

Informationen im Internet

Mehr Erlebnisparks im Westen Deutschlands finden Sie unter:

www.parkscout.de

www.freizeitstars.de

Direkte Links

Nordrhein-Westfalen: www.parkscout.de/bundesland/nordrhein-westfalen

Hessen: www.parkscout.de/bundesland/hessen

Rheinland-Pfalz: www.parkscout.de/bundesland/rheinland-pfalz

Saarland: www.parkscout.de/bundesland/saarland

ZOO SAFARIPARK

Afrika anders entdecken

INFORMATIONEN

Bundesland
Nordrhein-Westfalen

Adresse
Zoo Safaripark
Mittweg 16
33758 Schloß Holte-Stukenbrock
Tel. (052 07) 95 24 10
www.safaripark.de

Öffnungszeiten
In der Regel Anfang April–Mitte Oktober 9–18 Uhr

Hunde
Erlaubt

EVENTS

Die »Timbavati Night« sowie »Halloween« bilden die großen Eckpfeiler im Eventkalender des Parks. Genaue Daten zu allen Events bekommen Sie über die Internetseite des Zoo Safaripark.

Bei den Geparden (Titelbild)

Afrika anders entdecken: Der Safaripark ist Zoo und noch viel mehr. Wildlife, Shows und Fahrspaß. Das besondere Erlebnis: mit dem eigenen Auto oder dem Safaribus auf Safari zu den weißen Löwen und weißen Tigern – die zu den seltensten Raubkatzen der Welt zählen. Elefanten, Giraffen, Zebras oder auch Antilopen leben hier fast wie in freier Wildbahn.

In Stukenbrock, am Fuße des Teutoburger Waldes, sind über 600 Tiere in einem über 650.000 Quadratmeter großen Park zu Hause. Ein Abenteuer ist die Safaritour auf den schmalen Straßen durch die Tiergehege auf jeden Fall. Doch jetzt bietet der Zoo ein ganz besonderes Erlebnis an: die VIP-Tour. Der Cheftierpfleger nimmt die Familien, Freunde oder Paare exklusiv im parkeigenen Safari-Van mit und stellt seine Tiere auf der Off Road Safari ganz nah und persönlich vor. Inklusive: ein Backstage-Besuch im Haus der weißen Löwen oder Geparden. Diese »Safari« muss vorgebucht werden.

Afrika und Indien sind auch im Zoo das Thema. Hier geht die Reise zu Fuß weiter – zu den kleinsten Afrikanern, den putzigen Erdmännchen, und zu den Geparden, die hier die größte Zooanlage Europas bewohnen. Atemberaubend: der Hochseilgarten über dem Gehege der schnellsten Raubkatze der Welt. Weiße Löwen und Tiger sind auch zu beobachten. Und Berberäffchen – vom Affenzug aus. Hier sitzen die Besucher hinter Gittern und die Äffchen sind frei.

Hier geht's tierisch rund

Tierisch rund geht es im angrenzenden Freizeitbereich: im »Giraffe Tower« Freefall, bei einer rasanten Fahrt auf dem »Kongo River«, in der Wildwasserbahn, im »Crocodile Ride« oder dem coolen Familien-Wasserfahrspaß »Wet'n Wild«. 20 Fahrattraktionen gibt es – für große und natürlich auch für die (ganz) kleinen Besucher. Und die erleben nicht nur Fahrspaß, sondern im »Dschungel-Palast« und der »Kinder-Pool-Landschaft« auf Riesenrutschen, Hüpfburgen und Trampolinen auch jede Menge Aktiv-Abenteuer.

Drei Live-Shows bietet der Freizeitbereich inklusive: Das Programm im parkeigenen Zirkus, die Westernshow in Dodge City mit Cowboys, Pferden und Indianern sowie die Magic Show im Afrika-Theater.

So viel Erleben macht hungrig: Das Restaurant »Oriental« bietet neben einer umfangreichen Speisekarte ein leckeres Familienmenü an. Am »Hollywood-Snack« in der Parkmitte stehen Burger, Pommes, Currywurst und mehr auf der Karte. Bei schönem Wetter sind die Pizzeria mit Blick auf

garten »Weiße Löwen» geöffnet. Wer das Besondere liebt, ist beim »Dinner mit weißen Raubkatzen«, der Safari-Sommer-Gastronomie richtig. Vor dem Dessert bittet der Tierpfleger zur Fütterung der weißen Löwen und Tiger.

Wenn die Familie einen abwechslungsreichen Ausflug machen möchte, sich aber nicht zwischen Zoo und Freizeitpark entscheiden kann, dann ist der Besuch im Zoo Safaripark Stukenbrock die perfekte Alternative. ■

TIPPS

Hier kann man sparen: Im Zoo Safaripark ist freitags (abgesehen von Feiertagen) immer großer Familientag, an dem vergünstigte Tickets zu haben sind.

Bei Vorlage eines Ausweises erhalten Besucher jeden Alters an ihrem Geburtstag freien Eintritt.

Wer ein außergewöhnliches Erlebnis sucht, sollte einmal das Dinner mit den weißen Löwen und Tigern im Restaurant »Oriental« genießen – Raubtierfütterung inklusive (immer freitags und samstags im Sommer, weitere Infos auf der Internetseite des Parks).

GASTRONOMIE

Restaurant »Oriental«, »Hollywood-Snack«, Pizzeria und Biergarten mit Grill (letztere beiden je nach Wetterlage) und eine Safaribar am Safaristore. Auf der Speisekarte stehen neben Pommes, Burger und Co. auch Wok-Gerichte, Pizza und Pasta sowie Salate und Suppen sowie im »Oriental« ein Familien-Menü.

Mit Elefanten fliegen (oben)
Crocodile Ride (unten)

ERLEBNISPARK STEINAU

Willkommen bei Erli

INFORMATIONEN

Bundesland
Hessen

Adresse
Erlebnispark Steinau
Thalhof 1
36396 Steinau a.d. Straße
Tel. (066 63) 68 89
www.erlebnispark-steinau.de

Öffnungszeiten
In der Regel Ende März–Ende Oktober 9–18 Uhr

Hunde
Erlaubt (beim Kauf eines Reinigungssets für € 1)

Berg- und Talbahn: Froschkönig (Titelbild)

Stellen Sie sich vor, Sie sagen Ihrer Familie: Heute machen wir landwirtschaftlichen Unterricht zu unserem Tagesprogramm. In den allermeisten Fällen werden Sie damit nicht unbedingt für Begeisterungsstürme sorgen. Wenn Sie aber als Ausflugsziel, und damit quasi als Joker, den Erlebnispark Steinau in der Hinterhand haben, den familiären Kofferraum mit Grillgut füllen und frühestmöglich, am besten vorab telefonisch, bei dem osthessischen Park einen der Grillplätze reservieren und diesen bis spätestens 11 Uhr belegen, dann wird der Tag trotz anfänglicher Skepsis garantiert ein Riesenerfolg. Wetten, dass?!

Schon in den 1960er Jahren war Ihr heutiges Ausflugsziel in der Brüder Grimm-Stadt als Steinauer Freizeit-Tier-Botanik-Park bekannt, bevor er Anfang der 1990er Jahre im Zuge des Generationenwechsels von der Familie Zwermann übernommen und zum heutigen Erlebnispark Steinau wurde. Den landwirtschaftlichen Unterricht, den Sie vorher noch angedroht haben, machen Sie hier mit Ihrer Familie im Streichelzoo mit einheimischen Tieren, in der Tierkinderstube und mit einer Zeitreise in die 1920er Jahre in Hessens größtem privaten Landwirtschaftlichem Museum.

Reiten inklusive

Und keine Angst, das ist alles andere als trockener Stoff, vor allem, wenn man bedenkt, dass hier in Steinau auch Esel- und Ponyreiten an den Wochenenden und in den hessischen Schulferien mit zum Programm gehört und sogar für Besucher bis zwölf Jahren im Eintrittspreis enthalten ist. Doch nicht nur Tiergehege und die Landwirtschaftskunde machen den Erlebnispark Steinau zu einem hervorragenden Familienausflugsziel. Auch die zahlreichen am Wegesrand liegenden Spiel und Klettermöglichkeiten oder aber auch die wunderschönen Blumenanlagen, wie etwa der »Rosenbogenweg«, bieten mehr als genug Spaß für erholsame Stunden für die Eltern und körperliche Betätigungen des Nachwuchses.

Schaukeln und Seilbahn kommen immer gut an – am besten lässt sich das doch immer überschaubare Gelände mit dem »Steinau-Express« erfahren, entdecken und erkunden. Und wenn das alles noch nicht reichen sollte, gibt's zum Beispiel mit dem Wellenflieger »Der Lu(s)ftige Pilzflug«, der »Froschkönig«-Berg- und Talbahn, der elektrischen »Pferdereitbahn«, der »Albatros«-Einschienenbahn und vielen anderen auch noch ganz klassische Freizeitparkattraktionen zu erleben.

Mitmachen im Erlebnispark

Als letzten Trumpf können Sie dann auch noch mit dem »Spessart-Flitzer«, einer waschechten Sommerrodelbahn, den Tag rund machen oder sich auf das »Teufelsrad« wagen: eine gepolsterte Drehscheibe, die es in sich hat. Wer bleibt bis zum Schluss auf der rotierenden Scheibe – und wer fliegt zuerst runter? Zuschauen oder selbst mitmachen – hier ist der Spaß schon vorprogrammiert. Ebenfalls empfehlenswert ist der Motorik- und Kletterseilgarten »Kletter-Max« mit vielen verschiedenen Kletter- und Balancierelementen. Durch die geringe Höhe eignet er sich speziell für die kleinen Gäste. ■

TIPPS

Über Parkmaskottchen Erli und seine Freunde gibt es die Minibuch-Reihe »Erli's Abenteuer« (erschienen im Titus-Verlag Wiesbaden) aus der Feder des Kinderbuch-Autors Sascha Ehlert und des Zeichners José Antonio Martin Vilchez.

Für eine Grillparty stehen über 25 Grillhütten, 5 Grillplätze und 15 Pavillons (für eigene mitgebrachte Grills) kostenlos zur Verfügung. Sie befinden sich im unteren Teil des Parks mitten im Grünen, zwischen Tieren, Blumen und der Rodelbahn. Die Reservierung der Grillhütten ist nur mündlich (vor Ort am Eingang) oder per Telefon täglich von 9:00 bis 17:00 Uhr möglich

GASTRONOMIE

Neben dem Parkrestaurant »Schneewittchen«, wo nicht nur Schnitzel oder Currywurst serviert worden, sondern auch saisonale Gerichte, findet man im Park einen Kiosk für den kleineren Hunger und zahlreiche Picknick-Pavillons für Selbstverpfleger.

Rodeln, (links), Rutschen (rechts), Wasserspritzer (oben)

ZOO WUPPERTAL

Im Zeichen der Frackträger

INFORMATIONEN

Bundesland
Nordrhein-Westfalen

Adresse
Zoo Wuppertal
Hubertusallee 30
42117 Wuppertal
Tel. (02 02) 563 56 66
www.zoo-wuppertal.de

Öffnungszeiten
Ganzjährig im Winter 8:30–17, im Sommer 8:30–18 Uhr, Silvester und Heiligabend kürzer, am 1. Weihnachtsfeiertag geschlossen

Hunde
Nicht erlaubt

GASTRONOMIE

Gastronomiestände an verschiedenen Standorten im Zoo sorgen ganzjährig für das leibliche Wohl der Besucher.

Löwen (Titelbild)

Seit mehr als 130 Jahren hat der Zoo Wuppertal schon Bestand und gehört damit zu den ältesten deutschen Tiergärten. Rund 5.000 Tiere aus rund 500 Spezies werden hier in unmittelbarer Nähe der berühmten Wuppertaler Schwebebahn gezeigt. Viele Umgestaltungen der letzten Jahre, wie etwa die Anlage für Löwen und Tiger im Jahr 2007 oder die 2009 fertiggestellte Pinguinanlage, machen den Zoo Wuppertal auch ohne große Thematisierung zu einer der attraktivsten Zooanlagen Deutschlands.

Bereits seit den 1970er Jahren sind die Königspinguine, bei denen die Nachzucht hier gleich mehrfach gelang, das Wahrzeichen des Zoos. So ist es erfreulich, dass die kleinen Frackträger im Zoo Wuppertal seit 2009 eine hochmoderne und großzügige Pinguinanlage ihr Eigen nennen können, die den Tieren mit einer Landfläche von rund 100 Quadratmetern und einem Wasserbecken von etwa 200 Kubikmeter Inhalt eine naturnahe, artgerechte Lebensumgebung zur Verfügung stellt. Der besondere Clou ist dabei auch der 15 Meter lange Acrylglastunnel, der den Besuchern einen faszinierenden Einblick in das Treiben der Königs- und Eselspinguine unter Wasser ermöglicht.

Wer nicht genug von den drolligen Frackträgern bekommt, schaut vielleicht noch bei den Brillenpinguinen vorbei, deren Gehege einem südafrikanischen Strandabschnitt nachempfunden ist. Büsche, Felsen, Sand und niedrig bewachsene Bereiche sorgen dafür, dass sich die kleinen Afrikaner auch in Wuppertal wie zuhause fühlen. Und auch hier finden die Besucher großzügige Glasscheiben, durch die sie die Pinguine beim Schwimmen und »Fliegen« unter Wasser beobachten können.

Freie Sicht auf Menschenaffen und Großkatzen

Nachdem 2003 die Orang-Utans bereits ein großzügiges Freigehege mit einer Auslauffläche von rund 600 Quadratmetern bekamen, das mit seiner Abgrenzung aus Glas eine freie Sicht auf die Primaten gewährt, wurde 2006 anlässlich des 125-jährigen Jubiläums des Zoos ebenfalls für die Gorillas ein großes Freigelände geschaffen. 2007 fand eine enorme Erweiterung des Tierparks statt, bei der auf einer Grundfläche von einem Hektar ein neues Freigehege für die Löwen und eine erweiterte Anlage für die Tiger entstanden. Zuletzt durften sich im Jahre 2011 die Okapis über eine neu gestaltete Anlage mit Gräben und einem neuen Stallhaus freuen. Die kälteempfindlichen Paarhufer, die an eine Mischung aus Giraffe und Zebra erinnern, gibt es weltweit nur in wenigen Zoos zu sehen. Hier im Zoo Wuppertal können die Tiere nun auch während der kalten Jahreszeit im begehbaren Stallgebäude ausgiebig beobachtet werden.

Wer neben Löwen, Menschenaffen und Elefanten genauso gern seltene Arten wie Zwergpinguine, Okapis oder auch Bonobos inmitten eines schön angelegten Tierparks erleben möchte, ist im Zoo Wuppertal ganz bestimmt richtig. Die liebevoll arrangierten und gut einsehbaren Gehege machen den Aufenthalt hier zu einem äußerst spannenden Erlebnis für die ganze Familie. ■

TIPPS

Verpassen sollte man auf keinen Fall die Schaufütterungen der Königs- und Brillenpinguine (täglich ab 11:15 Uhr, außer freitags). Auch die Fütterung der Großkatzen (ab 16 Uhr, außer montags) stellt ein unvergessliches Highlight im Wuppertaler Zoo dar.

Bereits ab dem 4. Besuch lohnt sich der Kauf einer Jahreskarte (gültig ein Jahr ab dem Verkaufsdatum).

Nicht verpassen sollten Wuppertal-Besucher die Kombikarten, die der Zoo in Kooperation mit dem VRR anbietet. Am Lösungstag berechtigen diese nicht nur zum einmaligen Besuch im Zoo, sondern auch zu beliebig vielen Fahrten im Wuppertaler Stadtgebiet (Preisstufe A) – unter anderem auch mit der weltbekannten Schwebebahn.

Königspinguinanlage – eine der modernsten Europas

18

H2O REMSCHEID

Grenzenloser Badespaß im Herzen des Bergischen Landes

INFORMATIONEN

Bundesland
Nordrhein-Westfalen

Adresse
H2O Remscheid
Hackenberger Straße 109
42897 Remscheid
Tel. (021 91) 16 41 42
www.h2o-badeparadies.de

Öffnungszeiten
Ganzjährig täglich in der Regel 9–23 Uhr, montags öffnet das Bad später

Hunde
Nicht erlaubt

Sprudelbecken (Titelbild)

Seit mehr als 15 Jahren steht im H2O Remscheid alles im Zeichen des nassen Elements. Ob zum Rutschen, Planschen, zum Sport oder zum Entspannen, das Erlebnisbad in der drittgrößten Stadt des Bergischen Landes offeriert ein breit gefächertes Angebot.

Im Badeparadies des H2O Remscheid macht das »Erlebnisbecken« seinem Namen alle Ehre. Neben dem Kletternetz ist es vor allem das Rutschentrio »Crazy River & Co.«, das die Besucher in Begeisterung versetzt. Zusätzlich zum namensgebenden »Crazy River«, einer 60 Meter langen Wildwasserfahrt, erwartet die Gäste hier eine Doppel-Steilrutsche sowie eine Röhrenrutsche.

Bewegung verschaffen können sich auch ambitionierte Schwimmer im »Sportbecken« – ob drinnen auf sechs oder draußen auf vier Bahnen à 25 Meter. Ein Kinderspielbereich mit unmittelbarem Zugang zu Wickeltisch und Flaschenwärmer erfreut zudem kleine sowie große Besucher der Badewelt.

Wer sich entspannen möchte, findet im Massagebecken und im Natursolebecken Gelegenheit dazu. Hier im Außenbereich des Bades können Gäste im »Garten der Sinne« entspannen oder im Gradierwerk maritime Salzluft schnuppern. Durchatmen und neue Energie für den Alltag tanken lässt sich auch bei einem Besuch in dem 40 bis 55 Grad warmen Dampfbad.

Umfassendes Verwöhnprogramm

In der großzügigen Saunalandschaft des H2O Remscheid wird vor allem nach finnischer Art geschwitzt, unter anderem in der bis zu 110 Grad heißen »Kammi-Sauna« oder in der »Löyly-Sauna«

(95°), die mit Spezial-Aufgüssen in Form von Salz und Honig die Haut der Gäste verwöhnt. In der »Ruusu-Sauna«, die den Duft von Rosenöl verströmt, finden Saunagäste ebenfalls ein umfassendes Verwöhnprogramm für Körper und Seele. Und wer nicht genug bekommt von harmonischer Wärme und Entspannung, der sollte auch das »Valo-Bad« (65°) ausprobieren, das mit sanft wechselndem Farbspiel und ruhigen Klängen den Aufenthalt in der Schwitzkammer behaglich untermalt. Darüber hinaus tragen in den insgesamt acht unterschiedlichen Saunen eine ganze Reihe von Spezial-Aufgüssen, darunter etwa die »Finnische Birke« oder der »Vulkanaufguss«, zu einem ganz besonderen Wohlfühl-Erlebnis bei.

Der ganzjährig begrünte Saunagarten lädt mit verschiedenen Sitz- und Ruhemöglichkeiten zum Verweilen ein. Neben einer Holzterrasse mit Liegestühlen sind hier auch Hängematten zu finden.

Absolut überzeugend

Das H2O Remscheid ist ein charmantes Erlebnisbad, das vor allem mit seiner stimmungsvollen Wellness- und Saunalandschaft, die auf vielfältige Weise Entspannung bietet, überzeugt. Neben genügend Entfaltungsmöglichkeiten für Sport-Schwimmer werden sich im H2O auch Familien durch das abwechslungsreiche »Erlebnisbecken« und die unterschiedlichen Rutschen ganz in ihrem Element fühlen. ■

Saunabereich

TIPPS

In Fitnesskursen wie Aquarobics, Aquajogging, Deep Water Workout oder Aqua-Power können Sie Ihre Ausdauer, das Herz-Kreislauf-System und einzelne Muskelgruppen trainieren und stärken.

Stammbesucher können im H2O Remscheid mit einer 11er oder 20er Karte sparen.

EVENTS

Dem H2O Remscheid im wahrsten Sinne auf den Grund gehen können tauchbegeisterte Besucher an jedem 2. und 4. Freitag im Monat. Das kostenlose Schnuppertauchen findet von 18:30 bis 20 Uhr statt. Da Leihgeräte nur begrenzt vorhanden sind, wird das Mitbringen einer Taucher-Grundausstattung (Tauchermaske, Flossen und Schnorchel) empfohlen.

An jedem 1. Freitag im Monat heißt es von 15 bis 22 Uhr »Fun und Action im H2O«. Gerade für Kinder finden sich dann in der Badelandschaft verschiedene Spaß- und Spielelemente – darunter auch ein »Eisberg« – an denen sie sich nach Herzenslust austoben können.

GASTRONOMIE

Das vielfältige Angebot der H2O-Gastronomie reicht von knackigen Salaten bis hin zu herzhaften Schlemmereien.

ZOO DORTMUND

Tiere im Revier

INFORMATIONEN

Bundesland
Nordrhein-Westfalen

Adresse
Zoo Dortmund
Mergelteichstraße 80
44225 Dortmund
Tel. (02 31) 502 85 93
www.zoo.dortmund.de

Öffnungszeiten
Ganzjährig geöffnet, Zeiten variieren je nach Jahreszeit, ab spätestens 9:30 Uhr, im Sommer bis 18:30 Uhr, im Winter früher

Hunde
Nicht erlaubt

GASTRONOMIE

Für das leibliche Wohl der Zoobesucher sorgt die zentral gelegene »Waldschenke«, darüber hinaus gibt es auf dem Gelände verteilt verschiedene Kioske und Buden. Mitgebrachte Speisen und Getränke können an den zahlreichen Tischen und Bänken verzehrt werden.

Orang-Utan (Titelbild)

Das Ruhrgebiet steht schon lange nicht mehr nur im Zeichen von Bergbau und rauchenden Industrieschornsteinen. Gerade die Westfalen-Metropole Dortmund beweist mit einer ganzen Reihe an Park- und Grünflächen, dass Naherholung im Revier kein Widerspruch sein muss. So sorgt etwa auch der südlich des Rombergparks gelegene Zoo Dortmund mit einer Fläche von 28 Hektar für eine erholsame, aber auch erlebnisreiche Auszeit vom Großstadttreiben.

Der 1953 auf dem Grubenfeld der ehemaligen Zeche Glückaufsegen eröffnete Tierpark beherbergt heute rund 1.500 Tiere aus etwa 230 Arten. Schwerpunkte sind dabei vor allem die Haltung und Zucht südamerikanischer Tierarten, insbesondere des Ameisenbären, den man im Zoo Dortmund im »Tamandua-Haus« zu sehen bekommt. Seit 1976 haben hier im Tierpark bereits über 60 Exemplare mit der charakteristischen langen Röhrenschnauze das Licht der Welt erblickt und zieren zudem das Wappen des Zoos. Nicht von ungefähr gilt die Revier-Stadt Dortmund als »Welthauptstadt der Ameisenbären«.

Tierisch gut

Zu den weiteren Highlights des Zoos gehört das Regenwaldhaus »Rumah hutan«, das 2004 errichtet wurde und unter anderem Schabrackentapire mit Sumatra-Orang-Utans erfolgreich vergesellschaftet. Im »Amazonas-Haus« wurde eine eindrucksvolle südamerikanische Urwaldlandschaft nachgebildet, die die Heimat von Zwergseidenäffchen und Pfeilgiftfröschen, aber auch Leguanen sowie exotischer Vögel ist. Nicht minder lohnen sich ein Abstecher ins »Otter-Haus«, in dem die seltenen Riesenotter ein Zuhause gefunden haben, oder ein

Besuch des 2006 eröffneten »Nashornhaus«. Des Weiteren finden sich auf dem weitläufigen Areal eine Vielzahl an teils seltenen Tierarten, darunter auch Ozelote sowie Oncillas. Sehenswert sind natürlich auch die Großkatzen, allen voran die Bewohner der großzügigen »Leoparden-Anlage«.

Informatives über Skippy & Co.

Doch man beschränkt sich im Zoo Dortmund nicht darauf, die Tiere nur zu präsentieren, sondern man möchte den Besuchern anhand von sogenannten Erlebnis-Stationen auch informatives Wissen vermitteln. Wer wollte nicht schon immer erfahren, wie weit ein Känguru springen kann? Ein toller Spaß für Groß und Klein! Ein »Streichelzoo« mit angrenzendem Bauernhaus lässt insbesondere Kinderherzen höher schlagen. Zusätzlich bietet der zentral gelegene große »Abenteuerspielplatz« grenzenlosen Tobespaß.

Der Zoo Dortmund bietet mit seiner idyllischen und weitläufigen Parklandschaft und dem alten Baumbestand auch an Sommertagen ein entspanntes und reizvolles Familien-Erlebnis. Moderne Tierhäuser sowie seltene Arten tragen hier dazu bei, dass man die Revier-Konkurrenz aus Duisburg keinesfalls zu fürchten braucht. ■

TIPPS

Die Highlights gerade für kleine Zoobesucher sind die kommentierten Fütterungen der Pinguine (täglich ab 14:30 Uhr) und Seelöwen (täglich jeweils um 11 und 15 Uhr).

Verschiedene Sprechstunden etwa bei den Nashörnern, bei den Giraffen oder bei den Orang-Utans vermitteln ebenfalls Wissenswertes über die Zootiere.

Für Menschen mit Behinderung bietet der Zoo Dortmund verschiedene Hilfen an. So können Rollstühle und Rollatoren, aber auch in Brailleschrift geschriebene Blinden-Zooführer kostenlos am Haupteingang ausgeliehen werden.

Humboldtpinguine

GRUGAPARK

Entspannen in Essen

INFORMATIONEN

Bundesland
Nordrhein-Westfalen

Adresse
Grugapark Essen
Norbertstraße 2
45131 Essen
Tel. (02 01) 888 31 06
www.grugapark.de

Öffnungszeiten
Ganzjährig täglich 9 Uhr bis zum Einbruch der Dunkelheit

Hunde
Erlaubt

Üppige Vegetation (Titelbild)

Kaum ein anderer Ort in Deutschland bietet seinen Bewohnern eine derart liebevoll gestaltete und gepflegte Parkanlage wie die Stadt Essen mitten im Ruhrgebiet – und dies nun schon seit über 80 Jahren.

Das Herzstück des Grugaparks ist natürlich der Botanische Garten, der nicht nur Erholung vom stressigen Alltag bietet, sondern auch der Lehre und Weiterbildung in Sachen Flora dient. Etiketten und Informationstafeln geben dem Besucher wichtige Hinweise auf die Herkunft der einzelnen Pflanzen, spezielle Häuser mit Kakteen und Sukkulenten lassen einen genauso staunen wie ein kleiner Bonsai-Garten mit zahlreichen Exponaten. Verschiedenste Blumenbeete sorgen dafür, dass überall etwas blüht und den Grugapark in allen erdenklichen Farben erstrahlen lässt.

Das Betrachten der Wunder der Natur und die damit verbundene Ruhe und Besinnung stehen hier eindeutig im Vordergrund – überall gibt es bequeme Sitzmöglichkeiten, um bei dem doch recht langen Rundgang die eine oder andere Pause einzulegen. Wer nicht so viel laufen kann oder will, um die ganze Pracht des Grugaparks zu sehen, kann auch mit Hilfe einer kleinen Parkbahn in einer rund 20minütigen Rundfahrt auf Entdeckungstour gehen.

Neben seiner Bedeutung als Botanischer Garten ist der Grugapark inzwischen aber auch Heimat von mehr als 500 Tieren geworden. In einer der größten Vogelfreifluganlagen Deutschlands gibt es Flamingos, Ibisse oder Austernfischer zu beobachten. Neben Volieren mit Papageien, Eulen und Greifvögeln findet man im Grugapark auch ein Dammwild-Kontaktgehege und einen kleinen Ponyhof. Der zoologische Bereich ist insgesamt natürlich nicht so groß ausgefallen wie bei einem reinen

Tierpark, bietet aber trotzdem eine ideale Ergänzung zum botanischen Teil des Essener Stadtparks.

Sport und Kultur

Neben Flora und Fauna verfügt der Grugapark auch über ein ansehnliches Angebot an Sport-, Freizeit- und Wellness-Angeboten. Tischtennis, Volleyball, Badminton oder Boule sorgen hier genauso für Aktivität wie ein kleiner Niedrigseilparcours oder eine Rollschuhbahn. Auch für Jogger und Walker wird einiges geboten: Neben der landschaftlichen Gestaltung gibt es mehr als 40 Skulpturen und Plastiken von namhaften Künstlern zu sehen, die dort im Laufe der Zeit installiert wurden. Nach dem Sport kann man sich übrigens auf dem erweiterten »Barfußpfad« erholen oder die salzhaltige Luft des »Gradierwerkes« inhalieren, die das Immunsystem stabilisiert und die geistige sowie körperliche Leistungsfähigkeit steigern soll.

Die eierlegende Wollmilchsau gibt es bekanntlich nicht – aber der Grugapark ist schon ziemlich nah dran. Erholen, Entdecken, Erleben: Dies scheinen die Eckpfeiler des Essener Stadtparks zu sein. Die Mischung aus Botanik, Zoologie, Kunst und Sport funktioniert außergewöhnlich gut und wird noch einmal durch ständige Sonderveranstaltungen wie Konzerte und Ausstellungen kräftig aufgewertet. ■

TIPP

Gegen Gebühr können Grillplätze angemietet werden.

GASTRONOMIE

Während für den kleinen Hunger mehrere Kioske bereitstehen, laden drei Restaurants zum ausgiebigen Schlemmen in idyllischer Umgebung ein. Auf der Speisekarte stehen dabei herzhafte gutbürgerliche Speisen sowie orientalische und mediterrane Spezialitäten.

EVENTS

Im Grugapark wird ständig etwas geboten. Kleinkunst, Führungen, Kurse, Konzerte – das Angebot der Events erstreckt sich über das ganze Jahr und alle Jahreszeiten. Ein Blick in den Veranstaltungskalender des Parks lohnt sich.

Blick auf den Grugaturm

21

ZOOM ERLEBNISWELT GELSENKIRCHEN

Der Zoo der Zukunft

INFORMATIONEN

Bundesland
Nordrhein-Westfalen

Adresse
ZOOM Erlebniswelt
Bleckstraße 64
45889 Gelsenkirchen
Tel. (02 09) 954 50
www.zoom-erlebniswelt.de

Öffnungszeiten
Ganzjährig täglich März und Oktober 9–18 Uhr, April–September 9–18:30 Uhr, November –Februar 10–17 Uhr

Hunde
Erlaubt, nur ein Hund pro Besucher (gegen eine Eintrittsgebühr von € 5)

Orang-Utans hautnah (Titelbild)
Flusspferd auf dem Afrikasee (rechts)

Seit 2010 ist sie möglich: die »Weltreise an einem Tag« mitten im Ruhrgebiet. Auf einer Fläche von mehr als 30 Hektar vereinen die Erlebniswelten Alaska, Afrika und Asien Tiere und Lebensräume ferner Welten. Mit der ZOOM Erlebniswelt ist ein »Zoo der Zukunft« entstanden, wie er in Deutschland einzigartig ist.

Die einzige konsequent naturnah gestaltete zoologische Erlebniswelt in Europa bietet rund 900 Tieren in über 100 Arten eine nahezu natürliche Heimat. Hier ermöglicht die beeindruckende Landschaftsarchitektur die spannendsten Begegnungen zwischen Mensch und Tier. Bis heute sind rund zehn Millionen Besucher auf Entdeckungsreise durch die ZOOM Erlebniswelt gegangen.

Expedition Alaska

In der ZOOM Erlebniswelt Alaska führt der Abenteuerpfad vorbei an einer imposanten Seenlandschaft, gewaltigen Felsformationen und einem tosenden Wasserfall. In den naturnah gestalteten Lebensräumen haben die größten Landraubtiere der Erde, die Kodiakbären und die majestätischen Eisbären, ihr Zuhause gefunden. In einer Ranger Station, »Sam's Goldmine« und einer Goldwäscherstation werden Besucher zu Entdeckern. Das »Alaska Ice Adventure« – eine Motion Ride Simulation durch die Vegetationszonen Alaskas – und die größte Seelöwenanlage Europas geben atemberaubende Einsichten.

Afrika-Safari

Die ZOOM Erlebniswelt Afrika präsentiert spannende Aussichten auf verschlungenen Pfaden, und die faszinierendsten Tiere Afrikas, wie die mächtigen Löwen, sind zum Greifen nah. Ein einzigartiges Rundum-Panorama bietet die Bootsfahrt auf dem Afrikasee vorbei an dem Kopje der Erdmännchen oder an den Flusspferden und imposanten Nashörnern. Schimpansen hangeln sich von Baum zu Baum und am bis zu neun Meter hohen Giraffenhaus begegnen die Besucher den langhalsigen Huftieren auf Augenhöhe. Die »Afrika-Lodge« lädt mit ihrem Ausblick über die afrikanischen Lebenswelten und einem abenteuerlichen Erlebnis-Spielplatz zur Entspannung ein.

Dschungel-Abenteuer Asien

Die ZOOM Erlebniswelt Asien bringt die Exotik des Fernen Ostens ins Ruhrgebiet. Gras- und Bambuslandschaften erschaffen authentische Lebenswelten für Tiger, Orang-Utans, Kleine Pandas und Trampeltiere. Seit dem Jahre 2013 leben zwei Raubkatzen im neuen »Reich des Tigers«. Der »Canopy Walk« – ein Baumwipfelpfad – bietet einen einmaligen Panoramablick. Tropische Temperaturen, ein Dschungel aus mehr als 3.600 Pflanzen und eine Artengemeinschaft frei fliegender Vögel und Reptilien erfüllen das »ELE Tropenparadies« an 365 Tagen im Jahr mit farbenprächtigem Leben. Hier verbinden sich Naturerlebnisse, Gastronomie und Abenteuer. In unmittelbarer Nähe im »Drachenland« haben kleine Entdecker auf 850 Quadratmetern die Möglichkeit, phantastische Abenteuer zu erleben.

In der ZOOM Erlebniswelt Gelsenkirchen liegt der Fokus klar auf einer Kombination aus Tieren, passender Landschaftsgestaltung und einem wirklichen Erleben für alle Altersgruppen. Hier wurden Lebensräume für Tiere und Erlebnisräume für Menschen geschaffen. ■

TIPP

Wer die Weltreise an einem Tag noch passend ausklingen lassen möchte, dem sei die RYOKAN Gastronomie ans Herz gelegt: Erstklassige eurasische Küche, perfekter Service und exotische Umgebung machen einen Besuch dieser Restaurants zu einem ganz besonderen Erlebnis. Geöffnet ist (außer montags) auch abends nach Zooschluss von 18 bis 23 Uhr, dabei ist der Zugang auch ohne einen vorhergehenden Zoobesuch möglich.

GASTRONOMIE

In jeder der drei Erlebniswelten bietet sich den hungrigen Abenteurern die Möglichkeit, landestypische Gerichte oder gutbürgerliche Speisen zu sich zu nehmen. Neu seit der Saison 2014 ist das »Café Central« im Jambo Portal, in dem es Verpflegung für unterwegs auf der Weltreise an einem Tag gibt.

Seelöwen im Themenbereich Alaska

AQUAPARK OBERHAUSEN

Schwimmen im Revier

INFORMATIONEN

Bundesland
Nordrhein-Westfalen

Adresse
AQUApark Oberhausen
Heinz-Schleußer-Straße 1
46047 Oberhausen
Tel. (02 08) 625 35 90
www.aquapark-oberhausen.com

Öffnungszeiten
Ganzjährig täglich
Erlebnis-Revier: 9–21 Uhr
Sport-Revier: Mo–Fr 6:30–8 Uhr, So 13–20:45 Uhr
Freibad-Revier (Liegewiese): Sommer 9–21 Uhr
Die Außenbecken sind beheizt und können das ganze Jahr über genutzt werden.

Hunde
Nicht erlaubt

Wasserspaß auch für die Kleinen (Titelbild)

Von der Markenstube an glühender Kohle und Kauenhaken vorbei in ein »Erlebnis-Revier« und dort vom Förderturm über die Rutsche ins – Bergwerk? Nicht ganz, denn das 18 Meter hohe Monstrum steht zwar mitten im Ruhrgebiet, diente und dient allerdings nicht der Kohleförderung, sondern nur der Unterhaltung der Badegäste des AQUApark Oberhausen.

Das in seiner Art einzigartige Bergbau-Erlebnisbad hat sich die Thematik von Kumpels und Kohle, die so bezeichnend für das Ruhrgebiet ist, auf ganz besondere Weise zu eigen gemacht. Wie eine ganz besondere Form von Bergbau-Museum mutet es an, wenn man die Umkleidekabinen, hier »Waschkaue« genannt, betritt und sich einem überlebensgroßen Bergmann gegenüber sieht, der einem freundlich von der Kabinentür entgegenlächelt. Von der Kaue geht es ins Revier – gleich vier davon stehen badewütigen Kumpels zur Verfügung. Im »Erlebnis-Revier« warten nicht nur der schon beschriebene Förderturm mit Flugrutsche, sondern auch der »Blindschacht«, eine 105 Meter lange Black-Hole-Rutsche, und der »Tagschacht«, eine X-Tube-Rutsche mit 120 Metern Länge.

Badespaß unter Kumpels

Für Mini-Kumpel gibt es darüber hinaus einen Kinder-Erlebnisbereich mit Wasserpistolen und vielen Spielmöglichkeiten. Highlight hier ist aber ohne Zweifel Bubi, das letzte Grubenpferd. Im »Sport-Revier« kann man seine Bewegungsfreude dagegen auf sechs 25-Meter-Bahnen ausleben, die natürlich auch den Wettkampfstandards gerecht werden. Durch den »Schacht Süd« geht es schließlich weiter ins »Freibad-Revier« mit seiner 10.500 Quadratmeter großen Liegewiese. Von hier aus kann man auch gut das Getümmel im

25-Meter-Außenbecken im Auge behalten – oder sich eben selbst hineinstürzen. Denn hier gibt es nicht nur fünf Luftsprudelliegen, sondern auch Unterwasserdüsen, Nackenduschen und eine eindrucksvolle LED-Beleuchtung. Übrigens: Das Freibad ist im Bergbau-Bad nicht nur ein sommerliches Vergnügen. Eine Solaranlage auf dem Dach beheizt das Wasser konstant auf wohlige 31 Grad.

Was tun bei Schmacht im Schacht?

Der vierte Bereich widmet sich schließlich ganz den leiblichen Genüssen. Vom kleinen Hunger bis zum Riesenappetit – im »Gastro-Revier«, bestehend aus Schwimmbadkantine und Café & Bistro »Zum Flöz«, wird jeder kulinarische Schmacht befriedigt. Das Bistro im Eingangsbereich lockt mit leckeren, hausgemachten leichten Gerichten, in der Kantine finden sich dagegen auch die im Pott unvermeidlichen Currywürste samt Pommes.

Moderner Ruhrpott-Charme

Wer ein Schwimm-Erlebnis in einer einmaligen Kulisse sucht, ist im 2009 eröffneten AQUApark Oberhausen garantiert an der richtigen Adresse. Rutschen vom Förderturm und essen wie ein Kumpel – mehr Ruhrpott-Charme gibt's in keinem Bad. ■

TIPPS

Mit dem Eingangschip haben Besucher die Möglichkeit, im Bad auf Bargeld zu verzichten: einfach alle Umsätze auf den Chip buchen und erst beim Verlassen des Bades zahlen.

Geburtstagskinder bis 18 Jahre (mit Ausweis) haben freien Eintritt an ihrem Ehrentag.

Für Sportbegeisterte bietet der AQUApark verschiedene Kurse an, das Angebot reicht vom Kinderschwimmkurs bis zur Aquafitness für Senioren.

GASTRONOMIE

Leicht und hausgemacht lautet das Motto des Café & Bistro »Zum Flöz«. Wer lieber typische Imbisskost sucht, wird in der Kantine fündig.

EVENTS

Vom AQUACine bis zur Meisterschaft im Kumpelrutschen – jedes Jahr ist der AQUApark Schauplatz zahlreicher Events. Genaue Informationen finden Sie auf der Homepage.

Innenbereich des AQUApark

23

GRUSELLABYRINTH NRW

Im Bann der Finsternis

INFORMATIONEN

Bundesland
Nordrhein-Westfalen

Adresse
Grusellabyrinth NRW
Knappenstraße 36
46238 Bottrop
Tel. (020 41) 567 06 67
www.grusellabyrinth.de

Öffnungszeiten
Ganzjährig an vielen Tagen, die genauen Zeiten werden jeweils für drei Monate im Voraus auf der Homepage bekanntgegeben

Hunde
Nicht erlaubt

Der neue Standort in Bottrop (Titelbild)

Wer hätte das gedacht: Das größte Grusellabyrinth Deutschlands steht nicht in irgendeinem Freizeitpark, sondern in Bottrop, das dank des Halloween Horror Fest im Movie Park Germany bereits seit Jahren als Deutschlands Epizentrum für modernen Horror der härteren Gangart gilt. Doch Vorsicht! Wer bei dem Grusellabyrinth eine ähnlich blutige Gore- und Splatter-Veranstaltung wie im nahen Filmpark erwartet, liegt völlig daneben, da die Konzepte kaum unterschiedlicher sein könnten.

Bei »Im Bann der Finsternis«, so der Name der Show, geht es um die junge Marie Rosenthal, die nach dem Tod ihrer Mutter während einer Seance, bei der sie mit ihr Kontakt aufnehmen will, in einer Alptraumwelt gefangen ist. Mit Hilfe einer Wahrsagerin und eines Butlers sollen die Besucher nun in diese Welt eindringen und Marie wieder zurück in die Realität bringen. Dabei begegnen sie fiesen Insektenwesen, verrückten Horrorclowns oder auch einer seltsamen Puppe, lösen Rätsel und finden sich in stockfinsteren Labyrinthen wieder. Von der ersten Begegnung mit dem Butler bis zum stimmungsvollen Finale vergehen mehr als 90 Minuten, in denen man lachen, sich gruseln und sogar ein wenig weinen kann.

Damit setzen die Macher einerseits auf eine spätromantische Basis im Stile eines Lord Byron oder eines Edgar Allen Poe. Zum anderen liegt das Hauptaugenmerk nicht wie bei den von diversen Halloween-Events bekannten Mazes auf dem bloßen Erschrecken von Besuchern, sondern auf dem Erzählen einer Geschichte, bei der die Gäste Teil des Geschehens werden.

Natürlich gibt es auch durchaus Scare-Momente, aber diese ordnen sich dem Gesamtkonzept unter, das letztlich eher mit den bekannten Dungeons vergleichbar ist als mit den meist eindimensionalen Horrorhäusern, die im Oktober überall zu finden sind – ein interaktives Theatererlebnis für die ganze Familie, das mit Hilfe modernster technischer Mittel wie Mapping oder Kuppelprojektionen eindrucksvoll unterstützt wird.

Traditionsreiches an neuem Standort

Das Grusellabyrinth, das auf eine lange traditionsreiche Geschichte an seinem früheren Standort in Kiel zurückblicken kann, zeigt sich auch an seinem neuen Standort in Bottrop von seiner besten Seite und bietet seinen Besuchern mit viel Liebe zum Detail ein Erlebnis der Extraklasse, das in Deutschland noch seinesgleichen sucht. ■

GASTRONOMIE

Im Eingangs- und Wartebereich des Grusellabyrinth NRW gibt es einen kleinen Snack, wo man nicht nur Erfrischungsgetränke erhält, sondern auch Hot Dogs, Popcorn oder Muffins.

Marie Rosenthal (rechts oben)
Gruselige Gestalten (rechts unten)
Clown Monty wartet auf die Gäste. (links)

8 MOVIE PARK GERMANY

Hollywoodreife Action in Bottrop

INFORMATIONEN

Bundesland
Nordrhein-Westfalen

Adresse
Movie Park Germany
Warner Allee 1
46244 Bottrop-Kirchhellen
Tel. (020 45) 89 98 99
www.moviepark.de

Öffnungszeiten
In der Regel Anfang April–Anfang November meist 10–18 Uhr, April und September an einzelnen Wochentagen geschlossen, im Sommer sowie während des Halloween Horror Fest länger

Hunde
Nicht erlaubt, allerdings besteht (gegen Voranmeldung) die Möglichkeit einer kostenpflichtigen Unterbringung in der parkeigenen Hundepension. Mehr Informationen dazu auf der Homepage des Parks.

Holzachterbahn Bandit (Titelbild)

Mit einem Alter von gerade mal knapp 20 Jahren gehört der 1996 eröffnete Movie Park Germany zu den ausgesprochenen Youngstern unter den deutschen Freizeitparks. Heute präsentiert der Film- und Entertainmentpark in Bottrop dank mehrerer Kino- und Fernsehlizenzen ein umfangreiches Angebot an Attraktionen und Shows, das sich vor allem an Familien mit Kindern richtet.

Während andere deutsche Filmparks fast ausschließlich auf Fahrgeschäfte verzichten, warten im Movie Park Germany alleine schon sechs Achterbahnen auf die Gäste, die alle Altersklassen bedienen. Jugendliche und Erwachsene werden im »MP Express« unter der Schiene hängend durch mehrere Überschlagselemente geschleudert oder flüchten in dem aufwändig thematisierten Indoor Coaster »Van Helsing's Factory« zusammen mit dem gleichnamigen Vampirjäger vor gefährlichen Blutsaugern. Auch die Holzachterbahn »Bandit« ist nichts für zarte Gemüter: Die verschachtelte Strecke wird mit hohem Tempo durchfahren und rüttelt die Besucher in den Zügen naturgemäß ein wenig durch – die Warnungen für Gäste mit Rückenproblemen am Eingang der Bahn sind also durchaus ernst zu nehmen. Die »Wilde Maus« »Ghost Chasers« mit einer auf SpongeBob Schwammkopf basierenden Thematisierung rundet das Angebot für ältere Gäste passend ab.

Achterbahnen für die Kleinsten

Aber auch kleinere Kinder dürfen sich auf ihre ersten Achterbahn-Erlebnisse freuen. Empfehlenswert ist hier vor allem »Jimmy Neutron's Atomic Flyer«, ein kleiner Suspended Coaster, der nicht nur eine ausgesprochen angenehme Fahrt bietet, sondern mit einer Mindestgröße von gerade einmal 95 Zentimetern selbst die Kleinsten nicht außen vor lässt – was nun aber nicht heißen soll, dass die Bahn nicht auch Erwachsenen jede Menge Spaß bietet. Als Alternative für den Nachwuchs bietet sich außerdem die Kinderachterbahn »Backyardigans Mission to Mars« an.

Beide Coaster findet man übrigens im Nickland, einem riesigen Themenbereich, der den Figuren des bekannten Fernsehsenders gewidmet ist. SpongeBob, Jimmy Neutron, Dora, Avatar und viele andere beliebte Animationsfiguren haben hier ihr Zuhause – dabei sind die jeweiligen Attraktionen darauf zugeschnitten, möglichst mit der ganzen Familie erlebt werden zu können. So findet man hier zum Beispiel mit »Doras Big River Adventure« eine Wildwasserbahn mit einem bunten Cartoon-Look, die ganz nebenbei auch einen ordentlichen Nässefaktor bietet. Auch der interaktive Wasserspaß »SpongeBob Splash Bash«, bei dem man sich in Booten ein Wassergefecht mit anderen Besuchern am Rand von Bikini Bottom liefern kann, gehört zu den Highlights bei sommerlichen Temperaturen.

TIPP

Bei einer Bestellung von Eintrittskarten im Online-Shop des Parks gibt es spezielle »All-Inclusive-Tickets«, die nicht nur den Zutritt zum Park ermöglichen, sondern auch Getränke und Essen beinhalten. Gerade in den Sommermonaten, in denen man aufgrund hoher Temperaturen viel trinkt, ist dieses Ticket eine durchaus empfehlenswerte Alternative.

Inverted Coaster MP Xpress

GASTRONOMIE

Zwei Restaurants, vier Cafés und eine ganze Reihe an Snack-Stationen sorgen im Movie Park für das leibliche Wohl. Auf dem Programm stehen beliebte Speisen wie Pizza, Nudelgerichte, Burger, Pommes frites, Sandwichs und Salate, aber auch süße Leckereien wie Donuts, Muffins, Kuchen, Eiscreme und Milchshakes.

Teenage Mutant Ninja Turtles: License to Drive (links oben)
Spaß am Santa Monica Pier (links unten)
Van Helsing's Factory (rechts)

Die Helden von Ice Age

In die Höhe geht es im Nickland entweder mit dem »Avatar: Air Glider«, einem Karussell, in dem man auf dem Bauch liegend durch die Luft schwebt, oder mit dem »Splat-O-Sphere«, einem Hochfahrgeschäft, bei dessen Fahrt man nicht nur den Ausschwung der Gondel mit einem Joystick steuern kann, sondern ganz nebenbei auch einen tollen Ausblick auf den gesamten Parkteil hat. Hier findet man neben der liebevoll gestalteten Kinderfahrschule »Teenage Mutant Ninja Turtles: License to Drive« übrigens auch mit »Mystery River« eine der besten Rafting-Anlagen Europas, deren Kulisse zwar etwas in die Jahre gekommen ist, die aber dafür eine schnelle und spritzige Fahrt verspricht. Auch die Helden der Filmreihe »Ice Age« sind hier in einer eigenen Bootsfahrt durch die Welt der Dinosaurier zu finden.

Apropos Boot: Gleich hinter dem Eingang des Parks befindet sich auf der linken Seite ein oft übersehener Spillwater, der seine Gäste in das Innere eines Vulkans führt, wo Außerirdische Menschen verschiedenster Epochen gefangen halten – eine Hommage an die Science-Fiction-Trashfilme der 60er Jahre. »Bermuda Triangle – Alien Encounter« lautet der Name der Wasserfahrt, die gleich zwei Drops bietet, bei denen man sehr nass werden kann.

Zum anschließenden Trocknen eignet sich der Fahrtwind von »The High Fall«, einem rund 60 Meter hohen Freifallturm im Wild-West-Bereich des Parks, der gleich zwei Besonderheiten aufweist: Zum einen fällt man mit einer Geschwindigkeit von rund 90 Stundenkilometern quasi stehend in die Tiefe und zum anderen werden die Sitze am höchsten Punkt des Turms nach vorne gekippt.

Vielfältiges Show-Programm

Neben zahlreichen anderen Attraktionen wie dem Simulator »Time Riders«, der Reise zu den Dinosauriern des »Lost Temple«, dem Santa Monica Pier mit seinen Fahrgeschäften oder einem Top Spin liegt ein weiteres Hauptaugenmerk des Parks auf Entertainment mit Stunt- und Live-Gesangsshows. Außerdem gibt es noch ein 4D-Kino mit einem Ice-Age-Film.

Kino- und Fernseh-Helden, Achterbahnen und ausgesprochen familienfreundliche Attraktionen sind in dieser Kombination in Deutschland einmalig. »Hurra – ich bin im Film!« – so lautet der Slogan des Parks, zu Recht! ■

TIPP

Die Tickets für das Halloween Horror Fest an den Samstagen im Oktober sowie für den 31.10. sind ausschließlich im Vorverkauf erhältlich. Wenn Sie vorhaben, den Park an einem dieser Tage zu besuchen, sollten Sie rechtzeitig ein entsprechendes Ticket auf der Homepage des Parks bestellen.

EVENTS

Mit dem Halloween Horror Fest erwartet die Besucher donnerstags bis samstags im Oktober ein ganz besonderes Special: Bei dem blutigen Grusel-Event, das in Deutschland seinesgleichen sucht, verwandeln mehr als 200 Darsteller den Park in einen Ort des Schreckens; mehrere Horror-Labyrinthe und spezielle Shows stehen hier genauso auf dem Programm wie die bis 22 Uhr verlängerten Öffnungszeiten.

Legendär: Halloween Horror Fest

SCHLOSS BECK

Der Park für Kinder

INFORMATIONEN

Bundesland
Nordrhein-Westfalen

Adresse
Freizeitpark Schloss Beck
Am Dornbusch 39
46244 Bottrop
Tel. (020 45) 51 34
www.schloss-beck.de

Öffnungszeiten
In der Regel Mitte April–Mitte Oktober 9–18 Uhr

Hunde
Erlaubt beim Kauf einer Hundetüte für € 1 (Kampfhunde ausgenommen)

Achterbahn und Riesenrad (Titelbild)

In unmittelbarer Nachbarschaft zum Movie Park Germany findet man in Bottrop mit Schloss Beck noch einen zweiten, kleineren Freizeitpark, der sich ausschließlich an Familien mit kleinen Kindern orientiert und in seinem Besucher-Segment durchaus mit der scheinbar übermächtigen Konkurrenz nebenan mithalten kann.

Mittelpunkt des Parks ist das namensgebende Wasserschloss Beck, das man wohl zu den schönsten barocken Baudenkmälern Westfalens zählen darf. Erbaut im 18. Jahrhundert, überstand es zwar unbeschädigt beide Weltkriege, wurde aber erst 1966 renoviert und für die Öffentlichkeit freigegeben – sozusagen die Geburtsstunde des späteren Freizeitparks. Gerüchteweise soll es hier sogar spuken: Im »Geisterkeller« des Gebäudes können die Besucher dem gespenstischen Treiben auf den Grund gehen.

Muskelkraft ist gefragt

Inmitten des landschaftlich schön angelegten Parks gibt es für Kinder viel Freiraum zum Spielen und Toben, aber natürlich auch einige Karussells und Fahrgeschäfte. So dürfen die Kleinen hier zum Beispiel ihre ersten Achterbahn-Erfahrungen auf einem sechs Meter hohen Tivoli Coaster machen, mit einem mittelhohen Riesenrad in die Luft steigen oder bei einer Wasserrutschen-Anlage einen Abhang hinunterschliddern.

Trampoline für Groß und Klein, Spielgeräte und Seilbahn bringen Erwachsene und Kids gleichermaßen zum Schwitzen. Für viele Attraktionen soll und muss man die eigene Muskelkraft bemühen – ein gutes Beispiel hierfür ist der kleine Aussichtsturm, bei dem man sich selbst hinaufziehen muss, wenn man einen Überblick über das bunte Treiben darunter bekommen möchte. Alternativ kann man den Park auch mit einer kleinen Eisenbahn entdecken.

Mit Ruderbooten auf dem See

Ein Highlight von Schloss Beck ist sicherlich ein großer naturbelassener See auf dem Gelände, der mit Tret- und Ruderbooten erkundet werden kann – gerade bei sommerlichen Temperaturen ist dies eine idyllische Alternative zu den üblicherweise sonst in Freizeitparks anzutreffenden Kunstwelten. Ein großer Abenteuerspielplatz mit zahlreichen Möglichkeiten zum Klettern, ein Naturlehrpfad oder eine Gokart-Bahn runden das Angebot für die jüngeren Besucher passend ab. An den Wochenenden dürfen diese übrigens den Park auch hoch zu Ross erkunden: Während einer »Ponytour« gibt es vieles zu entdecken. Ebenfalls »tierisch« geht es auch zu bei »Beckis Tierwelt«, einem kleinen Streichelzoo.

Schloss Beck kann man natürlich nicht mit den großen Freizeitparks in Deutschland vergleichen. Familien mit kleineren Kindern finden hier aber durchaus ein vergleichsweise kostengünstiges Kontrastprogramm, das auch jede Menge Spaß macht. ■

TIPPS

Auf Wunsch werden Führungen durch die prächtigen Räumlichkeiten des barocken Wasserschlosses angeboten.

An jedem Montag (abgesehen von Ferien und Feiertagen) ist Becki-Tag, der nach dem »guten Geist« von Schloss Beck benannt wurde und an dem ein reduzierter Eintrittspreis gilt.

GASTRONOMIE

Neben der »Schloss-Schänke« sorgen eine Waffelbäckerei und einige Imbissstände für das leibliche Wohl der Besucher. Außerdem stehen verschiedene Grillmöglichkeiten zur Verfügung, welche telefonisch vorbestellt werden sollten.

Das Schloss (oben links) mit seiner großzügigen Parkanlage (oben rechts)
Hier gibt es viele Spiel- und Erlebnismöglichkeiten. (unten)

INSELBAD BAHIA

Karibik in Bocholt

INFORMATIONEN

Bundesland
Nordrhein-Westfalen

Adresse
Inselbad Bahia
Hemdener Weg 169
46399 Bocholt
Tel. (028 71) 27 26 60
www.bahia.de

Öffnungszeiten
Ganzjährig in der Regel 10–21 Uhr, Sonn- und Feiertage auch länger, an wenigen Tagen im Jahr ist das Bad aufgrund von Revisionsarbeiten o. ä. geschlossen

Hunde
Nicht erlaubt

Wasserspaß im Inselbad (Titelbild)

Bahia – schon der Name klingt nach Erholung, nach Urlaub, Sonne, Strand, Palmen und Meer. Und nicht weniger will das gleichnamige Inselbad in Bocholt seinen Besuchern bieten. Die Wasserwelt holt mit Palmen und angenehmen Wassertemperaturen die Karibik ins Münsterland, während man in der Saunalandschaft bei einer Rhassoul-Zeremonie dem Orient ganz nah sein kann.

Gleichzeitig steht das Inselbad Bahia aber auch für ein abwechslungsreiches Freizeitangebot für Groß und Klein. Ein Höhepunkt ist die Weichenrutsche »Aqua Choice«, die ihre »Fahrgäste« vor eine schwierige Entscheidung stellt: Orange oder Blau, das ist die Frage, mit der sich die Rutscher unversehens beschäftigen müssen. Im blauen Bereich sind die weiteren Rutschenmeter mit zahlreichen Kurven gespickt, während Orange eine rasant-steile 30-Meter-Fahrt durch »Daylights« und »Stripes« verspricht. Auf der insgesamt 110 Meter langen Reifenrutsche können sich bereits Kinder ab sechs Jahren der schwierigen Farbwahl unterziehen. Rutschenfans kommen aber auch auf der 2009 eröffneten »Event-Rutsche« voll auf ihre Kosten. Unterstützt von »Crazy-Lights«, »Running-Lights« und »Day-Light-Effekten« geht's auf 70 kurvigen Metern ins Becken. In Begleitung eines Erwachsenen können auch Kinder unter sechs Jahren in den Genuss dieser Körperrutsche kommen. Darüber hinaus erwartet die Kleinen ein eigener Kinderbereich mit lustigen wasserspeienden Tieren, einem Schiffchenkanal, einem Planschbecken und einem Eltern-Kind-Bereich.

Eine weitere Besonderheit des Bocholter Inselbades ist die »Acapulco-Gischt«: Unter dem 3-Meter-Sprungturm befindet sich ein

Düsenauslass, der auf Wunsch des Springers für (fast) echte Meeresbrandung sorgt. Das aufschäumende Wasser sieht dabei übrigens nicht nur spektakulär aus, sondern hat zudem den angenehmen Nebeneffekt, dass es dem Springer eine ungewöhnlich weiche Landung beschert.

Schwitzen wie ein Römer

Was dem einen das Spielen, Toben und Rutschen, das ist dem anderen die Entspannung. Und auch für diese ist im Bahia bestens gesorgt. In der Saunawelt haben die Gäste die Wahl zwischen neun verschiedenen Schwitzräumen mit unterschiedlichen Thematisierungen, Temperaturen und Luftfeuchtigkeiten. Eine davon ist die 85 Grad heiße »Swet Kamer», ein Saunahaus im westfälischen Stil. Der Saunaofen ist hier im Stile eines Schmiedefeuers gehalten und verbreitet zusammen mit dem einer westfälischen Wohnküche nachempfundenen Vorraum eine gemütliche Atmosphäre.

Deutlich kühler geht es im Dampfbad zu: Bei 45 bis 48 Grad und einer nahezu hundertprozentigen Luftfeuchtigkeit kann man hier die Schwitzkultur der alten Römer nachempfinden. Oder eben die des Orients, denn das Dampfbad ist auch Schauplatz der Rhassoul-Zeremonien, bei denen der Körper zunächst mit Heilerde eingerieben und dann einer beständig ansteigenden Luftfeuchtigkeit ausgesetzt wird, die in einem erfrischenden Regenguss mündet.

Ein Highlight der Saunalandschaft ist aber auch der große Saunagarten, der mit zahlreichen Liegen zum Relaxen einlädt. Für Gesundheitsbewusste stehen zudem verschiedene Tauchbecken bereit.

Rutschenfan, Saunagänger oder Familie – das Inselbad Bahia kann die unterschiedlichsten Ansprüche zufrieden stellen. Durch die ansprechende Gestaltung der Wasser- und Saunawelten können die Gäste hier ihr ganz persönliches Urlaubsparadies genießen. ■

TIPP

Beim Eintritt zwischen 10 und 13 Uhr sowie ab 19 Uhr können Sie werktags den Happy-Hour-Tarif nutzen. Zwei Stunden in der Wasserwelt kosten dann für Erwachsene nur € 4,20.

GASTRONOMIE

In der Wasserwelt lockt »Baloa«, das Selbstbedienungs-Inselrestaurant, mit einem umfangreichen Speiseangebot, und in der Saunalandschaft haben die Gäste in der »Sansibar« die Qual der Wahl zwischen einfachen Snacks und kompletten Menüs.

EVENTS

Jeweils nach den Ferien startet in der Wasserwelt das neue Kursangebot des Bahia. Das Angebot umfasst dabei vom Babyschwimmen über Aquarobic bis zum Aqua Cycling die unterschiedlichsten Bewegungs- und Freizeitmöglichkeiten.

Weichenrutsche Aqua Choice

ZOO DUISBURG

Tiere im Pott

INFORMATIONEN

Bundesland
Nordrhein-Westfalen

Adresse
Zoo Duisburg
Mülheimer Straße 273
47058 Duisburg
Tel. (02 03) 30 55 90
www.zoo-duisburg.de

Öffnungszeiten
Ganzjährig täglich März–Oktober 9–18:30 Uhr, November–Februar 9–16 Uhr

Hunde
Nicht erlaubt

Zebras (Titelbild)

Der heutige Zoo Duisburg wurde vor mehr als 80 Jahren als Duisburg-Hamborner Tierpark gegründet und gehört heute zu den traditionsreichsten Vertretern seiner Art in Deutschland. Durch eine Autobahn in zwei Teile getrennt, die mit einer Brücke miteinander verbunden sind, wirkt der Zoo mit seiner Gestaltung leider ein wenig in die Jahre gekommen.

Statt liebevoller Thematisierung der Gehege herrscht oftmals trister Beton – hier wird zum größten Teil gar nicht erst versucht, eine natürliche Umgebung zu schaffen wie in Gelsenkirchen oder Hannover. Dies hat allerdings für den Besucher auch einen kleinen Vorteil: Die meisten Tieranlagen sind von allen Seiten gut einsehbar, so dass man seine Bewohner nicht lange suchen muss. Insgesamt werden im Zoo Duisburg rund 3.600 Tiere gehalten, davon alleine fast 500 Säuger.

Faultiere von oben

Wenn man den unscheinbaren Haupteingang hinter sich gelassen hat, merkt man schnell, dass es nicht ganz einfach ist, sich ohne einen Lageplan zurecht zu finden – die vorhandene Ausschilderung an den Wegen ist eher rudimentär und manchmal etwas irreführend. Man muss also ein wenig aufpassen, dass man nicht eines der Highlights des Zoos aus Versehen übersieht. Eines davon ist zweifellos das »Äquatorium«, wo man verschiedene Affenarten finden kann. Aber auch das »Koala-Haus« ist einen Besuch wert. Die Anlage besteht aus zwei für die Besucher über große Glasscheiben einsehbaren Innengehegen und insgesamt fünf weiteren Gehegen hinter den Kulissen.

Die »Lemureninsel« mit ihren freilaufenden Kattas und Varis sollten Besucher auch nicht verpassen. Wenn diese Lemurenarten an den staunenden Gästen vorbeihuschen und über die Wege springen, dann ist das durchaus eine der seltenen Mensch-Tier-Begegnungen, die vielen länger im Gedächtnis bleiben dürfte – vor allem Kindern. Etwas problematischer entpuppt sich hingegen die Tatsache, dass der Zoo Duisburg neben dem Nürnberger Tiergarten die einzige Institution in Deutschland ist, wo noch Delfine gehalten werden und Shows mit den Meeressäugern zu sehen sind. Man kann vermutlich stundenlang über eine solche Haltung diskutieren, aber das »Delfinarium« gehört trotzdem bei vielen Besuchern zu den Höhepunkten im Zoo.

Nebenbei gibt es natürlich noch viele weitere Tierarten zu beobachten: Elefanten, Nashörner, Tiger und Löwen findet man genauso im Zoo Duisburg wie Pinguine, Robben oder einen Streichelzoo. Es gibt auch ein Aquarium, das allerdings viel zu klein ausgefallen ist und in seinen Becken wenig Spektakuläres zeigt: Neonsalmler kann man auch in jedem beliebigen Tierfachgeschäft sehen – und dort sind die Schaubecken oftmals liebevoller eingerichtet.

Pro und Contra

Wenn man möglichst viele Tiere sehen will, ist der Zoo Duisburg durchaus empfehlenswert. Wer jedoch auch Wert auf eine hübsche Gestaltung der Gehege und Anlagen legt, könnte hier allerdings etwas enttäuscht werden. ■

TIPP

Das Gelände des Zoo Duisburg ist relativ hügelig. Gutes Schuhwerk sollte bei einem Besuch also Pflicht sein.

GASTRONOMIE

Neben der »Afrika Lodge«, einem Selbstbedienungsrestaurant mit großer Sonnenterrasse, stehen auf dem Zoogelände mehrere Kioske bereit, um Hunger und Durst der Besucher zu stillen.

Löwen (rechts) und Erdmännchen (links) sind auch im Zoo Duisburg sehr beliebt.

28

ALLWETTERZOO MÜNSTER

Trocken auch bei Regen

INFORMATIONEN

Bundesland
Nordrhein-Westfalen

Adresse
Allwetterzoo Münster
Sentruper Straße 315
48161 Münster
Tel. (02 51) 890 40
www.allwetterzoo.de

Öffnungszeiten
Ganzjährig täglich März und Oktober 9–18 Uhr, April–September 9–19 Uhr, November –Februar 9–17 Uhr

Hunde
Erlaubt (außer in den begehbaren Tieranlagen)

Orang-Utans Niah und Nonja (Titelbild)

Der Allwetterzoo in Münster gehört mit rund einer Million Gästen pro Jahr zu den besucherstärksten Tierparks in Deutschland. Den Namen verdankt der Zoo einem langen überdachten Rundweg, mit dem zahlreiche Tierhäuser wettergeschützt zu erreichen sind, so dass einem gelungenen Tag selbst bei stärkstem Regen und Schnee nichts im Wege steht.

Der direkte Kontakt zwischen Mensch und Tier wird im Allwetterzoo Münster großgeschrieben. Zu den Highlights gehört daher auch die zweimal pro Tag stattfindende Elefantenfütterung durch die Besucher, bei der Obst und Gemüse von den Pflegern bereitgestellt werden – gerade für Kinder sind diese Begegnungen natürlich etwas ganz Besonderes. Auch der tägliche Marsch der Brillenpinguine aus ihren Gehegen über die breiten Besucherwege, der im Sommerhalbjahr um 14 Uhr stattfindet, sorgt immer für ein großes Hallo – das ungewöhnliche Aufeinandertreffen von Besuchern und Pinguinen hat in diesem Fall allerdings keinen Show-Charakter, sondern dient hauptsächlich der Fitness der Tiere.

Die begehbaren Affenanlagen, bei denen man Kattas und Guerezas sehr nah kommt, zählen sicherlich ebenfalls zu den außergewöhnlichen Erlebnissen, die man im Allwetterzoo Münster haben kann. Ein Tropenhaus mit zahlreichen freifliegenden Vögeln und Flughunden oder eine große Lori-Voliere, in der man die bunten Papageien mit vorher bereitgestelltem Nektar füttern darf, sind zwei weitere Beispiele, wie hier Mensch und Tier zusammengebracht werden.

Ein großes Tierangebot

Auf einer Gesamtfläche von insgesamt rund 30 Hektar tummeln

sich 300 verschiedene Tierarten. Neben dem erwähnten Tropenhaus erwarten den Besucher noch ein Bärenhaus, ein Menschenaffenhaus, ein Löwenhaus und ein Elefantenhaus, das seit 2013 durch einen 5.000 Quadratmeter großen Elefanten-Park mit Außenbadebecken ergänzt wird, sowie der »Robbenhaven«, dessen Besuch im Gegensatz zu vielen anderen Tierparks löblicherweise bereits im Eintrittspreis enthalten ist.

Auch das parkeigene Aquarium, das neben Fischen auch Reptilien, Amphibien, Insekten und sogar Affen beherbergt, gehört zu den bevorzugten Einrichtungen des Zoos. Dies gilt im Übrigen natürlich auch für die Nashornhalle mit ihren Felskulissen, in der eine Innenanlage mit Zugang zu einem Außengehege für die allseits beliebten Erdmännchen untergebracht ist.

Die Außengehege des Allwetterzoo Münster beinhalten unter anderem ein weitläufiges Afrikapanorama mit rund 50 afrikanischen Huftieren, Straußen, Pelikanen und Kronenkranichen, eine 7.500 Quadratmeter große Anlage für Geparde oder den großen Kinder- und Pferdepark mit dem Westfälischen Pferdemuseum und einem großen Streichelzoo-Bereich. Zu den Highlights zählt sicherlich auch die »ZoORANGerie«, eine in Europa einmalige Dschungel-Anlage für Borneo-Orang-Utans, die aus einem großen, aufwendig gestalteten Außenteil mit Wasserfall und einer 14 Meter hohen Halle mit einem sechs Meter hohen Kletterbaum für die Besucher besteht.

Der Allwetterzoo kann ganz locker mit den »großen Namen« der deutschen Tierparks mithalten. Was die Präsentation der Tiere und der Gehege angeht, überholt er sogar problemlos viele seiner Konkurrenten. Und die Wetterunabhängigkeit ist ohnehin ein Pluspunkt, den man im regenverwöhnten Nordrhein-Westfalen nicht unterschätzen sollte. ■

TIPP

Durch den Kauf von Mehrfach- oder Jahreskarten, aber auch mit den Feierabend- und Winterpreisen des Allwetterzoos lässt sich einiges sparen.

GASTRONOMIE

Ein Restaurant mit großem Außenbereich und neuer Terrasse vor dem Elefanten-Park, ein Bistro sowie mehrere Kioske sorgen für das leibliche Wohl der Besucher. Des Weiteren sind viele, teils sogar überdachte Picknickplätze vorhanden, die oft einen guten Ausblick auf Tieranlagen bieten.

Blick auf das Asiatische Langhaus und Badebecken im Elefanten-Park (unten)

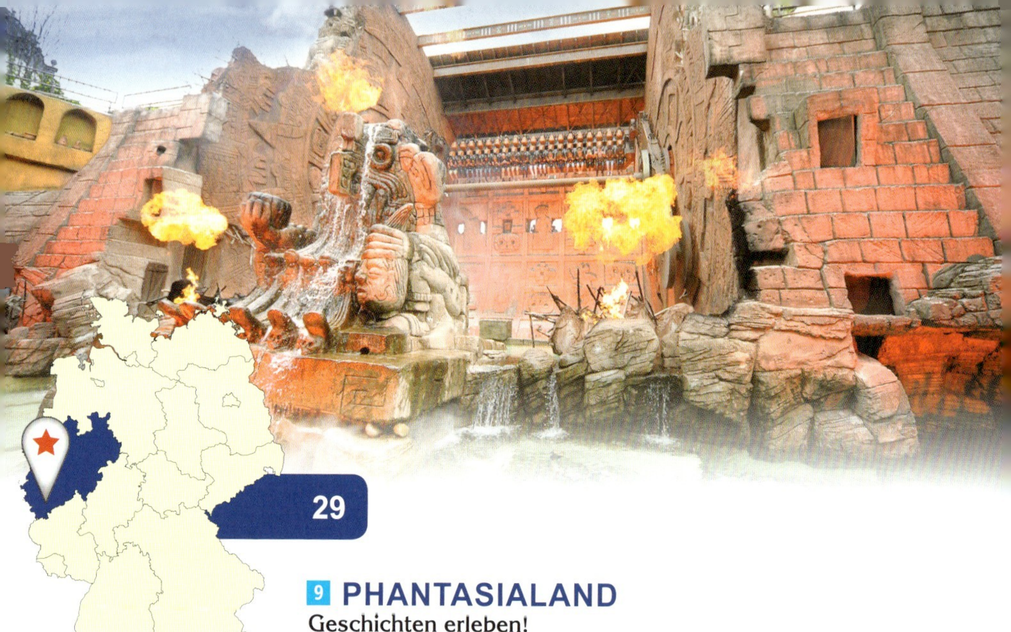

29

9 PHANTASIALAND

Geschichten erleben!

INFORMATIONEN

Bundesland
Nordrhein-Westfalen

Adresse
Phantasialand
Berggeiststraße 31–41
50321 Brühl
Tel. 01805-36 62 00
(€ 0,20/Min. aus dem Festnetz, Mobilfunk max. € 0,60/Min.)
www.phantasialand.de

Öffnungszeiten
In der Regel Anfang April – Anfang November 9–18 Uhr, die Termine der alljährlichen Winteröffnung werden rechtzeitig auf der Homepage des Parks veröffentlicht

Hunde
Erlaubt

Suspended Top Spin: Talocan (Titelbild)
Chiapas – die modernste Wasserbahn der Welt (rechts)

Das Phantasialand in Brühl bei Köln gehört nun schon seit Jahrzehnten zu den beliebtesten und meistbesuchten Freizeitparks in Deutschland. Gerade in den letzten Jahren wurde hier unglaublich viel verändert, antiquierte Attraktionen geschlossen und Top-Neuheiten eröffnet, die ihresgleichen suchen.

Der Duft von frisch zubereiteten Waffeln, mit Stuckarbeiten liebevoll geschmückte Häuserfassaden und der riesige »Kaiserplatz« mit seinen zahlreichen Platanen – all das ist ein Teil dessen, was die einzigartige Atmosphäre des Themenbereichs »Berlin« ausmacht, der die Besucher in das Hauptstadtleben der Jahrhundertwende von 1900 entführt. Gerade hier zeigt sich, mit welcher Detailversessenheit das Phantasialand seine Traumwelten realisiert: Nicht nur, dass man ein stimmungsvolles Gebäude-Ensemble geschaffen hat – der Straßenzug mitsamt dem »Kaiserplatz« wird auch von passenden »Bewohnern« wie Schuhputzern, Polizisten oder einer Live-Band belebt.

Mäusejagd in 3D

Das große Highlight in »Berlin« ist natürlich die interaktive Themenfahrt »Maus au Chocolat«, bei der es darum geht, die kaiserliche Konditorei von einem Mäusebefall zu befreien. Als Kammerjäger-Gehilfe muss man hier mit einer Sahne-Spritztüte die lästigen Nager daran hindern, es sich zwischen Torten und anderen Leckereien gemütlich zu machen – zu dumm nur, dass die Mäuse recht hartnäckig sind und zum Gegenangriff ausholen. »Maus au Chocolat« ist eine weltweit einmalige Attraktion, bei der Elemente aus einem klassischen Darkride, 3D-Projektion und Interaktion wunderbar verknüpft werden und die sich alleine schon aufgrund der Punktejagd während der Mäusehatz für Wiederholungsfahrten nahezu anbietet.

Doch auch der »Wellenflieger« auf dem »Kaiserplatz« ist ein echter Hingucker: Eine solche Attraktion wird in anderen Parks oft lieblos auf die Wiese gestellt – im Phantasialand hingegen wird die Fahrt mit meterhohen Wasserfontänen, die sich unter den Besuchern in die Höhe schrauben, regelrecht inszeniert. Einfach toll! Neben einigen Attraktionen für Kinder beheimatet »Berlin« noch ein 3D-Kino, das Deluxe-Funhouse »Das verrückte Hotel Tartüff« und vor allem das große stilvolle »Wintergarten«-Theater mit seiner atemberaubenden Bühnen-Kulisse.

Willkommen bei den Wuze

Vom »Kaiserplatz« führt eine längere überdachte Passage direkt in den Themenbereich »Fantasy«, in dem das phantasievolle Völkchen der längst verschollen geglaubten Wuze zu Hause ist. Das gesamte Areal unterteilt sich in das »Wuze-Tal« mit zahlreichen Attraktionen für Kinder, den gewaltigen Indoor-Komplex »Wuze-Town«, der neben einem schönen Kinderland auch die beiden Spinning Coaster »Winja's Fear« und »Winja's Force« beinhaltet, und den großen »Mondsee«, an dessen Ende die Besucher während einer interaktiven Bootsfahrt Jagd auf Froschsteine machen können. Mit einer phantastischen Optik und einer einmaligen Landschaftsgestaltung zeigt der gesamte Themenbereich, auf welch hohem Niveau das Phantasialand seine Geschichten erzählt.

Denn darum geht es letztendlich: Das Phantasialand ist kein normaler Freizeitpark, sondern eine Art Parallelwelt mit spannenden Abenteuern, die von den Gästen hautnah erlebt werden. Ein gutes Beispiel hierfür findet

TIPPS

Das »Eis-Café Annie Himmelreich« bietet verschiedene Eissorten, die qualitativ fast jede italienische Eisdiele um Längen schlagen. Unbedingt probieren!

Sie können Ihre Kinder auf dem Kaiserplatz schminken lassen. Dieser Service, der in anderen Freizeitparks mit mehreren Euro zu Buche schlägt, ist im Phantasialand bereits im Eintrittspreis enthalten.

Freunden gepflegter Abendunterhaltung sei die Gala-Dinner-Show »Fantissima« ans Herz gelegt, die durch wunderschönes Ambiente, ein vorzügliches Vier-Gang-Menü sowie absolut hochwertige Show-Einlagen besticht. Die Spielzeit ist unabhängig vom Parkbetrieb und geht von September bis Juni.

Besonders schön ist das Phantasialand während der Winteröffnung mit speziellen zusätzlichen Attraktionen und Shows – und dies mit im Vergleich zur Hochsaison weitaus kürzeren Wartezeiten an den Fahrgeschäften.

EVENTS

Asia Nights
Die »Asia Nights« laden an lauen Sommerabenden dazu ein, im Bereich »China Town« einen Cocktail zu trinken oder die hervorragende Küche des Parks zu probieren. Live-Unterhaltung und ein vielfältiges gastronomisches Angebot sorgen hier für echtes Urlaubsfeeling.

man auch im Themenbereich »Mexiko«, wo ein »Suspended Top Spin« seine Runden dreht, der dank seiner Präsentation in einer Art Tempelruine mit Feuer- und Wasser-Effekten und einer ausführlichen Hintergrund-Story zu einer Erfahrung der ganz besonderen Art wird. Die Minen-Achterbahn »Colorado Adventure«, die durch Felsmassive führt, und der kleine Freifallturm »Tikal«, der mit seinem lustigen Fahrprogramm für Begeisterung sorgt, zeigen ebenfalls die Liebe zur Thematisierung. Ein ganz besonderer Leckerbissen ist außerdem die einzigartige Wasserbahn »Chiapas«, die 2014 in eine neue mexikanische Traumwelt eingebunden wurde.

Die Schlange in Afrika

Geradezu selbst übertroffen hat sich der Park auch mit der Achterbahn »Black Mamba«, die sich teils unterirdisch durch den gesamten Bereich »Deep in Africa« schlängelt. Der Inverted Coaster gehört zu den besten Achterbahnen dieses Typs in ganz Europa und fährt sich trotz schneller Richtungswechsel und mehreren Überschlagelementen butterweich. Vor allem aber wurde er derart perfekt in das Areal integriert, dass man eigentlich nur staunen kann. Die landschaftliche Gestaltung des nachgebildeten »Schwarzen Kontinents« überzeugt genauso wie die ausgefeilten Sound-Effekte, die dafür sorgen, dass sich jeder Besucher wirklich mitten in Afrika wähnt. Als optischer Abschluss dient hier übrigens das Drei-Sterne-Plus Hotel »Matamba«, wo afrikanische Lebensfreude auf mitteleuropäischen Luxus trifft.

Auch der asiatische Themenkomplex »China Town« schließt mit einem Hotel ab: Das »Ling Bao«, streng nach den Richtlinien des Feng Shui erbaut, darf sich sogar mit vier Sternen schmücken und bietet seinen Gästen fernöstliche Ruhe und Besinnlichkeit inmitten des Freizeitpark-

Der Fantasy-Themenbereich mit dem Würmling-Express (rechts)
Der interaktive Dark Ride Maus au Chocolat (links oben)
Hotel Ling Bao (links unten)

Trubels. Überhaupt scheint Hektik in »China Town« ein Fremdwort – dies liegt vor allem an der kleinen Gartenanlage und den prächtigen Pagoden und Palästen, in denen sich neben gastronomischen Einrichtungen und Shops auch der »Feng Ju Palace« befindet, eine Illusionsschaukel, bei der sich während einer Hochzeit die Wände plötzlich drehen.

Ein Freifallturm der besonderen Art

Der letzte Themenbereich, »Mystery«, besteht zum einen aus der mehrgeschossigen Rafting-Anlage »River Quest«, bei der es in Rundbooten dank eines Vertikal-Lifts in die Höhe und dann unter anderem durch einen Wasserstrudel und mehrere Abfahrten wieder Richtung Erde geht. Die Fahrt erweist sich als sehr nass, so dass diese Attraktion entsprechend im Hochsommer stark frequentiert ist. Zum anderen findet man hier »Mystery Castle«, einen Indoor-Freifallturm mit einem 65 Meter tiefen Drop, der in eine spannende Storyline um die Bekämpfung des Bösen eingebunden ist.

Auch die Shows des Parks sind übrigens durchweg sehenswert: Neben Artistik gibt es auch Stunts oder Eiskunstlauf zu sehen. Und da wäre natürlich noch die allabendlich aufgeführte Open-Air-Show »Drakar'ium« auf dem »Kaiserplatz«, ein surreales Spektakel um einen Kampf von Drachen, das mit Artistik, Multimedia und einem großen Finale gespickt ist.

Das Phantasialand erzählt mit seinen Attraktionen und Themenbereichen Geschichten – und dies auf eine Art und Weise, die in Deutschland einmalig ist. Obwohl der Park flächenmäßig relativ klein ist, so findet man hier doch die größten Abenteuer, die man sich vorstellen kann. ■

TIPP

Da man das wirklich große Angebot an einem normal gefüllten Tag kaum komplett schaffen kann, empfiehlt sich die Übernachtung gleich vor Ort. Zu diesem Zwecke gibt es das 4-Sterne-Hotel »Ling Bao«, das mit seinem fernöstlichen Charme höchsten Ansprüchen genügt, sowie das 3-Sterne-plus-Familien-Hotel »Matamba«, das afrikanisches Flair und unbändige Lebensfreude in das Phantasialand bringt.

GASTRONOMIE

Negative Vorurteile über Gastronomie in Freizeitparks können Sie im Phantasialand getrost vergessen, denn dort kann man gut und abwechslungsreich speisen: Alleine im Park finden sich mehrere Restaurants und eine ganze Reihe an Snackstationen, die neben altbewährten Klassikern wie Schnitzel oder Pizza passend zu den Themenbereichen auch mexikanische, chinesische und afrikanische Küche anbieten. Wer den Tag abends noch mit einem leckeren Mahl ausklingen lassen möchte, sollte unbedingt eines der vier Hotel-Restaurants besuchen und die köstlichen euro-asiatischen oder afrikanischen Speisen probieren – es lohnt sich!

Rasante Achterbahn Black Mamba

KÖLNER ZOO

Dickhäuter am Rhein

INFORMATIONEN

Bundesland
Nordrhein-Westfalen

Adresse
Kölner Zoo
Riehler Straße 173
50735 Köln
Tel. 01805 / 280101
0,20 €/Min. aus dem deutschen Festnetz, Mobilfunk max. 0,60 €/Min.
www.koelnerzoo.de

Öffnungszeiten
Ganzjährig täglich 9–18 Uhr,
November–Februar bis 17 Uhr

Hunde
Nicht erlaubt

Nimmt zehn Prozent der Gesamtfläche des Zoos ein: der Elefanten-Park (Titelbild)

Der Kölner Zoo, bereits 1860 gegründet und damit der drittälteste Tierpark Deutschlands, befindet sich in unmittelbarer Nähe des Rheins sowie direkt an der Flora, dem Botanischen Garten der Domstadt. Auf einer vergleichsweise kleinen Fläche von 20 Hektar leben hier immerhin rund 10.000 Tiere aus fast 800 verschiedenen Arten.

Die ersten Highlights warten schon direkt kurz hinter dem Eingang auf der rechten Seite, denn hier wird zunächst einmal ein gewisser »Niedlichkeitsfaktor« in geballter Form ausgereizt: Fischotter, Erdmännchen, Waschbären und der Kleine Panda buhlen um die Gunst der Besucher. Dass genau diese Tierarten gleich zu Beginn des Rundgangs zu sehen sind, kommt vermutlich nicht von ungefähr, wenn man in die fröhlichen Gesichter der Besucher beim Anblick dieser putzigen Gesellen sieht.

Ein Park für Dickhäuter

Eine in ganz Deutschland bekannte Einrichtung des Zoos ist der riesige »Elefantenpark«, wo auf 20.000 Quadratmetern versucht wird, die Tiere möglichst artgerecht zu halten und sich von außen nur ganz wenig in das Leben der Dickhäuter einzumischen. Die asiatischen Elefanten leben hier in einem natürlichen Familienverbund, der im Laufe der Jahre sogar schon mehrfach Nachwuchs hervorbrachte, was europaweit für Aufsehen sorgte.

Weitaus kleiner als das Gehege der grauen Riesen ist der »Hippodom« ausgefallen, der im Jahre 2010 zum 150. Geburtstag des Zoos eröffnet wurde. In der 3.500 Quadratmeter großen afrikanischen Flusslandschaft haben nicht nur Flusspferde, sondern auch Krokodile oder verschiedene Vogelarten ihr neues Zuhause gefunden. Dank großer Panorama-

Glasscheiben können die Besucher hier auch das Treiben unter Wasser beobachten.

Randale der Paviane

Eine der ältesten Einrichtungen des Zoos ist der denkmalgeschützte »Pavianfelsen«, der nun schon seit rund 100 Jahren zu den Hauptattraktionen des Zoos gehört. Die hier beheimateten Mantelpaviane leben in einer großen Gruppe auf dem von einem Wassergraben umgebenen Steinmassiv und können so ihr natürliches Sozialverhalten ungestört ausleben. Auf keinen Fall verpassen sollte man die täglichen Fütterungen, da bei dieser Gelegenheit das turbulente Treiben der Tiere sehr schön zu sehen ist und der Tierpfleger zudem spannende Details aus dem Leben der Affen verrät.

Neben dem »Urwaldhaus« und dem »Regenwaldhaus« gehört auch das recht große »Aquarium«, das 1971 als eigenständige Institution gegründet wurde und seit einiger Zeit im Eintrittspreis des Zoos inkludiert ist, zu den Highlights des Zoos. Trotz seines Namens finden sich hier nicht nur die verschiedensten Süß- und Meerwasserfische, sondern auch Insekten, Echsen, Schlangen und andere Reptilien.

Zoo der kurzen Wege

Im Kölner Zoo sind viele verschiedene Tierarten in teilweise recht modernen Gehegen zu sehen, die aufgrund der begrenzten Fläche des Stadtzoos recht nah aneinander liegen, so dass zwischendrin keine größeren Wege zurückgelegt werden müssen.

Wer wirklich Tiere erleben möchte und wer weniger Wert auf durchgestylte Themenwelten legt, der ist im Kölner Zoo bestens aufgehoben. ■

TIPPS

Jeden Sonntag veranstaltet der Kölner Zoo kostenlose Führungen durch Zoo und Aquarium, an denen man ohne Anmeldung teilnehmen kann. Außerdem gibt es spezielle Abendführungen zu bestimmten Themen, die allerdings kostenpflichtig sind und eine Anmeldung erfordern.

Wer den stark gefährdeten Gorillas helfen möchte, kann dem Kölner Zoo kaputte Handys zukommen lassen – in Handys wird nämlich ein Rohstoff verbaut, für deren Gewinnung der Lebensraum der Menschenaffen zerstört wird. Die Handys werden recycelt, so dass der Lebensraum geschont wird, und zudem wird für jedes Gerät ein Betrag für ein Gorilla-Schutzprojekt gutgeschrieben.

GASTRONOMIE

Zwei SB-Restaurants sowie mehrere Snack-Stationen bieten die Möglichkeit, sich mit gutbürgerlichen Gerichten, Fastfood oder Süßspeisen zu stärken und dabei auch noch eine interessante Aussicht auf die Tiergehege zu genießen. Beachten Sie, dass in den Wintermonaten nur das »ZOO Restaurant« im Eingangsbereich geöffnet hat.

EVENTS

Im Sommer gibt es neben einem Ferienkursprogramm an verschiedenen Terminen für Erwachsene, Kinder und Familien die Möglichkeit, im Zoo zu zelten und spannende 24 Stunden zu erleben. Ende Oktober präsentiert der Kölner Zoo bereits seit einigen Jahren eine erfolgreiche Halloween-Veranstaltung.

Erdmännchen (links)
Junge Tiger (rechts)

EUREGIOZOO

Der Aachener Tierpark

INFORMATIONEN

Bundesland
Nordrhein-Westfalen

Adresse
Euregiozoo
Obere Drimbornstraße 44
52066 Aachen
Tel. (02 41) 593 85
www.euregiozoo.de

Öffnungszeiten
Ganzjährig täglich, immer ab 9 Uhr, geschlossen wird je nach Jahreszeit 16:30–18:30 Uhr

Hunde
Erlaubt (gegen eine Eintrittsgebühr von € 1)

Wachsames Erdmännchen (Titelbild)

Neben den bundesweit bekannten großen Zoos in Deutschland gibt es etliche eher regional ausgerichtete Tierparks, die es natürlich mit einer eher eingeschränkten Tierauswahl und einer oftmals veralteten optischen Gestaltung nicht mit der übermächtigen Konkurrenz aufnehmen können, dafür allerdings meistens mit einem attraktiven Eintrittspreis die Besucher anziehen. Einen dieser Tierparks findet man in Aachen gleich vor der deutsch-niederländischen Grenze.

Bereits seit dem Jahre 1966 findet man dort im Landschaftsschutzgebiet Drimborner Wäldchen den rund neun Hektar großen Aachener Tierpark, der sich selbst vollmundig »Euregiozoo« nennt. In der Praxis erweist sich dieser Name jedoch als etwas zweischneidig – der eher kleine Park kann der Erwartungshaltung, die bei überregionalen Besuchern entsteht, einfach nicht gerecht werden. Zwar gibt es mit Pinguinen, Zebras oder Totenkopfäffchen auch durchaus den einen oder anderen Exoten zu sehen, aber der Fokus liegt klar auf der einheimischen Tierwelt. Von 200 dort lebenden Arten und Rassen entfallen alleine schon rund 70 auf Wasservögel, die den großen Beverbach-Stausee in der Mitte des Tierparks bevölkern.

Übersichtliche Wegeführung

Gleich hinter dem Eingang startet ein gut strukturierter Rundweg, der die Besucher im Laufe des Tages einmal um den See führen wird – die in großen Zoos üblichen Probleme, sich auf dem Gelände zurechtzufinden, entfallen in Aachen völlig. Hier befinden sich übrigens auch die Toilettenanlage und eine kleine Cafeteria – andere gastronomische Einrichtungen außer einem saisonalen Kiosk sind ansonsten auf dem Gelände nicht vorhanden, was gerade an heißen Tagen etwas ärgerlich sein kann. Dafür sind die Preise für Essen und Getränke vergleichsweise günstig.

Die meisten Gehege sind ausreichend groß, und die Besucher kommen ziemlich nah an die meisten Tierarten heran. Doch trotz einer durchaus gepflegten Landschaftsgestaltung wirkt vieles antiquiert und einfach optisch nicht besonders schön. Gerade den jüngeren Gästen des Aachener Tierparks dürfte all dies aber relativ egal sein. Ein großer Spielplatz hinter dem Eingangsbereich lädt zu ausgiebigem Toben ein, es gibt Ponyreiten, einen Streichelzoo, und dank des überaus günstigen Eintrittspreises bleibt bestimmt auch noch genug Geld für ein dickes Eis übrig.

Regionales Ausflugsziel

Wenn man den Aachener Tierpark also als rein regionales Ausflugsziel betrachtet, bietet er durchaus Potential für einen gelungenen Familienausflug, der kein großes Loch in das Portemonnaie schlägt. Wer jedoch aufgrund des Namens »Euregiozoo« in Erwartung auf einen Zoo, der es mit Köln oder Gelsenkirchen aufnehmen könnte, eine weitere Anreise in Kauf nimmt, könnte von dem hier vorliegenden Angebot etwas enttäuscht sein. ■

TIPP

Der Kinderbauernhof ist eine offene Einrichtung des Aachener Tierparks für Kinder und Jugendliche im Alter von 8 bis 16 Jahren. Hier können Kinder zusammen mit geschulten Mitarbeitern verschiedene Tiere pflegen, füttern oder auch verarzten.

GASTRONOMIE

An einem Imbiss gibt es kleinere Mahlzeiten, Getränke und Eis.

Nur vier der rund 200 Tierarten im Euregiozoo

32

WILDGEHEGE UND GREIFVOGELSTATION HELLENTHAL

Mit Greifvogel und Luchs auf Streifzug

INFORMATIONEN

Bundesland
Nordrhein-Westfalen

Adresse
Greifvogelstation-Wildfreigehege Hellenthal
Wildfreigehege 1
53940 Hellenthal
Tel. (024 82) 72 40
www.greifvogelstation-hellenthal.de

Öffnungszeiten
Ganzjährig täglich März–Oktober 9–18 Uhr, November–Februar 10–17 Uhr
Die angegebenen Zeiten beziehen sich auf den Kassenschluss, der Aufenthalt im Park ist bis zum Einbruch der Dunkelheit gestattet.

Hunde
Erlaubt im Wildfreigehege (gegen eine Eintrittsgebühr von € 1), jedoch nicht in der Greifvogelstation

Muffelwild (Titelbild)

Im nördlichsten Zipfel der Eifel, zwischen Köln-Bonner Bucht und Hohem Venn, liegt eines der bekanntesten deutschen Wildgehege nebst erfolgreicher Greifvogelstation. Direkt an der Hellenthaler Oleftalsperre erstreckt sich der weitläufige Park auf insgesamt 64 Hektar Fläche.

Gegründet wurde das Wildgehege im Jahre 1967. Besondere Bekanntheit erlangte die Greifvogelstation durch besondere Zuchtungserfolge vor allem bei dem amerikanischen Wappentier, dem Weißkopfseeadler. Zwei hier zur Welt gekommene Vögel wurden dem damaligen US-Präsidenten Ronald Reagan anlässlich seines Deutschlandbesuches 1982 geschenkt.

Die prächtigen Tiere und deren gefiederte Kollegen wie Falken, Eulen und Bussarde können im Übrigen nicht nur während der beliebten Flugvorführungen in Hellenthal bewundert werden: Oft sind sie auch Stargäste in Film- und Fernsehproduktionen.

Schwarz, rot oder Muffel(ig)

Gemeint sind nicht politische Ausrichtung oder Stimmung, sondern Wildarten. Ob (rote) Hirsche, Wildschweine (Schwarzwild) oder die widderähnlichen europäischen Mufflons: Heimische Tiere, die man aber nicht alltäglich zu sehen bekommt, gehören im Wildgehege zu den meistgeliebten Tieren. Doch auch kleine und große »Exoten« begeistern große und kleine Besucher: Vom putzigen Waschbären über den faszinierenden Luchs bis hin zum imposanten Bären reicht die Palette. Wer möchte, darf die Waschbären durchs Gitter füttern oder den Tierpfleger ins Rentiergatter begleiten. Doch auch Hängebauchschweine können beobachtet werden und bringen Kinder regelmäßig in eine Zwickmühle: »Schweinchen gucken«

oder den direkt benachbarten Streichelzoo und Abenteuerspielplatz erobern? Mama und Papa können die Kleinen derweil bei einer Tasse Kaffee oder einem kleinen Snack vom Grillimbiss »Waldschänke« beobachten.

Einen Blick über die Schulter

Das ganze Jahr hindurch gibt es zusätzliche Veranstaltungen, wie den Besuch der Igelstation Heinsberg, Sonderführungen in der Dunkelheit für Kinder oder die Hubertusnacht, in der man die Brunft bei Nacht erleben kann. Eine besondere Art der Parkführung wird Besuchern geboten, die einmal einen »richtigen« Blick hinter die Kulissen werfen wollen: Für einen halben oder ganzen Tag können Interessierte sich einem Tierpfleger an die Fersen heften und bei der Futtervorbereitung und dem Verteilen, der Gesundheitskontrolle, dem Flaschengeben (soweit Jungtiere vorhanden sind) und sogar während der Kaffeepause dabei sein. So wird ein Tag im Wildgehege bestimmt unvergesslich. ■

TIPPS

Denken Sie auf jeden Fall an festes Schuhwerk – die Wege sind überwiegend nicht gepflastert oder asphaltiert.

Am Freitag ist Großelterntag: Kommen Oma und Opa freitags in Begleitung ihrer Enkelkinder, wird allen der Eintritt zum Kinderpreis gewährt.

Möchten Sie einmal einen »Tag unter Adlern« oder als Tierpfleger erleben? Bei diesen speziellen Programmen erhalten Sie für € 150 die seltene Gelegenheit, mit den faszinierenden Greifvögeln auf Tuchfühlung zu gehen und an Pflege, Fütterung und Freiflug teilzunehmen. Mindestalter 12 Jahre, Partnerpreis € 250.

GASTRONOMIE

Für das leibliche Wohl sorgen das Restaurant »Zum Adler«, der Imbiss »Zum Kondor« sowie die »Waldschänke« am Spielplatz, die unter anderem leckere Eifler Spezialitäten anbietet. Zudem gibt es auf dem Gelände eine ganze Menge an Picknick-Möglichkeiten.

Weißkopfseeadler (oben)
Waschbären (unten)

33

TAUBERTSBERGBAD MAINZ

Kennst du das Bad, wo die Zitronen blüh‘n?

INFORMATIONEN

Bundesland
Rheinland-Pfalz

Adresse
Taubertsbergbad Mainz
Wallstraße 9
55122 Mainz
Tel. (061 31) 58 44 60
www.taubertsbergbad.de

Öffnungszeiten
Ganzjährig täglich, in der Regel 9:30–23 Uhr, Heiligabend geschlossen

Hunde
Nicht erlaubt

Saunawelt (Titelbild)

Entspannung und ein vielfältiges Angebot an Wasserattraktionen, umgeben von Palmen, Zitronen- und Orangenbäumen – im Taubertsbergbad in der rheinland-pfälzischen Hauptstadt Mainz kommen Urlaubsgefühle fast von selbst auf. Besucher haben die Qual der Wahl zwischen einer Thermalbadelandschaft, der Saunenwelt, dem Wellness-Bereich sowie dem Sportbad, und im Sommer kommt auch noch das Freibad mit Liegewiese hinzu.

Die Stars der Thermenlandschaft sind die beiden Erlebnisrutschen: Die pechschwarze »Black Hole« und die rasante »Turborutsche« sorgen für reichlich Nervenkitzel bei Jung und Alt. Für die kleineren Gäste gibt es zudem einen Kinderbereich mit »Regenbogenrutsche«, Wasserpilz, Spritzenten und einem Spritzdelfin. Für die Erwachsenen sind dagegen vor allem die Massagedüsen, Sprudelliegen sowie der Whirlpool mit Luftmassage interessant. Im Freiluftbereich stehen zudem Wasserkanonen, ein Beachvolleyballfeld und ein Nichtschwimmerbecken mit Wellenball und Rutsche zur Verfügung. Wer sich ungestört vom Erlebnisbad-Trubel sportlich betätigen möchte, zieht im separaten Sportbad auf einer von acht 25 Meter langen Bahnen seine Runden. Hier können die Besucher zudem einen Sprungturm sowie ein Nichtschwimmerbecken nutzen.

Honigaufgüsse und Salzpeelings

Aber auch Saunafreunde kommen in Mainz auf ihre Kosten. Im Taubertsbergbad stehen ihnen acht verschiedene Schwitzkammern zur Verfügung, und auch ein Tauchbecken, ein Saunagarten sowie Schwall- und Erlebnisduschen gehören zum Angebot. In allen Saunen können

die Besucher zu jeder halben und vollen Stunde einen Aufguss genießen, zum Programm des Dampfbades gehören zudem die mehrmals täglich stattfindenden Honigaufgüsse und Salzpeelings. Ein besonderes Erlebnis sind auch die täglich um 20 Uhr von zwei Saunameistern durchgeführten Spezialaufgüsse in der »Kaminsauna«, nach denen jeden Gast als Zugabe eine kleine Leckerei erwartet.

»Lecker« ist auch das Stichwort für Wellness-Hungrige, denn bei den im Taubertsbergbad angebotenen Schokoladen-Öl-Massagen steigen ihnen verführerische Düfte in die Nase – nicht nur für Naschkatzen ein Entspannungs-Erlebnis der ganz besonderen Art. Wer sich lieber ohne Schokoladengeruch durchkneten lassen möchte – auch kein Problem. Das Angebot im Wellness-Bereich des Taubertsbergbades reicht von klassischen Gesichtsmassagen über Ayurveda-Massagen bis hin zu ausgefallenen Anwendungen wie der hawaiianischen Lomi Lomi Nui-Massage oder der Reflexzonen-Vitalmassage.

Das Taubertsbergbad eignet sich mit seinen voneinander getrennten Sport- und Erlebnisbereichen sowohl für Familien, die einen Tag voller Spiel und Wasserspaß verbringen wollen, als auch für Sportler, die in Ruhe ihre Bahnen ziehen möchten. Auch wer Entspannung und Wellness sucht, ist in dem Bad in unmittelbarer Nähe zum Mainzer Hauptbahnhof an der richtigen Adresse. ■

TIPPS

Gäste der Generation 50+ sollten das Taubertsbergbad montags aufsuchen, denn dann gelten für sie ermäßigte Eintrittspreise. Im Angebot enthalten sind auch Wassergymnastik im 32,5 Grad warmen Wasser und ein Glas Sekt.

Dienstags und freitags ist Studententag. Zum ermäßigten Eintrittspreis darf man sich vier Stunden lang vom Uni-Stress erholen.

GASTRONOMIE

Die Gastronomie des Taubertsbergbades verwöhnt die Gäste mit deftigen Gerichten, kleinen Leckereien und abwechslungsreichen Wochengerichten. An den Bars sind frisch gezapfte Biere, regionale Weine und eine große Auswahl an Durstlöschern erhältlich.

EVENTS

Über das ganze Jahr verteilt finden im Erlebnisbad verschiedene Kinder- und Mitmachshows statt. Termine und Programm finden Sie zeitnah auf der Homepage des Bades.

Die Mitternachtssauna findet jeden Freitag bis 2 Uhr statt. Ab 23 Uhr sind alle Bereiche des Bades textilfrei.

Saunieren und baden bei romantischem Kerzenschein und sanften Gitarrenklängen – zur »Moonlight Night« sind Saunenwelt und Thermenlandschaft jeden Mittwoch bis 24 Uhr geöffnet.

Außenbereich (oben) und Innenbereich (unten) der Thermenlandschaft

WESTFALENBAD HAGEN

Badespaß unterm Cabriodach

INFORMATIONEN

Bundesland
Nordrhein-Westfalen

Adresse
Westfalenbad
Stadionstraße 15
58097 Hagen
Tel. (023 31) 20 86 00
www.westfalenbad.de

Öffnungszeiten
Ganzjährig täglich, in der Regel 10–22 Uhr
Sportbad: Mo–Fr ab 6:30 Uhr, Sa/So ab 8 Uhr

Hunde
Nicht erlaubt

Wellness-Erlebnis im Solebecken (Titelbild)

Gerade einmal fünf Jahre alt ist das moderne und großräumige Westfalenbad, welches nach jahrelangen Planungen auf dem Gelände des ehemaligen Freibads Ischeland entstanden ist. Die Freizeit- und Wellness-Oase bereichert die triste und sanierungsbedürftige Bäderlandschaft der Ruhrgebiets-Stadt enorm und bietet auf einer Gesamtfläche von 70.000 Quadratmetern und einer Wasserfläche von mehr als 2.000 Quadratmetern etwas für jede Zielgruppe – seien es Familien mit Kindern, erholungssuchende Pärchen oder auch fleißige Leistungssportler.

Im Zentrum des von riesigen Fensterfronten flankierten Bades befindet sich der freundlich gestaltete Freizeitbereich, der Spiel, Spaß und Erholung für die ganze Familie bietet. Das 346 Quadratmeter große Erlebnisbecken wartet auf mit Nackenduschen, Whirl-Liegen, Strömungskanal, Bade-Schwimmgrotte sowie einer kleinen Breitrutsche und einer Kletterwand. Wer etwas mehr Action sucht, wird bei der 80 Meter langen Reifenrutsche fündig. Für den Nachwuchs steht der »Kinderbereich« zur Verfügung, wo im wohlig-warmen Becken in Schiffsform, in der Badegrotte oder im Schiffchenkanal ausgiebig geplanscht und gespielt werden darf.

Blick in den Himmel

Der Freizeitbereich des Westfalenbads besitzt übrigens ein 20 mal 24 Meter großes Cabriodach, das sich innerhalb weniger Minuten öffnen lässt. Wundern Sie sich also nicht, falls Sie beim Baden plötzlich in den freien Himmel schauen. Zusätzlich können auch die Seitenwände »aufgefaltet« werden, um das Freibad-Feeling zu verstärken und den Zugang zum Außenbereich freizugeben. Dort befinden sich terrassenförmig angeordnete Liegeflächen, der »Beachbereich«, ein Kinderspielplatz sowie das Sole-Außenbecken mit seiner gesundheitsfördernden Wirkung.

Erholung und Sport

Wer noch mehr für Körper und Seele tun möchte, ist im großzügigen Saunabereich bestens aufgehoben. Drei Innen- und fünf Außensaunen sowie verschiedene Wellness-Anwendungen laden ein, den Alltagsstress zu vergessen und einfach mal die Seele baumeln zu lassen.

Im großen Außengelände befinden sich der auf 450 Quadratmeter beschwimmbare Naturbadeteich sowie eine kleine Insel, die ebenfalls eine Sauna beherbergt.

Last, but not least soll auch das großräumige Sportbad erwähnt werden, das neben einem Lehrschwimmbecken und einer Zuschauertribüne mit einem 50-Meter-Sport- und einem 25- Meter-Einschwimmbecken ausgestattet ist. Bei Letzterem lässt sich übrigens die Wassertiefe durch einen Hubboden teilweise verändern.

Während die Hagener früher ins Umland ausweichen mussten, wenn sie den Wunsch nach außergewöhnlichem Badespaß verspürten, finden sie nun eine Kombination aus Sportbad, Freizeitbereich sowie Saunalandschaft direkt vor der Haustür. ■

TIPPS

Montags ist Westfalenbad-Tag, denn dann dürfen Erwachsene und Kinder vergünstigt das Freizeitbad erobern.

Der Tarif 55+ gewährt vitalen Menschen ab 55 Jahren ein preiswerteres Badevergnügen.

GASTRONOMIE

Im Saunabereich können Sie sich im Service-Restaurant mit ausgefalleneren Speisen verwöhnen lassen.

EVENTS

Das ganze Jahr über finden im Westfalenbad besondere Veranstaltungen statt, darunter Themen-Saunanächte, Technik-Führungen oder Baby-Wellness-Tage, an denen Mütter mit ihrem Nachwuchs einen erholsamen Tag genießen können.

Sauna-Landschaft (oben links)
Sportbecken (oben rechts)
Ungehinderter Blick nach oben durch das Cabriodach (unten)

SCHWIMM-IN GEVELSBERG

Baden und relaxen im Ruhrgebiet

INFORMATIONEN

Bundesland
Nordrhein-Westfalen

Adresse
Schwimm-In Gevelsberg
Ochsenkamp 54
58285 Gevelsberg
Tel. (023 32) 663 80
www.schwimm-in-gevelsberg.de

Öffnungszeiten
Ganzjährig täglich
Freizeitbad: 9:30–21 Uhr,
montags außerhalb der Ferien
bis 17:30 Uhr
Saunadorf: 9:30–22 Uhr,
Fr/Sa bis 23 Uhr

Hunde
Nicht erlaubt

Runderneuertes Schwimm-In
(Titelbild)

Das Schwimm-In Gevelsberg bietet seinen Besuchern vielfältige Möglichkeiten der Freizeitgestaltung. Durch die Aufteilung in einen Bade- und einen Saunabereich kommen hier sowohl Wasserratten als auch Erholungssuchende vollständig auf ihre Kosten.

Mit neun verschiedenen Schwitzbädern, entspannenden Düften, vielfältigen Zeremonien und großzügigen Ruhebereichen lädt der Saunabereich dazu ein, den Alltag hinter sich zu lassen. Rundhäuser im afrikanischen Stil und urige Blockhäuser lassen die Besucher in fremde Welten eintauchen und auch die stilvoll eingesetzte Dekoration lässt auf vielfältige Weise Urlaubsstimmung aufkommen. Da wäre beispielsweise die Blockhaus-Sauna, die mit rustikalem Charme beeindruckt und die Gäste mit sogenannten Wenik-Aufgüssen verwöhnt. In der Lehmsauna können die Besucher dagegen erleben, wie sich die Verwendung dieses Baustoffs auf das Klima in der Sauna auswirkt. Zur Abkühlung stehen der Badesee sowie diverse Kneippbecken bereit. Jeden Montag ist das Saunadorf übrigens ganz den Frauen vorbehalten. Ein eigener Aufgussplan macht diesen Damensauna-Tag zu einem ganz besonderen Erlebnis.

Jede Menge Abwechslung

Aber nicht nur Erholungssuchende kommen im Schwimm-In auf ihre Kosten. Im Freizeitbadbereich ist zudem für jede Menge Abwechslung, Sport und Action gesorgt. Das Hallenbad bietet mit seinen 25-Meter-Bahnen optimale Trainingsmöglichkeiten, während Springer auf dem Sprungturm mit 1-, 3-, und 5-Meter-Brett hoch hinaus können. Im Erlebnisbecken sorgen dagegen Sprudelliegen,

Strömungskanal, Unterwasserliegen und zwei Grotten mit Wasserfällen für Wohlfühl-Ambiente. Den kleinen Gästen steht zudem ein eigener Spielbereich mit vielen Wasserattraktionen zur Verfügung.

Absolutes Highlight des Schwimm-In Gevelsberg ist allerdings der Rutschenturm. Vier verschiedene Slides stehen den Besuchern hier zur Auswahl: Da wäre beispielsweise die knallgelbe, 37 Meter lange Kinderrutsche, die trotz ihres etwas harmlos anmutenden Namens Tempo macht und mit engen Kurven für Action sorgt. Die Black Hole dagegen beeindruckt mit faszinierenden Lichteffekten, während Adrenalinjunkies ab 15 Jahren vor allem auf der Turbo-Rutsche auf ihre Kosten kommen. Die Vierte im Bunde ist schließlich die River-Rutsche, eine Reifenrutsche für Einer- und Zweierreihen, bei der abgedunkelte Mittelteil, an dessen Ende ein kleiner Wasserfall für Erfrischung sorgt.

Im Schwimm-In Gevelsberg sorgt die gekonnte Mischung von Freizeit und Erholung dafür, dass die unterschiedlichsten Zielgruppen auf ihre Kosten kommen. ■

TIPPS

Beim Kauf von Geldwertkarten zum Preis von 100, 250 oder € 500 können Vielschwimmer bis zu 15% Rabatt bekommen.

Im Freizeitbad finden in regelmäßigen Abständen unterschiedliche Kurse, wie beispielsweise Aqua-Jogging, statt. Informationen hierzu erhalten Sie auf der Homepage des Schwimm-In Gevelsberg.

GASTRONOMIE

Die Badgastronomie verwöhnt die Besucher mit einer großen Auswahl frisch zubereiteter Gerichte. Burger, Pommes & Co. dürfen hier natürlich genauso wenig fehlen wie knackige Salate. Verschiedene Wein- und Biersorten sowie Kaffeespezialitäten gehören ebenso zum Angebot.

Detailliert thematisiert (oben)
Entspannung im Saunabereich (unten)

FORT FUN ABENTEUERLAND

Mitten im Sauerland

INFORMATIONEN

Bundesland
Nordrhein-Westfalen

Adresse
FORT FUN Abenteuerland
Aurorastraße
59909 Bestwig-Wasserfall
Tel. (029 05) 811 23
www.FORTFUN.de

Öffnungszeiten
In der Regel Mitte April–Anfang November 10–17 Uhr, an einigen Wochentagen (außer im August) geschlossen, Schließzeit variiert je nach Wetterlage

Hunde
Erlaubt

Raftinganlage Rio Grande (Titelbild)

Die große Epoche der nordamerikanischen Pionierzeit mit der Eroberung des Wilden Westens ist das zentrale Thema des FORT FUN Abenteuerland im sauerländischen Bestwig, welches schon gleich nach dem Betreten des landschaftlich wunderschön gelegenen Freizeitparks am Rande des Stüppelbergs dank einer authentisch wirkenden Westernstadt hinter dem Eingangsbereich deutlich wird.

Hier beginnt die Reise zurück zu den Wurzeln der heutigen Vereinigten Staaten von Amerika, die von Achterbahnfans gleich mit dem ersten Coaster des Parks eingeläutet werden kann: Devil's Mine bietet mit einer Höhe von knapp 20 Metern ein durchaus familientaugliches Abenteuer und wurde perfekt auf das hügelige Bodenniveau angepasst. Die Fahrt kann durchaus als rasant bezeichnet werden, allerdings verzichtet sie auf Thrill-Elemente wie Looping oder allzu starke Beschleunigungskräfte. Der eigentliche Clou der Anlage ist jedoch der Wartebereich, der einem klassischen »Funhouse« im Minen-Look gleicht und in dem die Besucher enge Passagen, schräge Böden und kleine Schreck-Effekte überstehen müssen, bevor sie überhaupt die Station der Bahn erreichen.

Am Rande des Rio Grande

Danach kehrt man am besten in die Westernstadt zurück, denn hier warten nicht nur ein waschechter Saloon mit Showprogramm auf die Gäste, sondern auch ein Wellenflieger, ein großes Barbecue-Areal und eine originelle Abenteuer-Minigolf-Anlage.

Der Rio Grande, der den Rocky Mountains entspringt, ist ein riesiger Fluss, der die USA von Mexiko trennt. Die gleichnamige Rafting-Anlage im FORT FUN

Abenteuerland wurde dementsprechend mit einer mexikanischen Thematisierung versehen und ist hinter den Gebäuden der Westernstadt zu finden. In sechs Personen fassenden Rundbooten, die optisch an Sombreros erinnern, geht es hier durch tosende Fluten vorbei an Kakteen, Wüstenlandschaften und großen Wasserfällen. Dass man bei diesem Abenteuer durchaus etwas nass werden kann, liegt in der Natur der Sache und ist gerade bei sommerlichen Temperaturen eine äußerst willkommene Abwechslung.

Zurück im Wilden Westen

Nach dem Ausflug nach Mexiko geht es anschließend wieder zurück in den Wilden Westen – diesmal allerdings zu den Indianern. Hier erwartet das durchaus intensive Attraktions-Highlight »Dark Raver« seine mutigen Gäste. In dem metallenen Gebäude mit dem Portrait eines Schamanen auf der Außenwand versteckt sich ein Rundfahrgeschäft vom Typ »RoundUp«, dessen Fahrt im dunklen Inneren von wummernden Beats und passenden Lichteffekten begleitet wird, was das Ganze zu einem echten multimedialen Rausch für die Sinne macht.

Neben dem Rio Grande findet man noch einen zweiten Fluss im FORT FUN Abenteuerland, nämlich den Wild River: Dahinter verbirgt sich eine klassische Wildwasserbahn mit Baumstammbooten, die im eher hinteren Bereich des Parks zu finden ist und über einen durchaus höheren Nässegrad verfügt. Trocknen kann man danach wunderbar im Fahrtwind der 60 Stundenkilometer schnellen Achterbahn »SpeedSnake«, bei der die Besucher nach einem fast 20 Meter hohen Sturz in die Tiefe durch gleich zwei Überschlagelemente fahren.

TIPPS

Übernachten wie im Wilden Westen ganz ohne Internet und TV – kein Problem im FORT FUN Abenteuerland! Das Davy Crockett Camp umfasst 25 kanadische Blockhäuser mit direktem Zugang zum Park und bietet somit eine gleichermaßen kostengünstige wie erlebnisreiche Übernachtungsmöglichkeit mitten in der Natur.

Für einen Zuschlag von € 2 kann man beim Kauf des Eintrittstickets eine Regenversicherung abschließen. Regnet es am Besuchstag von Parköffnung bis 16 Uhr mehr als 4 mm pro qm (etwa eine Stunde starker Regen), erhält man eine kostenlose Tageskarte für einen weiteren Besuch in der laufenden Saison!

Beim Kauf einer Eintrittskarte können Sie an den Kassen für nur € 4,80 einen Menü-Gutschein erwerben, der einen Burger, Pommes frites und ein 0,2-Liter-Getränk umfasst.

Stahlachterbahn SpeedSnake

GASTRONOMIE

Das SB-Restaurant »Nevada Inn« mit idyllischer Sonnenterrasse sowie mehrere Imbissstationen und Cafés haben leckere Speisen zu wirklich niedrigen Preisen im Angebot. Zudem bietet die Barbecue-Area ausreichend Gelegenheit, um selber den Grillmeister zu spielen.

Drachenflieger WILD EAGLE (oben) und Wildwasserbahn Wild River (unten)

Geschwindigkeit im Bob

Nicht verpassen sollte man auch den »Trapper SLIDER«, eine 1,3 Kilometer lange Rodelbahn durch den malerischen Wald am Hang des Stüppelbergs, bei der die einzelnen Bobs auf Schienen geführt sind. Dank einer manuellen Bremse kann jeder Gast seine Höchstgeschwindigkeit selbst steuern, was für einen zusätzlichen Adrenalinkick sorgt. Bei zu übermütigen Gästen sorgt jedoch eine eingebaute Fliehkraftbremse für die nötige Sicherheit. Auch der »Yukan Raft« und der »WILD EAGLE«, eine Art Drachenflug für vier Personen, sind Nervenkitzel pur – vor allem für Besucher mit Höhenangst.

Überhaupt ist Höhe im FORT FUN Abenteuerland ein allgegenwärtiges Thema, was nicht zuletzt der Topographie des Parks geschuldet ist. Mit einem Sessellift geht es im Juli und August zum Beispiel auf den Stüppel, der mit einer Höhe von rund 730 Metern über Normalnull zu den großen Bergen des Rothaargebirges zählt. Dort oben kann man zusätzlich einen 57 Meter hohen Turm erklimmen, von dessen Aussichtsplattform man bei gutem Wetter eine atemberaubende Sicht bis zum Teutoburger Wald genießen kann.

Ein neues Zuhause für Jackie Moon

Nicht verpassen sollte man die Geisterbahn »Secret Stage of Horror« mit ihren multimedialen Effekten. Sie ist der geheime Zufluchtsort der verrückten Kostümbildnerin Jackie Moon mit ihrer Vorliebe für menschliche Puppen und ihren »Dolls«, die seit Jahren an den dunklen Abenden im Oktober ihr Unwesen treiben und den friedlichen Freizeitpark in das FORT FEAR Horrorland verwandeln. Das prämierte Event stellt übrigens die wohl atmosphärisch dichteste Halloween-Veranstaltung Deutschlands dar. In mehreren Mazes oder einem finsteren Waldgelände warten bis in die Fingerspitzen motivierte Darsteller darauf, die Besucher in die tragische Geschichte der Jackie Moon einzubinden, die sogar in Form eines Romans veröffentlicht wurde. Nicht verpassen!

Das FORT FUN Abenteuerland bietet insgesamt eine ausgewogene Mischung aus Attraktionen für jede Altersgruppe inmitten einer malerischen Landschaft – und dies vor allem auch noch zu einem vergleichsweise günstigen Eintrittspreis. ■

EVENTS

Im Herbst erobern Jackie Moon und ihre gemeingefährlichen menschlichen Puppen wieder den Park und laden mutige Besucher in ihre Horrorattraktionen ein. Wer sich traut, kann dieses außergewöhnliche Gruselspektakel an den Wochenenden rund um Halloween bis jeweils 22 Uhr erleben.

Sommerrodelbahn Trapper SLIDER (oben) und Stahlachterbahn Devil's Mine (unten)

ZOO FRANKFURT

Artenschutz in der hessischen Serengeti

INFORMATIONEN

Bundesland
Hessen

Adresse
Zoo Frankfurt
Bernhard-Grzimek-Allee 1
60316 Frankfurt am Main
Tel. (069) 21 23 37 35
www.zoo-frankfurt.de

Öffnungszeiten
Ganzjährig in der Regel 9–19 Uhr, im Winter kürzer

Hunde
Nicht erlaubt

Spannende Führung (Titelbild)

Die Geschichte des Frankfurter Zoos reicht bis ins Jahr 1858 zurück, einem Zeitpunkt also, zu dem die Mainmetropole noch einen Sonderstatus als Freie Stadt innerhalb des Deutschen Bundes genoss. Schnell entwickelte sich der zunächst nur auf Probe betriebene Tiergarten zu einem der beliebtesten Ausflugsziele der Stadt, was eine Verlegung vom ursprünglichen Standort in der Bockenheimer Landstraße auf das Gelände an der Pfingstweide erforderlich machte.

Hier erinnern auch heute noch einige Tierhäuser an die Anfangszeit des Zoos. So etwa das »Exotarium«, das im Jahr 1877 als Aquarium errichtet wurde. Nach Zerstörung im Zweiten Weltkrieg und der 1958 erfolgten Wiedereröffnung können Besucher hier nun wieder auf zwei Etagen Reptilien und Amphibien, aber auch Fische und Pinguine bewundern.

Eine Besonderheit ist die »Kinderstube«, spezielle Becken, in denen die jüngsten Nachzuchten gezeigt werden.

Eine ähnliche Einrichtung ist auch in den »Faust-Vogelhallen« zu finden. Im Zentrum der Haupthalle steht ein temperierter Schaubrüter, der den Besuchern die Möglichkeit gibt, den Nachwuchs auf seinem harten Weg in die Welt zu beobachten. Die Volieren in Nachbarschaft der einsehbaren Futterküche beheimaten zudem jüngst geschlüpfte Nachzuchten verschiedenster Vogelarten. Im »Juwelensaal«, der ebenfalls zu den Faust-Vogelhallen gehört, sind die kleinsten und buntesten der gefiederten Stars im Frankfurter Zoo zu finden. Amethystglanzstar, Blaukopf-Schmetterlingsfink, Blaukrönchen, Gemalter Astrild und viele andere schillern hier um die Wette. Den dritten Bereich der Vogelhallen bildet die Freiflughalle, in der der Besucher die Vögel inmitten eines typischen ostasiatischen Dschungels beobachten kann.

Mission Artenschutz

Ein tropischer Regenwald erwartet die Gäste auch im »Borgori-Wald«, einem 2009 eröffneten Menschenaffenhaus, das in seiner äußeren Form an ein Philodendron-Blatt erinnert. Im Innern tummeln sich auf knapp 10.000 Quadratmetern Bonobos, Orang-Utans, Drills und Flachlandgorillas. In unmittelbarer Nachbarschaft befindet sich zudem die 2011 eröffnete Erdmännchenanlage, die den possierlichen Raubtieren neben einem Freigehege auch ein Innengehege zur Verfügung stellt und es den Besuchern ermöglicht, ihre Lieblinge ganzjährig zu bewundern. Während die geselligen Surikaten von der Weltnaturschutzunion IUCN als nicht gefährdet eingestuft werden, sind andere Bewohner des Frankfurter Zoos akut vom Aussterben bedroht. Ganz in der Tradition seines wohl bekanntesten Direktors, Prof. Dr. Dr. Bernhard Grzimek, setzt sich der Zoo Frankfurt darum aktiv für die Zucht und Erhaltung dieser Arten ein. So werden beispielsweise Zuchtprogramme für Rostkatzen, Mähnenwölfe, Gorillas und weitere gefährdete Arten von Wissenschaftlern des hessischen Tierparks koordiniert.

Mit einer gelungenen Kombination aus historischem Flair und moderner Tierhaltung weiß der Zoo Frankfurt schon seit langem seine Besucher zu begeistern. Mit Spielplätzen, barrierefreien Zugängen zu den Tieranlagen, informativer Beschilderung und einer großen Auswahl an zubuchbaren, themenbezogenen Führungen stellt er die Interessen seiner unterschiedlichen Zielgruppen mehr als nur zufrieden. ■

TIPPS

Ein spezielles Angebot des Zoo Frankfurt richtet sich an jugendliche Besucher im Alter von 8 bis 12 Jahren: Bei den an jedem 3. Freitag im Monat stattfindenden Lagerfeuerabenden werden sie auf einer spannenden Expedition durch den Tierpark begleitet und können am Ende am Lagerfeuer Stockbrote backen.

Der Zoo ist weitgehend barrierefrei und eignet sich somit auch gut als Ausflugsziel für Menschen mit Behinderungen, einzig die obere Etage des Exotariums ist für Rollstuhlfahrer leider nicht zu erreichen.

GASTRONOMIE

Neben dem mexikanischen Service-Restaurant »Sombrero« warten der Grillwagen und der Waffel-Pavillon auf die hungrigen Besucher. In den Sommermonaten kommt außerdem der Gastro-Bereich auf den Zoo-Terrassen hinzu.

Goldstirn-Klammeraffe (links) und Rotaugenlaubfrosch (rechts)

6 HOLIDAY PARK

Wikinger und Untote

INFORMATIONEN

Bundesland
Rheinland-Pfalz

Adresse
Holiday Park
Holiday-Park-Straße 1–5
67454 Haßloch/Pfalz
Tel. (063 24) 599 30
www.holidaypark.de

Öffnungszeiten
In der Regel Mitte April–Anfang November meist 10–18 Uhr, nicht durchgehend geöffnet (außer Juli und August), sondern an einigen Wochentagen geschlossen

Hunde
Erlaubt (Kampfhunde ausgenommen)

Im Majaland (Titelbild)

Dass der Holiday Park im pfälzischen Haßloch seit ein paar Jahren zur belgischen Freizeitparkgruppe Plopsa gehört, ist mittlerweile mehr als deutlich zu erkennen. Während man das Gelände früher durch einen absolut unspektakulären Eingangsbereich betrat, führt der Weg nun über einen großzügigen Vorplatz mit Springbrunnen durch einen überdimensionalen Torbogen hin zu einer kleinen detailverliebten Häuserzeile im Fachwerkstil.

Aber auch und vor allem im Inneren des Parks hat sich eine Menge getan. Ein besonderes Glanzstück ist das »Majaland«, ein farbenfroh gestaltetes Areal, das mit elf kinder- und familientauglichen Fahrgeschäften aufwartet und der Biene Maja mit ihren Freunden ein neues Zuhause bietet. Während die Älteren diese berühmten Figuren noch aus ihrer Kindheit kennen, können die Kleinen Majas Abenteuer aktuell in einer neuen computeranimierten Serie auf dem ZDF erleben. Doch die bekannten Insekten sind nicht die einzigen generationsübergreifenden TV-Stars, die im Holiday Park Einzug gehalten haben: Eine gemütliche Bootsfahrt führt zu dem niedlichen Drachen Tabaluga ins zauberhafte Grünland und Wickie und Halvar bitten zu einem fröhlichen Stelldichein in das Wikingerdorf. Dort lädt die erst kürzlich umgestaltete Wildwasserbahn »Wickie Splash«, die sogar auch mit einer Rückwärts-Schussfahrt aufwarten kann, zu einer spritzigen Reise ein.

Adrenalin pur!

Doch wer nun glaubt, der Holiday Park biete nur harmlose Attraktionen für Kinder, hat sich getäuscht. Auch Thrillseeker kommen dort auf ihre Kosten – und das nicht zu knapp: Man hat die

Wahl zwischen einem rasanten freien Fall auf dem 70 Meter hohen »Free Fall Tower«, einer schwindelerregenden Kettenkarussell-Fahrt in 80 Metern Höhe oder dem Geschwindigkeitsrausch bei »Expedition GeForce«. Dieser Megacoaster wurde in den vergangenen Jahren schon häufig mit verschiedenen Preisen ausgezeichnet und bereits zwölf Mal in Folge zur besten Achterbahn Europas gekürt.

»Sky Scream«, europaweit bisher einzigartig, lässt den Besuchern gleich in doppelter Hinsicht das Blut in den Adern gefrieren: Zum einen beeindruckt die Achterbahn mit drei Katapultstarts, vertikalen Stürzen und einem Twist, der in 55 Metern Höhe im Zeitlupentempo durchfahren wird, zum anderen ist das Ganze in eine düstere Geisterstadt eingebettet, in der sich Zombies und Vampire heimisch fühlen.

Ein Besuchermagnet ist auch die Wasserski-Stunt-Show auf dem inmitten des Holiday Park gelegenen See. Zu wechselnden Themen darf man hier mit Comedy, Stunts und Explosionen rechnen.

War der Holiday Park schon in den vergangenen Jahren ein durchaus lohnendes Ausflugsziel, so ist er durch den Betreiberwechsel und die daraufhin folgenden Veränderungen noch attraktiver geworden. Familien mit Kindern können sich im Zuhause von Biene Maja, Wickie & Co. richtig wohl fühlen, aber auch Actionfreunde finden einige spektakuläre Highlights, die ausreichend Nervenkitzel bieten. ■

GASTRONOMIE

An verschiedenen Snackpoints sind altbekannte und beliebte Fastfood-Speisen sowie Kaffee- und Kuchenspezialitäten zu haben. Wer sich etwas mehr Zeit zum Essen nehmen möchte, der sollte im Restaurant »Casa Palatina« oder im »Schnitzelhaus« einkehren, wo es sich in uriger Atmosphäre speisen lässt.

Sky Scream sorgt für Adrenalin im Holiday Park.

Wakobato, Phantasialand

Erlebnisparks im Süden

Die beiden südlichen Bundesländer Baden-Württemberg und Bayern bieten auf einer Fläche von rund 106.000 Quadratkilometern mehr als 23 Millionen Menschen eine Heimat.

Neben Deutschlands größtem Freizeitpark, dem Europa-Park in Rust, findet man im Süden auch das LEGOLAND® Deutschland, die Wilhelma Stuttgart, den Tierpark Hellabrunn in München oder die THERME ERDING.

Nachfolgend finden Sie eine Auswahl der beliebtesten Erlebnisparks der Region, von denen wir einige näher vorstellen.

Freizeitparks und Co.

Park	Ort	Internet	Seite
Hockenheimring	68766 Hockenheim	www.hockenheimring.de	108
SENSAPOLIS	71063 Sindelfingen	www.sensapolis.de	114
Traumland auf der Bärenhöhle	72820 Sonnenbühl	www.freizeitpark-traumland.de	–
Schwabenpark	73667 Kaisersbach	www.schwabenpark.de	116
Erlebnispark Tripsdrill	74389 Cleebronn	www.tripsdrill.de	118
Europa-Park	77977 Rust	www.europapark.de	122
Steinwasen Park	79254 Oberried	www.steinwasen-park.de	–
Erlebniskletterwald Lörrach	79540 Lörrach	www.erlebniskletterwald.de	–
Bavaria Filmstadt	82031 Geiselgasteig	www.filmstadt.de	128
Freizeitpark Ruhpolding	83324 Ruhpolding	www.freizeitpark.by	–
Fred Rai Western-City	86453 Dasing bei Augsburg	www.western-city.com	–
Skyline Park	86825 Bad Wörishofen	www.skylinepark.de	134
Ravensburger Spieleland	88074 Meckenbeuren	www.spieleland.com	136
LEGOLAND® Deutschland	89312 Günzburg	www.legoland.de	144
PLAYMOBIL FunPark	90513 Zirndorf	www.playmobil-funpark.de	150
Erlebnispark Schloss Thurn	91336 Heroldsbach	www.schloss-thurn.de	156
Churpfalzpark	93455 Loifling bei Cham	www.churpfalzpark.de	–
Bayern Park	94419 Reisbach	www.bayern-park.de	158
Freizeit-Land Geiselwind	96160 Geiselwind	www.freizeitlandgeiselwind.de	160

Zoos und Tierparks

Park	Ort	Internet	Seite
Luisenpark Mannheim	68165 Mannheim	www.luisenpark.de	–
Tierpark Walldorf	69190 Walldorf	www.tierpark-walldorf.com	–
Wilhelma Stuttgart	70376 Stuttgart-Bad Cannstatt	www.wilhelma.de	110
Familienpark Westerheim	72589 Westerheim	www.familienpark-westerheim.de	–
Leintalzoo	74193 Schwaigern	www.tierpark-schwaigern.de	–
Wildparadies Tripsdrill	74389 Cleebronn/Tripsdrill	www.tripsdrill.de	118
Deutsche Greifenwarte Burg Guttenberg	74855 Haßmersheim-Neckarmühlbach	www.greifenwarte.de	–
Tierpark Bretten	75015 Bretten	www.tierpark-bretten.de	–
Zoo Karlsruhe	76137 Karlsruhe	www.karlsruhe.de/zoo	–
Wild- und Freizeitpark Allensbach	78476 Allensbach	www.wildundfreizeitpark.de	–
Tierpark Hellabrunn	81543 München	www.tierpark-hellabrunn.de	126
Vogelpark Olching	82140 Olching	www.vogelpark-olching.de	–
BergTierPark Blindham	85653 Aying	www.bergtierpark.de	–
Zoo Augsburg	86161 Augsburg	www.zoo-augsburg.de	–
Tiergarten Nürnberg	90480 Nürnberg	www.tiergarten.nuernberg.de	148
Zoologischer Garten Hof	95028 Hof (Saale)	www.zoo-hof.de	–
Wildpark Bad Mergentheim	97980 Bad Mergentheim	www.wildtierpark.de	–

Erlebnisbäder

Bad	Ort	Internet	Seite
Aquadrom Hockenheim	68766 Hockenheim	www.aquadrom-hockenheim.de	–
Miramar Erlebnisbad Weinheim	69469 Weinheim	www.miramar-bad.de	–
Fildorado	70794 Filderstadt	www.fildorado.de	112
Freizeitbad Münchingen	70825 Korntal-Münchingen	www.freizeitbad-muenchingen.de	–
Mineraltherme Böblingen	71032 Böblingen	www.mineraltherme-boeblingen.de	–
Panorama-Bad Freudenstadt	72250 Freudenstadt	www.panorama-bad.de	–

Erlebnisbäder (Fortsetzung)

Bad	Ort	Internet	Seite
AQUAtoll	74172 Neckarsulm	www.aquatoll.de	–
Laguna Badeland	79576 Weil am Rhein	www.laguna-badeland.de	–
Wasserpark Starnberg	82319 Starnberg	www.wasserpark.starnberg.de	–
Familien- und Erlebnisbad trimini	82431 Kochel am See	www.trimini.de	–
Alpspitz-Wellenbad	82467 Garmisch-Partenkirchen	www.garmisch-partenkirchen.de	–
THERME ERDING	85435 Erding	www.therme-erding.de	130
Wonnemar Sonthofen	87527 Sonthofen	www.wonnemar.de	–
Kristalltherme Schwangau	87645 Schwangau	www.kristalltherme-schwangau.de	–
Bodenseetherme Überlingen	88662 Überlingen	www.bodensee-therme.de	140
Donaubad Wonnemar	89231 Neu-Ulm	www.wonnemar.de	142
Kristall Palm Beach	90547 Stein	www.kristall-palm-beach.de	152
Fürthermare	90766 Fürth	www.fuerthermare.de	154
Freizeitbad Atlantis Herzogenaurach	91074 Herzogenaurach	www.atlantis-bad.de	–
Badeparadies Geomaris	97447 Gerolzhofen	www.geomaris.de	–

Informationen im Internet

Mehr Erlebnisparks im Süden Deutschlands finden Sie unter:

www.parkscout.de

www.freizeitstars.de

Direkte Links

Baden-Württemberg: www.parkscout.de/bundesland/baden-wuerttemberg

Bayern: www.parkscout.de/bundesland/bayern

HOCKENHEIMRING

Motoren und mehr

INFORMATIONEN

Bundesland
Baden-Württemberg

Adresse
Hockenheim-Ring GmbH
Am Motodrom
68766 Hockenheim
Tel. (062 05) 95 00
www.hockenheimring.de

Öffnungszeiten
Motor-Sport-Museum:
März–Dezember 10–17 Uhr,
bei Großveranstaltungen auf der Rennstrecke länger

Hunde
Nicht erlaubt

Qualmende Reifen auf dem Hockenheimring (Titelbild)

Bereits seit mehr als 80 Jahren dröhnen auf einer der bekanntesten Rennstrecken Europas die Motoren. 1932 begann die Geschichte des Hockenheimrings mit dem Anlegen einer Test- und Rennstrecke, die in Teilen zunächst noch aus unbefestigten Waldwegen bestand. Mittlerweile hat sich der Kurs zu einer modernen Hochgeschwindigkeitsstrecke entwickelt, an deren Rändern bis zu 120.000 Zuschauer Platz finden.

Aber nicht nur bei Rennveranstaltungen ist der Hockenheimring eine Reise wert. Vielmehr ergeben sich hier zahlreiche Möglichkeiten, einmal tiefer in die Welt des Motorsports einzutauchen. Einen Abstecher in die Geschichte können Interessierte beispielsweise im Motor-Sport-Museum unternehmen. Zu den über 300 Exponaten zählen unter anderem aktuelle Rennwagen des ABT AUDI DTM Teams, Formel 3-Boliden von Michael Schumacher und Nico Rosberg, ein Porsche der ONS-Streckensicherung sowie eine beeindruckende Sammlung aktueller und historischer Rennmotorräder. Eines der Glanzstücke des Museums ist zweifelsohne die voll verkleidete GILERA Quattro von 1957, eine mittlerweile weltweit einzigartige Werksmaschine. Einen Boxenstopp einlegen sollten Besucher auch im angegliederten Fanshop, der von Pins und Aufklebern bis hin zu Spielen, Büchern und historischen Plakaten eine breite Auswahl möglicher Mitbringsel präsentiert.

Insider-Führung und Streckenkontakt

Darüber hinaus haben die Besucher des Hockenheimrings aber auch die Möglichkeit, die mehr als 4,5 Kilometer lange Strecke hautnah zu erleben. Am besten geht dies bei den sogenannten Skate-Dates. Dann nämlich wird die Rennstrecke für interessierte Skater, Radfahrer und Läufer geöffnet, so dass sie hier unbehelligt von Autos & Co. ihrer Lieblingssportart frönen können. Sehr beliebt sind auch die täglich stattfindenden Insider-Führungen, die unter anderem eine Fahrt im eigenen Pkw über die Strecke beinhalten. Auch das Siegerpodest, die Süd- und die Mercedestribüne, die Boxengasse, das Mobil-1-Haus und das Fahrerlager werden dabei besichtigt.

Für die jüngsten Motorsportfreunde gibt es im »HoRi Kids Club« kindgerechte Führungen, die unter anderem einen Besuch auf der Südtribüne mit beeindruckender Aussicht auf die Rennstrecke und in der Boxenanlage beinhalten. Highlight ist aber das Zeitfahren auf dem HoRi-Trike, dessen Sieger natürlich standesgemäß auf dem Podium gekürt werden.

Erwachsene können auf dem Hockenheimring gegen entsprechenden Aufpreis auch die PS-Muskeln spielen lassen. Die Angebote reichen vom Co-Piloten-Dasein im Renn- oder Drifttaxi bis hin zum Selberfahren im stylishen Sportwagen.

Egal, ob man nun als Gast einer Großveranstaltung kommt oder die Rennstrecke per pedes, auf Rollen oder Rädern erkundet – ein Ausflug zum Hockenheimring ist immer ein einmaliges Erlebnis. Mit Locations wie dem Baden-Württemberg-Center oder der Drivers-Lounge bietet sich die Rennstrecke zudem als optimaler Ort für Firmenfeiern und andere Events an. ■

TIPP

Von Mai bis Oktober ist die Rennstrecke zu bestimmten Terminen auch für Privatfahrer geöffnet.

GASTRONOMIE

Das Restaurant im Hotel Motodrom verwöhnt die Besucher mit einer Vielzahl regionaler Köstlichkeiten.

EVENTS

Neben dem Großen Preis von Deutschland der Formel 1 kann man auch die DTM (Deutsche Touren Meisterschaft) regelmäßig auf dem Hockenheimring live erleben.

Luftaufnahme der Rennsportanlage

40

WILHELMA STUTTGART

Tiere und Pflanzen in historischem Ambiente

INFORMATIONEN

Bundesland
Baden-Württemberg

Adresse
Wilhelma
Wilhelma 13
70376 Stuttgart
Tel. (07 11) 540 20
www.wilhelma.de

Öffnungszeiten
Ganzjährig täglich 8:15 Uhr bis zum Einbruch der Dunkelheit, spätestens jedoch bis 20 Uhr, Kassen schließen 16–18 Uhr

Hunde
Nicht erlaubt, für den Notfall stehen allerdings anmietbare Hundeboxen in begrenztem Umfang zur Verfügung.

Kaiserschnurrbarttamarine (Titelbild)

Ein botanischer Garten, ein Zoo und historische Gebäude – das alles bietet die Stuttgarter Wilhelma, ihres Zeichens der einzige zoologisch-botanische Garten Deutschlands. Das ab etwa 1842 unter König Wilhelm I. von Württemberg angelegte Areal, auf dem ursprünglich lediglich die Errichtung eines Badehauses, einer Orangerie und eines Gewächshauses geplant waren, bietet mittlerweile ein Zuhause für rund 9.000 Tiere und etwa 7.000 Pflanzenarten aus aller Welt.

Einer der Besuchermagnete des Tier- und Pflanzengartens in Stuttgart-Bad Cannstatt ist der sogenannte Maurische Garten, der sich zwischen dem noch aus den Anfangstagen der Wilhelma stammenden »Maurischen Landhaus« und dem Aquarium erstreckt. Überall finden sich hier Skulpturen, Wasserspiele und historische Vasen, natürlich umgeben von farbenprächtigen Pflanzen. Um die Anlage herum führt ein historischer Wandelgang, der neben schmuckvollen Ornamenten und Deckenverzierungen noch eine weitere Besonderheit aufweist: die sogenannten Flüstergalerien in den äußeren Kurven des Ganges. Die Wölbung der Galerie sorgt an diesen Punkten dafür, dass der Schall an der gewölbten Decke weitergeleitet und an Decke und Boden immer wieder reflektiert wird. Durch diese architektonische Besonderheit können sich die Besucher über eine Distanz von bis zu 40 Metern hinweg im Flüsterton unterhalten – und sich dennoch laut und deutlich verstehen.

Regenwald und afrikanische Steppe

Sehr sehenswert ist auch das »Amazonienhaus« mit einem südamerikanischen Regenwald, in dem unter anderem frei fliegende Vogelarten beheimatet sind. Ein Highlight hier ist das 100.000 Liter fassende »Amazonasbecken« mit Welsen, Buntbarschen, Breitschnauzenkaimanen, Pacus und Krötenkopfschildkröten, deren lebhaftes Treiben unter Wasser die Besucher durch ein großes Fenster beobachten können. Ganz auf dem Trockenen leben dagegen die Goldkopflöwenäffchen, Weißgesichtssakis und Brüllaffen, die ebenso im »Amazonienhaus« zu finden sind.

Aber auch Liebhaber der afrikanischen Tierwelt kommen in der Wilhelma nicht zu kurz. In den Freigehegen für die Huftiere des Schwarzen Kontinents tummeln sich Wüsten- und Halbwüsten-Bewohner, vierbeinige Einwohner von Gras- und Baumsavannen, aber auch Tiere aus den Tropenregionen Afrikas. Darunter sind übrigens auch einige in freier Wildbahn akut vom Aussterben bedrohte Arten. Ein Beispiel hierfür ist der Somali-Wildesel, der nur noch durch wenige Exemplare in seiner Heimat Äthiopien und Eritrea vertreten ist. Nicht verpassen sollte man einen Besuch im Giraffenhaus: Neben den langhalsigen Paarhufern sind hier auch afrikanische Vögel und kleinere Raubtiere zu sehen, darunter Kongopfau, Wüstenfuchs und Erdmännchen.

Mit ihrer Mischung aus Historie, modernen Tieranlagen und üppiger Pflanzenvielfalt weiß die Wilhelma schon seit Jahrzehnten ihre Besucher zu begeistern. Vor allem die zahlreichen Pflanzenhäuser lassen die Gäste auch schlechtem Wetter trotzen und garantieren ein immer wieder neues Naturerlebnis. ■

TIPP

Für Gäste, die ihren Besuch in der Wilhelma unter einem bestimmten Schwerpunkt gestalten möchten, bietet der Park verschiedene Rundgangs-Empfehlungen an, die Interessierte auf der Homepage herunterladen können. So gibt es beispielsweise wertvolle Tipps für den Besuch als Rollstuhlfahrer oder für Botanikfans.

GASTRONOMIE

Mit dem »Wilhelma Restaurant«, dem »Restaurant am Schaubauernhof« und dem »Bistro Belvedere« unterhalb der Subtropenterrassen ist auch für das leibliche Wohl der Gäste bestens gesorgt. Das Angebot reicht dabei von einfachen Gerichten wie Pommes oder Pizzaschnitten bis hin zu saisonabhängigen Köstlichkeiten, Kuchen und Kaffeespezialitäten.

Tulpenbeete vor dem Maurischen Landhaus

41

FILDORADO FILDERSTADT

Baden und Saunen im Zentrum der Filder

INFORMATIONEN

Bundesland
Baden-Württemberg

Adresse
Fildorado
Mahlestraße 50
70794 Filderstadt-Bonlanden
Tel. (0711) 77 20 66
www.fildorado.de

Öffnungszeiten
Ganzjährig täglich Mo–Sa
9– 22:30 Uhr, So/Fei 9–21 Uhr

Hunde
Nicht erlaubt

Außergewöhnliche Architektur: Außenbereich (Titelbild)

Baden wie im Meer, relaxen im Goldbergwerk, sich von orientalischen Massagen verwöhnen lassen – die Möglichkeiten, die das Fildorado seinen Gästen bietet, sind äußerst vielfältig. Allen gemeinsam ist allerdings, dass sie es ermöglichen, einmal die Seele baumeln und den Alltag hinter sich zu lassen.

Highlights des Erlebnisbades sind ohne Frage die drei aufregenden Rutschen. Die »Black Hole« bietet ihren Fahrgästen nicht nur das übliche »Schwarze Loch«, sondern, dank des Streckenelements »Crystal Tube«, auch ein nie geahntes Fluggefühl. Hierbei handelt es sich um ein durchsichtiges Stück Rutsche, das einen kurzen Ausblick auf die Umgebung gestattet, bevor es zurückgeht in die mit Lichteffekten durchsetzte Dunkelheit der »Black Hole«. Spektakuläre Flüge verspricht auch die Schanzenrutsche, auf der Spitzenweiten von bis zu acht Metern erreicht werden können. Die Dritte im Bunde ist die 115 Meter lange Reifenrutsche, die man wahlweise alleine oder im Zweier-Bob bewältigen kann. Action ist aber auch im Sportbereich angesagt und zwar sowohl bei den hier angebotenen Aqua-Fitness-Kursen als auch beim individuellen Bahnenziehen im 25 mal zehn Meter großen Sportbecken. Entspannungshungrige Wasserratten sollten dagegen die Thermalbecken aufsuchen, wo ihnen wohltuende Massagedüsen und auch Bodensprudler zur Verfügung stehen.

Schwitzen in der Mine

Auch der Wellness- & Spa-Bereich ist immer einen Besuch wert. Neun verschiedene Saunen, Solarien, ein Saunagarten und verschiedene Ruhebereiche laden zum Schwitzen, Bräunen und Entspannen ein. Eine Besonderheit unter den Schwitzstuben ist die

»Goldbergwerk-Sauna«, die einer Mine in Südtirol nachempfunden wurde. Unter von der Decke hängenden Stalaktiten und eingehüllt in das geheimnisvolle Licht tiefhängender Laternen können die Saunafans ihrem Hobby frönen und sich dabei von den beleuchteten Goldadern beeindrucken lassen, die sich durch die Felswände ziehen. Highlight ist aber der Saunaofen: eine echte Lore, die mit Bergwerks-Gestein beladen ist. Wer seiner Gesundheit etwas Gutes tun möchte, ist aber auch in der »Salounge« gut aufgehoben. Hier ist die Atemluft mit Salzaerosolen angereichert, denen eine desinfizierende, antibakterielle und entzündungshemmende Wirkung nachgesagt wird, die sich besonders positiv auf Atemwegs- und Hauterkrankungen auswirken soll. Dank einer Microsalt-Anlage kann der Salzgehalt in der Luft variiert werden, so dass neben der sanften Dosierung auch eine passivheilende Therapie möglich ist, für die ein höherer Salzgehalt erforderlich ist.

Sommerspaß unter freiem Himmel

In den Sommermonaten steht den Gästen zudem das großzügig gestaltete Freibad mit vier 50-Meter-Bahnen, einer Breitrutsche, einem Sprungbecken mit 1-, 3- und 5-Meter-Turm und einem Planschbecken zur Verfügung. Zum Freibadareal gehören darüber hinaus eine Kletterwand, eine Spielwiese für die Kleinen, eine Trampolinanlage, ein Kinderspielplatz und eine Beach-Sport-Anlage.

Egal, ob Sommer oder Winter, das Fildorado im baden-württembergischen Filderstadt bietet seinen Gästen zu jeder Jahreszeit abwechslungsreichen Badespaß kombiniert mit exklusivem Saunavergnügen. ■

TIPP

Eltern, die einmal ungestört baden und saunieren möchten, können vom Kinderbetreuungsangebot des Fildorado profitieren. Geschulte Mitarbeiter betreuen die lieben Kleinen beim Malen, Basteln und Spielen. Für Mitglieder des Fitness-Clubs ist dieser Service kostenlos, Besucher von Erlebnis- und Sportbad zahlen € 1,50 pro Stunde.

GASTRONOMIE

Das Erlebnisbad-Restaurant bietet seinen Gästen von verschiedenen Tagesmenüs über Pommes, Pizza und Pasta bis hin zu frischen Salaten ein abwechslungsreiches Angebot zur Selbstbedienung. Kleinere Snacks, Kaffee, Eiscreme & Co. sind im Eingangsbistro, an der Saunabar und in der Fitnesslounge zu finden.

Innenbereich des Fildorado

SENSAPOLIS

Wetterunabhängiger Freizeitspaß

INFORMATIONEN

Bundesland
Baden-Württemberg

Adresse
SENSAPOLIS GmbH
Melli-Beese-Straße 1
71063 Sindelfingen
Tel. (070 31) 204 85 30
www.sensapolis.de

Öffnungszeiten
Ganzjährig täglich in der Regel 12–19:30 Uhr, So/Fei früher

Hunde
Nicht erlaubt

EVENTS

Über aktuelle Events, wie die beliebte Ü30-Party, das Halloween-Event oder die Silvesterparty, informiert die Internetseite des SENSAPOLIS.

Kletterspaß in SENSAPOLIS (Titelbild)

SENSAPOLIS ist ein Indoor-Freizeitpark vor den Toren von Stuttgart direkt an der A81 auf dem Flugfeld Böblingen. Der im Juni 2008 eröffnete Park umfasst rund 10.000 Quadratmeter, ist voll klimatisiert und wetterunabhängig. Hier stehen Spaß und Action für die ganze Familie im Vordergrund.

In dem Raumschiff »Second Solar«, das mitten in SENSAPOLIS gelandet ist, können Besucher Außerirdische treffen und sich im Kampf gegen feindliche Invasoren beweisen, während sie auf »Spacebikes« durch Asteroidenschwärme fliegen.

Kleine Ritter und Prinzessinnen werden schnell das große Märchenschloss entdecken, in dem die Uhr einige Jahrhunderte zurückgedreht wurde. Hier können der Alltag von Königen, Rittern und Hofstaat, aber auch die Geheimnisse um Drachen und Schätze ergründet werden. Wem das Leben am Hofe zu tugendhaft ist, der kann sich auf dem Piratenschiff als Seeräuber ausprobieren. Auf den Nachwuchs unter den Besuchern warten eine Wasserlandschaft mit Schleusen und Schiffen, ein »rolly toys«-Parcours und das Kinderland.

Mutproben

In der Action- und Kletterwelt mit Hochseilklettergarten, Kletterwand und Höhen-Hindernis-Parcours können Eltern und Kinder ihren Mut auf die Probe stellen. Vom Baumhaus des Hochseilklettergartens fliegen Mutige im »Flying Fox« zur Landebahn am Schloss.

Bei fast allen Attraktionen in SENSAPOLIS gelangt man über eine Rutsche wieder auf den Boden zurück. Auf den insgesamt 16 Rutschen mit verschiedenen Längen und Formen erreichen die Gäste Geschwindigkeiten von bis zu 40 Kilometer pro Stunde. Je nach Steilheit ist hier mal mehr, mal weniger Mut erforderlich. Während die Kinder sich nach Herzenslust austoben, können die Erwachsenen viele der Angebote auch selbst nutzen oder in der Sportsbar aktuelle Sportereignisse verfolgen. Weitere Eltern-Angebote sind geplant.

Für Wissenshungrige

Wie entstehen Vulkane? Was sind optische Täuschungen? Antworten auf diese und viele weitere Fragen finden sich im Wissens-Bereich. Anhand von Experimenten, Probierstationen und anschaulicher medialer Aufbereitung können Besucher hier spielerisch die Welt der Wissenschaften erkunden. Gruppen wie beispielsweise Schulklassen oder interessierte Familien haben die Möglichkeit, Themenbereiche bei den sogenannten Entdeckertouren zu vertiefen. In der interaktiven Ausstellung »Der Weltraum und wir« werden die Themen Astronomie und Kosmologie anschaulich erklärt, während der »Rollstuhlparcours« Kindern Verständnis gegenüber Behinderten vermittelt. Über 50 Stundenkilometer erreichen die Elektro-Karts im »Sensadrom«, mit denen Rennfahrer ab 1,45 Metern Körpergröße über die Rennpiste auf drei Ebenen düsen können.

SENSAPOLIS ist ein ansprechender und in seiner Konzeption einzigartiger Indoor-Freizeitpark. Ein echter Geheimtipp! ■

TIPPS

Hier können Familien richtig sparen: Mit dem Familienticket erhalten zwei Erwachsene und zwei Kinder deutlich vergünstigten Eintritt, auch jedes weitere Kind erhält ein preiswerteres Ticket.

Vor einem Besuch sollten Sie sich die umfangreiche Internetseite des Parks ansehen, die mit vielen interessanten Informationen und tollen Funktionen bestens auf SENSAPOLIS einstimmt.

GASTRONOMIE

Im großzügigen Gastronomiebereich können die Besucher sich nicht nur mit abwechslungsreichen Gerichten stärken, sondern zudem auch zusehen, wie diese aus gesunden Lebensmitteln aus der Region zubereitet werden.

Das Raumschiff Second Solar

43

SCHWABEN PARK

Tiere und Attraktionen

INFORMATIONEN

Bundesland
Baden-Württemberg

Adresse
Schwaben Park
Hofwiesen 11
73667 Kaisersbach
Tel. (071 82) 93 61 00
www.schwabenpark.de

Öffnungszeiten
In der Regel Mitte April–Anfang November, meist 9–18 Uhr

Hunde
Erlaubt

Wildwasserbahn (Titelbild)
Mini-Freefall (unten)

Ursprünglich im Jahre 1972 als Safaripark gegründet, bietet der heutige Schwaben Park im Welzheimer Wald neben Tieren wie Schimpansen oder Papageien natürlich auch verschiedene Fahrattraktionen, die im Laufe der Jahre das Portfolio erweitert und die Attraktivität des Parks stetig gesteigert haben.

Echte Achterbahnfans dürfen sich zunächst auf die klassische Wildcat »Himalayabahn« aus dem Hause Schwarzkopf freuen, die mit ihrer Höhe von fast 14 Metern zwar nicht zum ultimativen Nervenkitzel zu zählen ist, aber dank ihres Charmes und des nostalgischen Fahrgefühls durchaus zu überzeugen weiß. Etwas rasanter wird es zweifellos auf »Force One«, einem 22 Meter hohen Coaster, der dank einer Spitzengeschwindigkeit von 65 Kilometern pro Stunden und eines durchaus belastenderen Streckenverlaufs nicht für allzu empfindliche Mägen zu empfehlen ist. Für diese wäre eher der »Crazy Worm« geeignet, eine Kinderachterbahn mit einer Höhe von nur vier Metern.

Kein Park für Thrill-Sucher

Überhaupt gehören Familien mit Kindern eher zur Zielgruppe des landschaftlich gepflegten Schwaben Parks als jugendliche Thrill-Sucher – dies wird recht schnell deutlich, wenn man einen kurzen Blick auf das Angebot an

Fahrgeschäften wirft. Wer zum Beispiel hoch hinaus will, kann dies nur mit einem Riesenrad tun, einem Kinder-Freifallturm oder auch im »Flying Wheel«. Dafür gibt es hier übrigens aber gleich zwei Wildwasserbahnen: eine kleine vier Meter hohe Kindervariante mit Krokodilbooten und die große Variante mit einer Höhe von zwölf Metern und zwei Abfahrten. Damit ist für jede Altersgruppe im Hochsommer für genügend Abkühlung gesorgt.

Außerdem sorgen einige Hoch- und Rundfahrgeschäfte sowie Spiel- und Klettermöglichkeiten im Schwaben Park durchaus für Abwechslung, wobei die Bobkartbahn und die Gokart-Bahn sicherlich zu den Highlights gehören, die auch von erwachsenen Gästen gerne und häufig genutzt werden. Gemächlicher geht es beispielsweise bei einer Hochbahn im Papageien-Look oder einer elektrischen Pferdereitbahn zu, bei der es auf dem Rücken von edlen Rössern über eine schienengeführte Strecke geht. Show-Fans dürfen sich hingegen auf Darbietungen der tierischen Bewohner des Parks freuen: Papageien, Schimpansen und Haustiere sind die Stars der verschiedenen Shows, die hier täglich gezeigt werden.

Der Schwaben Park hat zwar keine überragenden Thrill-Attraktionen für ein jugendliches Publikum, muss er aber auch nicht. Dafür werden hier eine schöne Landschaftsgestaltung, Fahrgeschäfte für die ganze Familie und ein ausgewogenes Preis-Leistungs-Verhältnis geboten. ■

TIPP

Während Gokart-Bahnen in vielen Parks aufpreispflichtig sind, können Sie im Schwabenpark kostenlos eine Runde nach der anderen drehen.

GASTRONOMIE

Ein SB-Restaurant und mehrere Imbissstände bieten Pizza, Schnitzel mit Pommes frites, Spaghetti, schwäbische Maultaschen, Salate sowie verschiedene Kuchen und Torten zu wirklich günstigen Preisen.

Eine von drei Achterbahnen des Schwaben Park: Force One

44

2 ERLEBNISPARK TRIPSDRILL

Riesenspaß für alle – auf Schwäbisch

INFORMATIONEN

Bundesland
Baden-Württemberg

Adresse
Erlebnispark Tripsdrill
Treffentrill
74389 Cleebronn
Tel. (071 35) 99 99
www.tripsdrill.de

Öffnungszeiten
In der Regel Mitte April–Anfang November, meist 9–18 Uhr
Wochenende, Ferien-/Feiertage häufig länger, in der Nebensaison teilweise kürzer

Hunde
Erlaubt (beim Kauf eines Hundesets für € 1)

Holzachterbahn Mammut (Titelbild)

Einen Freizeitpark macht mehr aus als nur die Summe seiner Attraktionen oder der Dekorationen und Geschichten, die hinter ihm stehen. Mit seiner ganz eigenen Art Humor bietet der Erlebnispark Tripsdrill das perfekte Ausflugsziel für die ganze Familie.

Schon über 80 Jahre geht die Geschichte des Parks zurück – die seiner ersten Hauptattraktion sogar noch länger, wenn man die Mythen und Märchen als Quelle zulässt: Es war im Jahr 1929, als der Gastwirt Eugen Fischer auf die findige Idee kam, den Menschen die sagenumwobene »Altweibermühle« zu präsentieren, die diese schon lange suchten. Er baute sie schlicht selbst, als Attraktion und Anziehungspunkt für seine Gartenwirtschaft – und legte damit den Grundstein für den heutigen Park. Nach und nach wuchs der Erlebnispark Tripsdrill sowohl in der Größe als auch im Angebot ausgefallener Attraktionsideen, die einem oft schon vor der Fahrt ein Lächeln verpassen.

Während bei den meisten Attraktionsnamen wie dem Seifenkistenrennen, dem »Waschzuber-Rafting« oder der »Badewannen-Fahrt zum Jungbrunnen« noch erkennbar ist, dass es sich um eine Miniatur-Autofahrt für Kinder, eine Rafting- bzw. Wildwasserfahrt handelt, entdeckt man am besten selbst vor Ort, was hinter dem »Fensterln«, der »Hochzeitsreise« oder der »Gugelhupf-Gaudi-Tour« steckt! Auf keinen Fall versäumen sollte man die wunderschön gestaltete Dorfstraße mit dem interaktiven »Maibaum«, der einen schönen Überblick über die angrenzenden Bereiche bietet.

Ab geht's mit Karacho

Auch wenn man sich dank der liebevollen Gestaltung, die sich eng in die historische Umgebung einfügt, oft in einem Freilichtmuseum wähnt – topmoderne Attraktionen gibt es in reicher Zahl. Seien es die doppelten Freifalltürme namens »Doppelter Donnerbalken«, die rasante Achterbahn »G'sengte Sau«, die sich mit der bereits erwähnten »Badewannen-Fahrt zum Jungbrunnen« die »Burg Rauhe Klinge« als Kulisse teilt, oder natürlich die Riesenachterbahn »Mammut«. Letztere hat übrigens nichts mit den ausgestorbenen Verwandten der Elefanten zu tun, sondern mit den amerikanischen Baumgiganten und stellt sich entsprechend als rasante Holzachterbahn der Spitzenklasse vor, die selbst im internationalen Vergleich zu den beliebtesten zählt. Mit ihrer Höhe von rund 30 Metern und einer Fahrtgeschwindigkeit von fast 90 Kilometern pro Stunde gehört die Attraktion in atmosphärischer Sägemühlen Thematisierung zu den absoluten Lieblingen der Parkbesucher. Neben der Familienachterbahn »Rasender Tausendfüßler« macht die spektakuläre Katapult-Achterbahn »Karacho« mit wilden Überschlägen und schnellen Kurvenfahrten den Reigen der Achterbahnen komplett. Über die weltweit einzigartige Streckenführung beschleunigt »Karacho« von 0 auf 100 Kilometer pro Stunde in 1,6 Sekunden auf 30 Meter Höhe.

Etwas ruhiger geht es im »Gaudi-Viertel« in der Dorfstraße zu. Der 1.000 Quadratmeter große Allwetter-Spielebereich bietet Spaß für Groß und Klein: Klettern

EVENTS

Im Erlebnispark Tripsdrill finden das ganze Jahr über die verschiedensten Veranstaltungen statt – ein Highlight sind sicherlich die »Schaurigen Altweibernächte« im Oktober.

Katapult-Achterbahn Karacho

GASTRONOMIE

Nicht nur verschiedene Snack-Restaurants, sondern vor allem das »Gasthaus zur Altweibermühle« mit Tischbedienung laden zum gemütlichen Schmausen ein: Genießen Sie typische schwäbische Gerichte sowie leckere Kuchen- und Kaffeespezialitäten. Außerdem gibt es eine beachtliche Auswahl an Weinen, die während einer Weinprobe im Vinarium gekostet werden können.

Übernachten in Baumhäusern (links unten) oder im Schäferwagen (rechts)
Seifenkisten-Rennen (links Mitte)
Greifvogel-Show (links oben)

und Rutschen, Softball-Spiele sowie der »Murmelturm«, der die kleinen Gäste wie ein Jo-Jo acht Meter auf und ab springen lässt. Eine Ausstellung zum Thema Spielzeug komplettiert den Bereich.

Weg mit Hunger und Durst

Hunger und Durst zu vertreiben, ist eine Kunst, auf die sich die Schwaben vortrefflich verstehen. Folglich ist man hier damit gut aufgehoben. Zahlreiche lokale und weithin bekannte Spezialitäten abseits der üblichen Hamburger- und Currywurst-Verpflegung werden hier geboten, darunter Selbstverständlichkeiten wie die originalen Maultaschen oder Käsespätzle und Wildspezialitäten aus eigener Haltung. Spätestens hier spürt man deutlich, dass die Wurzeln des Parks gastronomischen Ursprungs sind und geachtet und gepflegt werden. Im hauseigenen Vinarium übrigens kann man nicht nur einiges über den Anbau verschiedener Weinsorten erfahren, sondern auch Wein probieren! Nach der Weinprobe darf man das genutzte Glas als Souvenir behalten.

Schwäbisch schöne Träume

Es darf kaum verwundern, dass in Sachen Übernachtungsmöglichkeiten auch eine gewisse Extravaganz und die typische Prise Humor bei der Gestaltung Pate gestanden haben. So bietet der Erlebnispark Tripsdrill Übernachtungen in Schäferwagen und Baumhäusern an. In den Schäferwagen (für bis zu fünf Personen) gehören Waschgelegenheit, Ventilator, Heizung, Kühlschrank, Sitzecke und ein Flachbildfernseher zur Standard-Ausstattung. Im aufwendig gestalteten Badehaus lassen thematisierte sanitäre Anlagen keinen Wunsch offen. Bei den originellen Baumhäusern handelt es sich ebenfalls um Unikate. Die Ausstattung der jeweils 35 Quadratmeter großen Häuschen umfasst eine Sitzecke mit Flachbildfernseher, Kaffeemaschine und Kühlschrank sowie einen Sanitärbereich mit Dusche und WC. Nebenbei sei erwähnt, dass die winterfesten Häuschen sogar mit Fußbodenheizung und WLAN aufwarten.

Besonders bei einer oder mehreren Übernachtungen interessant: Besucher des Erlebnisparks erhalten Tickets zu Sonderkonditionen. Inklusive ist der Eintritt in das zum Erlebnispark gehörende Wildparadies Tripsdrill, das von diesem etwa zehn Gehminuten entfernt liegt. Ein kleiner Zug, der »Schnaufende Trullaner«, bringt die Interessierten gleich aus dem Erlebnispark zu den 40 verschiedenen Tierarten, die hier zuhause sind. Besonders spannend sind die Fütterungsrunde der Wölfe, Luchse und Bären sowie die Flugvorführung der Greifvögel.

Wenn ein Park die perfekte Balance aus Action, Entspannung, Spaß und Unterhaltung bietet, dann ist es der Erlebnispark Tripsdrill. Ein Besuch ist einfach ein Muss! ■

TIPP

Der Eintritt für das Wildparadies Tripsdrill ist bereits im Tripsdriller-Tages-Pass für den Erlebnispark enthalten. Mit einem Pendelzug – dem »Schnaufenden Trullaner« – können die Besucher bequem hin und her fahren.

Die Badewannen-Fahrt zum Jungbrunnen – im Hintergrund die Holzachterbahn Mammut

3 EUROPA-PARK

Wo der Spaß zu Hause ist

INFORMATIONEN

Bundesland
Baden-Württemberg

Adresse
Europa-Park
Europa-Park-Straße 2
77977 Rust
Tel. (078 22) 77 66 88
www.europapark.de

Öffnungszeiten
In der Regel Ende März–Anfang November 9–18 Uhr, Ende November–Anfang Januar 11–19 Uhr

Hunde
Erlaubt

WODAN – Timburcoaster (Titelbild)

Seine Lage in der wohl sonnenreichsten Landschaft Deutschlands hat sicher dazu beigetragen, aus dem Europa-Park nicht nur den bekanntesten, sondern auch bestbesuchten Freizeitpark in Deutschland zu machen. Doch natürlich sind es besonders die Attraktionen, Events und aufwendigen Thematisierungen von Park und Hotels, die einen Besuch unvergesslich werden lassen.

Die Reise durch Europa beginnt im deutschen Themenbereich, in dem es verschiedene sehenswerte Shopping- und Speiselokalitäten gibt. Außerdem kann man im jeweiligen Bahnhof der »Panoramabahn« oder des »EP-Express« zusteigen und eine Fahrt durch den Park antreten. So lassen sich die nächsten Ziele besser planen und auch bequem erreichen.

Italien lockt hier im Europa-Park nicht nur mit schönen Gebäuden, Pizza und Gelati, sondern auch mit einer schaurig-schönen Geisterbahnfahrt im »Geisterschloss« oder einer luftigen Reise mit der Hochbahn »Volo da Vinci«. Showfreunde kommen im »Teatro dell' Arte« oder beim Programm auf der Freilichtbühne auf ihre Kosten. Mit dem Geruch von frischen Flammkuchen oder Naschwerk aus Boulangerie und Crêperie erkundet man im französischen Bereich die Themenfahrt »Universum der Energie« oder erhält im Aussichtsturm »Euro-Tower« einen tollen Rundumblick über den Park. Mutige bezwingen die Dunkelachterbahn »Eurosat« in der großen Silberkugel oder die Riesenachterbahn »Silver Star« gleich nebenan.

Das 4D-Kino »Magic Cinema«, in dem nach Parkschluss übrigens aktuelle Kinohits gezeigt werden, präsentiert während der Parköffnungszeiten den neuen Film »Das Zeitkarussell« aus dem Hause Mack Media.

Unweit des in den vergangenen zwei Jahren wunderschön herausgeputzten Märchenlandes, das nicht nur für kleine Gäste sehenswert ist, findet sich die große Neuheit der Saison 2014: Mit »Arthur – Im Königreich der Minimoys« wurde auf rund 10.000 Quadratmetern nicht nur die Welt der Filmhelden lebendig. Hier entstand mit einer wunderschönen interaktiven Themenfahrt, Rutschen und viel Platz zum Spielen, Staunen und Erleben die bisher größte Indoor-Attraktion des Europa-Park.

Berge, Götter und Raumfahrt

Die Achterbahn »Matterhorn-Blitz« und die »Schweizer Bobbahn«, die ihre Fahrgäste im Eiskanal rund um ein uriges Walliser Dorf brettern lässt, finden sich im Themenbereich Schweiz. Einen geographisch großen Sprung macht man ins hier gleich benachbarte Griechenland, das sich den Sagen über die alten Götter widmet. Die Wasserachterbahn »Poseidon«, die Familienachterbahn »Pegasus« und die Illusionsschaukel »Fluch der Kassandra« gehören zu Recht zu den beliebtesten Attraktionen im Park. Abenteurer können sich auf die Suche nach dem verlorenen Inselreich Atlantis wagen.

Hoffentlich nicht verloren gehen die Weltraumreisenden auf der Achterbahn »Euro-Mir«, die im russischen Bereich mit drehenden Wagen auf eine Mission ins All

TIPP

Die Wasserachterbahn »Poseidon«, die Achterbahn »Matterhorn-Blitz« und die »Schweizer Bobbahn« haben meist die längsten Schlangen, daher sollten Sie diese Attraktionen schon gleich morgens ansteuern.

Silver Star (links)
Euromaus (rechts oben)
Schweizer Bobbahn (rechts Mitte)
Eisshow (rechts unten)

geht. Als Kontrast zum modernen Weltraum sind die Werkstätten der russischen Handwerker und die »Schlittenfahrt Schneeflöckchen« einen Besuch wert. Hungrige können unweit von hier im Achterbahn-Restaurant ihre Speisen durch den »FoodLoop« flitzen sehen. Im gleichen Gebäude startet eine Monorail zur Fahrt über den Park, dessen Geschichte auch in einer umfangreichen Ausstellung zu bewundern ist.

England, Drachen und Piraten

England ist im Europa-Park keine Insel, sondern bildet mit »Globe Theatre«, »London Bus« und »Crazy Taxi« die Mitte zwischen der großen »Welt der Kinder« mit Rutschen und Klettermöglichkeiten und dem »Märchenwald«. Eine ruhige Reise über den See verspricht die »Dschungelfloßfahrt«, während die »Zauberwelt der Diamanten« nebst begehbarer Edelsteingrotte als Kulisse für die »Tiroler Wildwasserbahn« und die Achterbahn »Alpenexpress Enzian« fungiert. Ein paar Meter weiter im holländischen Bereich drehen sich nicht nur die Karussellgondeln der »Koffiekopjes«, sondern versuchen auch die »Piraten in Batavia« an das Gold der alten holländischen Kolonie zu kommen. Im Restaurant »Bamboe Baai« speist man übrigens mitten in der Piratenszenerie.

Skandinavische Energie

Skandinavien und Island liegen im Europa-Park gleich neben dem portugiesischen Bereich mit seiner Wasserfahrt »Atlantica SuperSplash«. Beim »Fjord-Rafting« und der großen Schiffschaukel »Vindjammer« ist ebenfalls »Meerespower« angesagt. Nach einem stärkenden Fischbrötchen oder einer großen Mahlzeit im »Fjord-Restaurant« geht es dann weiter nach Island. Hier machen ne-

Achterbahn Euro-Mir (links oben), Fjord-Rafting (links unten), WODAN – Timburcoaster und blue fire Megacoaster powered by GAZPROM (rechts)

ben dem Wasserspaß »Whale Adventures« vor allem die spektakuläre Abschussachterbahn »blue fire Megacoaster powered by GAZPROM« und die mystische Holzachterbahn »WODAN – Timburcoaster« das Attraktionsangebot komplett.

Immer was los

Seit einigen Jahren hat sich die Öffnung auch in der kalten Jahreszeit etabliert und übt mit ihrem winterlichen Charme einen ganz eigenen Reiz aus. Hunderte Tannenbäume und viele weihnachtliche Dekorationen verwandeln den Europa-Park in ein bezauberndes Märchenreich. Doch auch andere saisonale Großereignisse, wie zum Beispiel die »Horror Nights« zu Halloween, werden hier präsentiert wie sonst kaum irgendwo in einem Freizeitpark.

Zahlreiche weitere große und kleine Festlichkeiten von der SWR3 Halloween-Party über die Spanische Feria bis hin zur Sommernachtsparty mit 24-Uhr-Öffnung runden das Potpourri an bunten Aktionen ab. Beim großen Angebot des Europa-Park, das man kaum an einem Tag schaffen kann, verwundert es kaum, dass die zahlreichen Übernachtungsmöglichkeiten, die der Park bietet, sehr gut ausgelastet sind. So stehen thematisierte Hotels im spanischen, italienischen oder neu-englischen Ambiente zur Verfügung. Erholsame Nächte im (luxuriösen) portugiesischen Kloster sind genauso möglich wie Wild-West-Feeling im Indianerzelt oder Gemütlichkeit im eigenen Wohnmobil auf dem parkeigenen Campingplatz.

Durch sein großes Angebot an Attraktionen für die ganze Familie ist der Europa-Park in Rust ein Top-Ausflugsziel nicht nur im Sommer, sondern auch im Winter. ■

GASTRONOMIE

Genauso international wie die Themenbereiche sind auch die gastronomischen Möglichkeiten: Neben bekanntem Fast Food und gutbürgerlichen deutschen Speisen können Sie unter anderem spanische Tapas, Schweizer Raclette, schwedische Köttbullar und asiatische Spezialitäten probieren. Ein besonderes Highlight ist zudem das weltweit erste Loopingrestaurant »FoodLoop«, in dem die Speisen und Getränke über ein ausgeklügeltes Schienensystem direkt an die entsprechenden Tische sausen.

EVENTS

Im Europa-Park ist praktisch immer etwas los. Die beste Übersicht über die aktuellen Veranstaltungen bietet die Webseite des Parks. Hier eine kleine Auswahl: Science Days, Spanische Feria, Horror-Nights, Halloween im Europa-Park, Weihnachtsmarkt und vieles mehr.

Wasserbahn Atlantica SuperSplash

TIERPARK HELLABRUNN

Auf ins Abenteuer!

INFORMATIONEN

Bundesland
Bayern

Adresse
Münchener Tierpark
Hellabrunn AG
Tierparkstraße 30
81543 München
Tel. (089) 62 50 80
www.hellabrunn.de

Öffnungszeiten
Ganzjährig täglich April–Oktober
9–18 Uhr, November–März
9–17 Uhr

Hunde
Erlaubt (außer in den Tierhäusern)

Mitten im Herzen der Weltstadt München idyllisch an der Isar gelegen – und doch weit weg vom Trubel des städtischen Alltags: Im Münchner Tierpark Hellabrunn können Besucher in die faszinierende Welt von 19.000 Tieren aus allen Kontinenten eintauchen.

Das 40 Hektar große Naturparadies im Landschaftsschutzgebiet der Isarauen bietet beeindruckende Erlebnisse für große und kleine Tierliebhaber: Asiatische Elefanten, Kängurus, Schimpansen, Seychellen-Riesenschildkröten, Elche oder Löwen – hier können Gäste mehr als 750 Tierarten aus aller Welt entdecken und näher kennen lernen. Von tauchenden Pinguinen oder neugierigen Giraffen, spielenden Eisbären oder Gorillas trennen die Besucher nur Glasscheiben. Da sind unvergessliche, (fast) hautnahe Begegnungen garantiert.

Der 1911 gegründete Münchner Tierpark Hellabrunn zählt zu den renommiertesten wissenschaftlich geführten Zoos Europas. Einen Rekord bei der Besucherzahl erreichte Hellabrunn mit mehr als 1,8 Millionen Besuchern im Jubiläumsjahr 2011. Tierbabys wie der quirlige Elefantenbulle Ludwig, das niedli-

Elefanten Mangala und Ludwig (Titelbild)
Erdmännchen (rechts)

che Gorillamädchen Nafi oder die im Dezember 2013 geborenen Eisbärenzwillinge sind absolute Publikumslieblinge.

Der erste Geozoo der Welt

Im ersten Geozoo der Welt leben die Tiere seit 1928 nach Kontinenten geordnet. Ein Spaziergang durch Hellabrunn ähnelt einer Reise durch spannende Tierwelten vom Polargebiet nach Afrika, von Europa nach Asien und von Amerika nach Australien. In natürlichen Lebensgemeinschaften bewohnen Hellabrunns Tiere, ganz wie in ihrer Heimat, gemeinsam großzügige Anlagen. Wie beispielsweise in der 2013 eröffneten afrikanischen »Giraffensavanne«: Dort leben auf 10.000 Quadratmetern Giraffen, Erdmännchen und Stachelschweine.

Die Hellabrunner Vogelshow bietet den Besuchern spektakuläre Vogelbeobachtungen. Im Bergwerksstollen der »Fledermausgrotte« haben sich außer den Fledermäusen unter anderem auch Vogelspinnen, Zebramangusten und exotische Vögel eingenistet. Das renovierte Aquarium bewohnen mehr als 5.000 Fische (aus 200 Arten), Korallen und Quallen. Besonderes Highlight ist das 14 Meter lange Becken für Schwarzspitzen-Riffhaie, das 100.000 Liter Wasser fasst.

Die jüngsten Besucher kommen im Kindertierpark mit angeschlossenem Abenteuerspielplatz und Streichelzoo auf ihre Kosten. Im Familiencafé »Rhino« trinken Eltern Kaffee, während ihr Nachwuchs auf dem kleinkindgerechten Spielplatz tobt. ■

GASTRONOMIE

Das große Selbstbedienungsrestaurant im Tierpark Hellabrunn bietet nicht nur bayrische und internationale Speisen, sondern zudem einen idyllischen Biergarten in unmittelbarer Nähe zu Spielplatz und Streichelzoo. Außerdem warten eine Pizzeria, ein kleines Bistro und mehrere Kioske auf hungrige Besucher.

Publikumslieblinge: Eisbären

BAVARIA FILMSTADT

Filmstudio zum Anfassen und Mitmachen

INFORMATIONEN

Bundesland
Bayern

Adresse
Bavaria Filmstadt
Bavariafilmstraße
82031 Geiselgasteig
Tel. (089) 64 99 20 00
www.filmstadt.de

Öffnungszeiten
Ganzjährig in der Regel 10–17 Uhr, in der Hauptsaison auch früher und länger, 24. und 25.12. geschlossen

Hunde
Erlaubt während der Filmstadt-Führung, jedoch nicht im Simulator und im BULLYVERSUM.

Im BULLYVERSUM (Titelbild)

Ein Besuch der Münchener Bavaria Filmstadt bedeutet vor allem eines: echtes Filmfeeling schnuppern! Im Gegensatz zu manchen anderen europäischen Filmparks wurden und werden hier nämlich wirklich Kino- und TV-Produktionen gedreht – von Klassikern wie Billy Wilders »Eins Zwei Drei« über beliebte Fernsehserien wie »Sturm der Liebe« oder »In aller Freundschaft« bis hin zu modernen Klassikern des deutschen Films wie »Das Boot« oder auch »(T)Raumschiff Surprise«.

In einer rund 90minütigen Führung durch das Studiogelände erfährt der Besucher nicht nur interessante Details darüber, wie ein Blockbuster entsteht – er kann auch durch echte Filmsets schlendern, die römische Arena aus »Asterix und Obelix gegen Caesar« bestaunen oder die Kulisse des deutschen Filmklassikers »Das Boot« betreten. Erfahrene Tourguides geben dabei interessante Hintergrundinformationen über die schillernde Welt vor und hinter der Kamera.

Die großen Studios auf dem Gelände sind übrigens keine Staffage, sondern werden permanent genutzt – mit ein wenig Glück kann man also während einer solchen Führung auch den einen oder anderen Filmstar sehen.

Ein tolles 4D-Erlebnis

»Lissi und die wilde Kaiserfahrt«, ein 4D-Simulations-Kino nach dem bekannten Animationsfilm von Bully Herbig, bei dem man auf einem virtuellen Snowboard durch verschneite Landschaften rast, ist ein weiteres Highlight der Bavaria Filmstadt. Attraktionen dieser Art sind nichts wirklich Neues, aber hier wird die Messlatte deutlich nach oben verlegt. Es gibt in Europa keine andere 4D-Simulation, bei der Bild, Ton, Bewegung und Special Effects derart perfekt synchronisiert wurden wie bei der wilden Kaiserfahrt. Da der fast sechsminütige Film auch noch ungemein witzig ist, sollte man den Besuch des 4D-Erlebnis-Kinos auf keinen Fall verpassen!

»(T)Raumschiff Surprise«, »Der Schuh des Manitu« oder auch »Lissi und der wilde Kaiser« – bei all diesen Filmen handelt es sich um erfolgreiche Kinoerfolge von Michael Bully Herbig, der in der Bavaria Filmstadt mit dem »BULLYVERSUM« auf etwa 1.500 Quadratmetern eine spannende Mischung aus filmischen Attraktionen zum Anfassen und Mitmachen sowie eine Ausstellungstour zu den verschiedenen Figuren aus seinen Radio-, TV- und Filmproduktionen präsentiert.

Die Bavaria Filmstadt ist für jeden Kinoliebhaber eigentlich ein Muss, da man hier keinen Showpark ohne wirkliche cineastische Substanz betritt, sondern ein reales Filmstudiogelände, das nicht durch Glamour, sondern durch Authentizität zu überzeugen weiß. ■

TIPP

Wer möchte nicht einmal gerne bei Dreharbeiten dabei sein oder sogar selber vor der Kamera stehen? Für Schulklassen und Jugendgruppen kann dieser Traum in Erfüllung gehen durch den Workshop »Das filmende Klassenzimmer«, bei dem gemeinsam mit den Profis der Bavaria ein eigener kleiner Film produziert wird.

GASTRONOMIE

Neben einem Kiosk mit allerlei süßen Naschereien beherbergt die Bavaria Filmstadt noch eine McDonald's-Filiale – allerdings nicht irgendeine, sondern einen originalgetreuen Nachbau des allerersten McDonald's-Restaurants aus dem Jahre 1955.

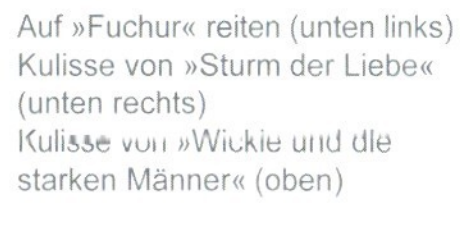
Auf »Fuchur« reiten (unten links)
Kulisse von »Sturm der Liebe« (unten rechts)
Kulisse von »Wickie und die starken Männer« (oben)

48

THERME ERDING

Eine (Bäder-)Welt für sich

INFORMATIONEN

Bundesland
Bayern

Adresse
THERME ERDING
Thermenallee 1–5
85435 Erding
Tel. (081 22) 550 20 00
www.therme-erding.de

Öffnungszeiten
Thermen- und Saunaparadies:
Mo–Fr 10–23 Uhr, Sa/So/Fei
9–23 Uhr
GALAXY: Mo–Do 14–21 Uhr,
schulfreien Tage ab 9 Uhr,
vor schulfreien Tagen bis 23 Uhr,
Weihnachten, Silvester und
Neujahr Sonderöffnungszeiten

Hunde
Nicht erlaubt

Reifenrutsche (Titelbild)
Blick auf die Thermenwelt (unten)

26 Rutschen, 25 Themen-Saunen, 145.000 Quadratmeter – die THERME ERDING ist in Sachen Abwechslung kaum zu überbieten. In sieben Urlaubsparadiesen verwöhnt sie Rutschenfans, Saunagänger und Gesundheitsbewusste gleichermaßen mit einmaliger Vielfalt. GALAXY, Vital-Oase, Thermen-Paradies und Sauna-Paradies lassen etwa 4.000 Besucher täglich den Weg in die altbayerische Herzogstadt finden.

Alles begann im Jahr 1983 mit der Entdeckung der fluorid- und schwefelhaltigen Aredo-Quelle, deren Wasser seit Eröffnung der Therme im Jahr 1999 alle Becken mit Ausnahme des Kinderpools speist. Die Quelle befindet sich heute unter der Glaspyramide im Außenbereich der Vital-Oase, wo den Gästen seit 2008 ein Gesundheitsbereich mit verschiedenen Vital-Quellen zur Verfügung steht.

Wellness in Thermen-Paradies und Vital-Oase

Verschiedene Ruheräume laden nach dem Bad in den Quellen zum Entspannen ein: In der »Bali Lounge« beispielsweise können die Gäste auf Rattanliegen relaxen, während im »Bali Garden« die Sonnenterrasse zum Ruhen einlädt. Wer noch mehr Erholung sucht, wird bei den vielfältigen Massageangeboten, die man sowohl in der Vital-Oase als auch im Saunen- und im Thermen-Paradies nutzen kann, garantiert fündig. Ein Verwöhnerlebnis der Extraklasse erwartet die Besucher im Royal Day Spa: In exklusiven Suiten lockt ein umfangreiches Massage- und Beautyprogramm.

Gesundheit und Wohlbefinden stehen auch im Thermen-Paradies im Vordergrund. Neben einem Thermalpool mit Außenbecken und einem Thermengarten können die Gäste hier verschiedene Anwendungen nutzen. Ein Beispiel hierfür ist der Aufenthalt in der »Kristallsalzstube«. Hier strahlen die Wände aus Himalaya-Salzstein eine einzigartige Atmosphäre aus und die Ultraschallvernebelung sorgt für feinsten Solenebel, der die Atemwege reinigt und die Haut pflegt. Wer nicht nur seinem Körper, sondern auch seiner Seele etwas Gutes tun möchte, kann hier darüber hinaus die Farb- und Lichttherapie nutzen und erfahren, wie sich verschiedene Farbtöne auf das innere Wohlbefinden auswirken. Im Thermen-Paradies, oder genauer gesagt darüber, findet sich aber auch das Wahrzeichen der THERME ERDING: die riesige Glaskuppel mit einem Durchmesser von 56 Metern, die etwa 2.500 Quadratmeter der Innenfläche überspannt. Bei schönem Wetter kann sie zum Teil geöffnet werden und ermöglicht so ein einmaliges Thermal-Erlebnis unter freiem Himmel.

Entspanntes Schwitzen im Sauna-Paradies

Sehr entspannt geht es im Saunabereich zu – auch dieser ist mit 25 verschiedenen Thermen Saunen eine Welt für sich. Da ist die »Backstube«, eine 60 Grad Celsius warme Schwitzkammer, in der die Gäste bei der »Backe Backe Brötchen«-Zeremonie nicht nur den Duft frischer Backwaren genießen, sondern ihre eigenen Semmeln backen.

TIPPS

Die THERME ERDING ist weitestgehend ebenerdig und kann somit auch von Rollstuhlfahrern problemlos genutzt werden. Zudem stehen behindertengerechte WCs und eine Duschmöglichkeit mit »Duschrollstuhl« bereit.

Besucher der Therme benötigen kein Bargeld, da sämtliche Ausgaben auf den Chip des Umkleideschlüssels gebucht werden. Beim Verlassen des Bades können die in Anspruch genommenen Leistungen bequem bar oder per EC-Karte bezahlt werden.

Kinder von 0 bis 15 Jahren können von den Vorteilen einer kostenlosen Mitgliedschaft im »GALAXY KIDS CLUB« profitieren. Nach der Anmeldung warten bei jeder KIDS CLUB Veranstaltung kleine Überraschungen, außerdem erhalten die Kinder mehrmals im Jahr einen Newsletter sowie eine zwei Wochen lang gültige Tageskarte zu ihrem Geburtstag.

Speed Racer-Rutsche

GASTRONOMIE

Neun verschiedene Bars und Restaurants stehen den Besuchern zur Verfügung. Das Angebot reicht dabei von erlesenen Speisen im Gourmetrestaurant »La Cucina« bis hin zu einfachen Snacks an der »GALAXY Snackbar«.

Badespaß pur (oben links)
Innenbereich des Thermen-Paradieses (oben rechts)
Sauna-Paradies (unten links)
Entspannung in schönem Ambiente (unten rechts)

Schwitzen wie ein Römer ist dagegen in »Tepidarium«, »Calidarium« und »Laconium« angesagt, drei unterschiedlich temperierten Saunen in der »Römischen Villa«. Wer noch weiter in der Geschichte zurückreisen will, lässt seinem Schweiß in der »Keltenthron-Sauna« bei angenehmen 80 Grad Celsius seinen Lauf. Im Bereich des keltischen »Stonehenge«, der mit 30 tonnenschweren Blöcken aus italienischem Vulkangestein seinem britischen Vorbild nachempfunden wurde, findet sich außerdem die »Firmamentwarte«, die den Besuchern bei 55 Grad einen Blick auf einen malerischen Sternenhimmel inklusive Kometen, Sonnenfinsternis und Meteoriten garantiert.

Action im GALAXY

Die größte Anziehungskraft dürfte allerdings das 2007 eröffnete GALAXY ERDING ausüben, ein Rutschenparadies, das diesem Namen wirklich Ehre macht. Schon Kinder ab drei Jahren können auf den Slides im »Family Level« altersgerechten Rutschenspaß genießen. Im November 2011 wurden unter dem Motto »Sonne, Mond und Sterne« gleich drei weitere Rutschen für die Kleinsten eröffnet, die das Angebot im »Family Level« auf insgesamt sieben Rutschen erhöhen. Für die größeren Gäste wird es dagegen im »Action Level« interessant: Insgesamt 16 Slides sorgen hier für reichlich Action. Zu den absoluten Highlights gehören dabei die beiden Formel-1-Rutschen »Speed Racer Red« und »Speed Racer Yellow«, auf denen die Gäste dank eines Race-Guide-Systems in packenden Duellen gegeneinander antreten können. Noch mehr Adrenalin wird nur auf den drei Rutschen des »X-treme Levels« freigesetzt, bei denen freier Fall, Highspeed und Abheben an der Tagesordnung sind.

Besucher, die das Angebot der THERME ERDING an mehreren Tagen nutzen möchten, können im Victory Hotel direkt in der Therme nächtigen: Der Nachbau des legendären Schiffes HMS Victory liegt in einer traumhaften Palmenlagune vor Anker, direkt vor einem venezianischen Palazzo.

Die THERME ERDING steht mit ihren unterschiedlichen Themenbereichen für Vielfalt pur. Egal, ob man seine Gesundheit mit einem Bad im Thermalwasser oder einem Saunagang fördern möchte, Entspannung bei einer Massage sucht oder mit der ganzen Familie einen abwechslungsreichen Tag im Erlebnisbad verbringen möchte – in Erding ist jeder an der richtigen Adresse. ■

EVENTS

Mitternachtssauna und Mitternachtsbaden
An jedem 1. und 3. Samstag im Monat (von April bis September) kann die Sauna bis 1 Uhr genutzt werden. Passend zum jeweiligen Themenmonat werden Spezialaufgüsse, musikalische Unterhaltung und ein Rahmenprogramm geboten. Gleichzeitig findet im Thermen-Paradies und in der Vital-Oase das Mitternachtsbaden mit Zeremonien und Anwendungen zu verschiedenen Themen statt.

GALAXY Master
Werktags (abgesehen von Ferien und Feiertagen) findet zwischen 17 und 18 Uhr das Wettrutschen auf der »Black Mamba« statt. Der Tagessieger erhält einen 2-Stunden-Gutschein und ist automatisch für das nächste Wettrutschen qualifiziert.

Siegerehrung im GALAXY

49

SKYLINE PARK

Gut und günstig

INFORMATIONEN

Bundesland
Bayern

Adresse
Skyline Park
Im Hartfeld 1
86825 Bad Wörishofen
Tel. (082 45) 966 90
www.skylinepark.de

Öffnungszeiten
In der Regel Anfang April–Anfang November 9–19 Uhr, in der Vor- und Nachsaison an einigen Tagen geschlossen, an manchen Wochentagen außerhalb der Hauptsaison nur bis 17 bzw. 18 Uhr

Hunde
Nicht erlaubt

Outdoor-Erlebnisbad mitten im Park (Titelbild)

Der Skyline Park im Allgäu gehört sicherlich zu den eher regional bekannten Freizeitparks in Deutschland, bietet seinen Besuchern allerdings trotzdem ein Attraktions-Portfolio, das sowohl bei Jugendlichen als auch bei Familien mit Kindern vollauf überzeugen kann.

Zunächst wären da natürlich die vier Achterbahnen zu nennen, von denen das »Sky Wheel« einen immensen Adrenalinschub verspricht, wenn man sich denn auf die knapp 47 Meter hohe Konstruktion traut. Hierbei handelt es sich um eine vertikale Rundstrecke, bei der es am höchsten Punkt der Bahn zwei Inversionen gibt, die langsam ohne Schulterbügel durchfahren werden. Nicht ganz so extrem fallen die drei anderen Anlagen des Skyline Park aus: Im »Sky Rider« fährt man unter der Schiene hängend relativ gemächlich Richtung Erde, während es sich bei »Achterbahn« um eine klassische Wildcat aus den 1960er Jahren handelt, die früher auf Volksfesten tourte. Der im Jahre 2013 errichtete »Sky Spin«, ein rund 16 Meter hoher Spinning Coaster, rundet das Angebot hier ab.

90 Meter in die Luft

Nervenkitzel pur für die Hartgesottenen gibt es dann eher bei »Sky Circle«, einem 40 Meter hohen Propellerkarussell, oder bei dem »Sky Shot«, einer Bungee-Kugel, die ihre Gäste bis zu 90 Meter hoch in die Luft katapultiert. Auch die übrigens im Eintrittspreis inkludierten »Sky Karts« sorgen für Spannung, wenn man auf den 40 Stundenkilometer schnellen Rennwagen über die 220 Meter lange Strecke donnert. Eher für die ganze Familie sind die zahlreichen Wasserattraktionen des Parks gedacht. Hier geht es im »Sky Rafting« in Rundbooten, die sich je nach Beladung recht schnell drehen können, durch rasante Stromschnellen oder bei einer Wildwasserbahn rund 14 Meter in die Tiefe. »Wasser Scooter«, »Nautic Jet« oder auch ein Spaßbad mit Wasserrutschen, Liegewiese und Schwimmbecken, welches sich mitten im Park befindet, laden zur Erfrischung an heißen Sommertagen ein. Zahlreiche Fahrgeschäfte vom kleineren Freifallturm über ein großes Riesenrad bis hin zum »Bob Racing« sorgen dafür, dass möglichst vieles zusammen mit der ganzen Familie erlebt werden kann.

Attraktionen für die Kleinsten

Spezielle Attraktionen, die nur für die Kleineren gedacht sind, runden das Angebot passend ab. Der Nachwuchs darf ausgelassen auf Trampolinen hüpfen, mit Baggern durch eine Baustelle fahren oder in einem Streichelzoo Kontakt mit den tierischen Bewohnern des Parks aufnehmen.

Dass Familienfreundlichkeit hier großgeschrieben wird, kann man übrigens auch deutlich an dem gastronomischen Angebot sehen, das mit seinen Preisen in Deutschland konkurrenzlos sein dürfte: Wo kann man für einen Euro sonst ein Frühstück bekommen mit Brötchen, Butter, Marmelade, Frühstücksei und Kaffee?

Der Skyline Park bietet somit eine ausgewogene Mischung für die ganze Familie mit einem ausgezeichneten Preis-Leistungs-Verhältnis und empfiehlt sich als kleiner Geheimtipp bei einem Urlaub in der Nähe. ■

TIPP

Vergessen Sie bei einem Besuch Ihre Badesachen nicht – der Skyline Park bietet seinen Besuchern nämlich ein Spaßbad, in dem man sich zwischen Achterbahn und Freifallturm erfrischen kann.

GASTRONOMIE

»Löwi's Restaurant«, ein SB-Restaurant in der Nähe des Eingangs, und verschiedene, überall im Park verteilte Imbissstände bieten sowohl deftige Speisen als auch süße Leckereien zu wirklich günstigen Preisen an.

Sky Wheel (links)
Sky Jet (Mitte oben)
Sky Spin (Mitte unten)
Formel 1 für Kids (rechts oben)

50

RAVENSBURGER SPIELELAND

Der Name ist Programm

INFORMATIONEN

Bundesland
Baden-Württemberg

Adresse
Ravensburger Spieleland
Am Hangenwald 1
88074 Meckenbeuren/Liebenau
Tel. (075 42) 40 00
www.spieleland.de

Öffnungszeiten
In der Regel Mitte April–Anfang November 10–18 Uhr, in der Vor- und Nachsaison an einzelnen Wochentagen geschlossen

Hunde
Nicht erlaubt

Alpin Rafting (Titelbild)

Mögen Sie Brettspiele? Dann verlegen Sie Ihren Spiele-Nachmittag doch einmal in das »größte Spielzimmer der Welt« und erleben Sie Klassiker wie »Das Verrückte Labyrinth«, »Memory« oder »Max Mäuseschreck« mal auf ganz andere Art. Aber nicht nur die bekannten Spiele und Puzzles vom Ravensburger Verlag, auch andere tolle Erlebnisse warten in den acht Themenwelten mit ihren über 70 unterschiedlichen Attraktionen auf Jung und Alt.

Direkt hinter dem Eingang werden die Besucher in der «Grünen Oase« empfangen, die schon einiges zu bieten hat: Mit dem Trecker über die Äcker fahren, im Streichelzoo Ponys, Esel und Schweine füttern, auf einem Bullen reiten sowie sich im Heustadel oder auf dem riesigen Hüpfkissen austoben – schöner kann ein Urlaub auf dem Bauernhof kaum sein! Sogar die eigene Begabung fürs Melken kann man an einer fast echten Kuh ausprobieren. In der »Grünen Oase« befindet sich auch der Bahnhof der »Schwäbischen Eisenbahn«. Die 10-minütige Fahrt eignet sich hervorragend, um sich einen ersten Eindruck vom Park zu verschaffen und einen Blick auf die weiteren sieben Themenbereiche zu werfen.

Altbekannte Comic-Freunde

Schon recht bald entdeckt man auch bekannte Gesichter, denn wer kennt nicht die beiden Füchse Fix & Foxi, Professor Knox, Lupo oder Lupinchen?! Genau wie in den Comics von Rolf Kauka ist auch im »Fix&Foxi-Abenteuerland« eine Menge Action angesagt. Eine 60 Meter lange Schlauchboot-Wasserrutsche verspricht ein spritziges Vergnügen, während zehn Original-Komatsu-Bagger die kleinen Baggerführer zum fleißigen Schaufeln in die Kiesgrube einladen. Ein besonderes Highlight ist übrigens der »Fix&Foxi-Raketenblitz«, eine 500 Meter lange Bobkartbahn mit rasanten Kurven, bei der die Fahrgäste die Geschwindigkeit selbst bestimmen dürfen. Bevor Sie zur nächsten Themenwelt ziehen, sollten Sie nicht versäumen, mit Ihren Lieben noch ein witziges Erinnerungsfoto im Oldtimer von Oma Eusebia zu schießen!

Im angrenzenden »Entdeckerland« bietet das wie eine Bergbausiedlung gestaltete »Abenteuer-Camp« dem Nachwuchs die Möglichkeit, auf 4.500 Quadratmetern nach Herzenslust zu klettern und zu kriechen. Direkt nebenan findet man Wellenrutschen, eine dunkle Tunnelrutsche sowie die 35 Meter langen Freifallrutschen auf der siebenbahnigen Rutschenanlage, die wohl eher nichts für Anfänger ist. Ebenfalls recht turbulent geht es zu auf dem »Alpin-Rafting«, das mit einem zwölf Meter hohen Vertikallift, einer anschließenden Schussfahrt sowie einem gefährlich aussehenden Wasserstrudel überrascht, in dem die Rundboote vollständig zu verschwinden scheinen.

Trockener, aber nicht weniger aufregend geht es weiter in der »Future World« in dem »4D-Action-Kino«, hinter dem sich ein ausgewachsener Simulator mit aufwendigen Schütteleffekten verbirgt, sowie im »Galaxy Racer«, der sogar schon von den Kleinen selbst durch die Mondlandschaft gesteuert werden darf. Wer es ruhiger mag, kann im Aussichtsturm den herrlichen Blick, der an klaren Tagen sogar bis zu den Schweizer Alpen reicht, genießen oder sich im »Puzzle-Center« auf der Freilichtbühne an kleinen und großen Puzzlen versuchen.

Spieleklassiker ganz groß

Die »Kunterbunte Spielewelt« präsentiert die schon erwähnten Ravensburger-Brettspiele im XXL-Format. Das eindrucksvollste

TIPP

Sie sollten bei einem Besuch auf keinen Fall versäumen, einen Abstecher ins Schnäppchen-Zelt, in den Schnäppchen-Shop und ins Nici-Outlet zu machen. Dort sind Spiele, Puzzles, Bücher und Plüschtiere zu wirklich günstigen Preisen erhältlich.

MobileKids-Verkehrsschule

Im Abenteuer-Camp (oben)
Professor Knox Turbo-Boote (unten)

GASTRONOMIE

Für den Fall, dass während der ganzen Aktivitäten mal der Magen knurrt, hat das Ravensburger Spieleland natürlich vorgesorgt: Drei Restaurants sowie mehrere Snackstände bieten eine reichhaltige Auswahl verschiedener Speisen. Dabei wurde darauf geachtet, neben dem üblichen Fast Food auch gesunde Gerichte mit Zutaten aus der näheren Umgebung anzubieten – nach dem Motto »Regional, frisch, gesund«.

Beispiel ist sicherlich »Das verrückte Labyrinth«, in dem man vier Fabelwesen finden und je einen Stempel abholen soll. Möchte der Nachwuchs mal in einem sportlichen Wettkampf gegen die Eltern antreten, eignet sich dafür das »Feuerwehrspiel« recht gut: Muskelkraft und Teamgeist sind nötig, um als Erster die qualmenden Häuser zu löschen. Neben weiteren an Brettspielen orientierten Attraktionen wie »Tempo, kleine Schnecke«, »Das Nilpferd in der Wasserbahn« oder »memory® Flug« hält der Park die Spieleklassiker auch im herkömmlichen Format bereit: Die »Spielegalerie« lädt zum Ausprobieren ein und ist eine tolle Gelegenheit, um an Regentagen dem schlechten Wetter zu entgehen.

Dass sich in »Käpt'n Blaubärs Wunderland«, welches dem berühmten Lügenbären und seinem Leichtmatrosen Hein Blöd gewidmet ist, alles um Wasser und Meer dreht, ist nicht erstaunlich.

So kann man per Tretboot, Paddeltour oder Gummikutter das nasse Element befahren und sich an der Stranddüne im feinen Sand oder im Liegestuhl ausruhen. Absolut sehenswert ist übrigens »Käpt'n Blaubärs Abenteuerfahrt«, eine charmante Themenfahrt, die einen Ohrwurm und so manchen Lacher garantiert.

Die neue »Maus und Elefant Erlebniswelt« bietet neben Sonnenwiese, Kletterparcours und Mini-Freifallturm das »Maus Kino« mit den bekannten Lach- und Sachgeschichten sowie dem beeindruckenden 3D-Film »Blue Magic«.

Last, but not least sollte noch das »Mitmachland« erwähnt werden, in dem der Name wirklich Programm ist: Sportliche Betätigung mit Fußball oder Basketball, eine Kletterwand in Form eines Riesenkäses bezwingen, Zirkusluft schnuppern oder Zaubertricks lernen – abwechslungsreich und vielfältig sind die Möglichkeiten.

Der »Wasserwald« lädt mit seinen Flüssen, Schleusen, Schaufelrädern und Spritzdüsen dazu ein, nach Lust und Laune zu matschen und zu planschen. Naschkatzen sei das »Bunte Schoko-Haus« ans Herz gelegt, das dazu einlädt, auf drei Etagen einiges über die Geschichte der beliebten Leckerei zu erfahren oder in der »SchokoWerkstatt« eine eigene Schokolade zu kreieren.

Absolut empfehlenswert!

Das Ravensburger Spieleland kann man Familien mit Kindern guten Gewissens als Ausflugsziel empfehlen. Während man sich in vielen anderen Freizeitparks oft nur passiv berieseln lassen kann, erhält man in dem sympathischen Spieleland in der Nähe des Bodensees zudem die Gelegenheit, sowohl körperlich als auch geistig aktiv zu werden, spannende Dinge zu lernen und gemeinsam etwas Außergewöhnliches zu erleben. ■

TIPPS

Im Gegensatz zu anderen Parks erhalten im Ravensburger Spieleland Geburtstagskinder (bis 14 Jahre) sogar bis 6 Tage nach dem Geburtstag einmalig freien Eintritt.

Spielelandbesucher erhalten 50 % Rabatt beim Eintritt ins Museum Ravensburger in Ravensburg. Acht Hotels in Ravensburg bieten kostenlose Übernachtungen für Kinder bis 18 Jahren an – auf Wunsch sogar im eigenen Zimmer. Und Stammgäste schließlich sparen mit der Jahreskarte, die zusätzlich zum Eintritt auch noch diverse Vergünstigungen beinhaltet.

Fix&Foxi Baggergrube

51

BODENSEE-THERME ÜBERLINGEN

Entspannter Badegenuss mit einzigartiger See-Romantik

INFORMATIONEN

Bundesland
Baden-Württemberg

Adresse
Bodensee-Therme Überlingen
Bahnhofstraße 27
88662 Überlingen
Tel. (075 51) 30 19 90
www.bodensee-therme.de

Öffnungszeiten
Ganzjährig täglich So–Do
10–22, Fr/Sa 10–23 Uhr

Hunde
Nicht erlaubt

Entspannung am Ufer des Bodensees (Titelbild)

Baden, saunieren und entspannen mit traumhaftem Seeblick – das bleibt in der Bodensee-Therme kein Wunschtraum. Die Therme trumpft dabei nicht nur mit ihrer Lage am nördlichen Bodenseeufer auf, sondern bietet sowohl für Erholungssuchende als auch für Bade- und Bewegungshungrige jede Menge einzigartiger Extras.

Bereits in der Badelandschaft, die aus einem großen Thermal- und Erlebnisbereich mit Innen- und Außenbecken, Kinderlandschaft, einem Wellness-Bereich sowie einem Sportbad besteht, haben große und kleine Besucher in der Bodensee-Therme Überlingen die Qual der Wahl. Egal, für welchen Wasserspaß man sich entscheidet, ob Whirlpool, Kneipptretbecken oder Thermalbecken, das absolute Highlight ist dabei der Ausblick auf den Bodensee. So kann man hier, während man im 33 Grad warmen, gesundheitsfördernden Heilwasser weilt, das herrliche Panorama ausgiebig genießen.

Ein großes Vergnügen bietet auch der Kinderpool mit Wasserstauanlagen und Wasserpumpen, der die Kleinen zum Planschen und Toben animiert. Damit die kleinen Badegäste auch beim Duschen im wahrsten Sinne des Wortes nicht zu kurz kommen, gibt es hier spezielle Kinderduschen. Familien- und kindgerecht geht es auch auf der Breitrutsche zu, während die Abfahrt auf der 90 Meter langen Reifenrutsche schon wesentlich rasanter verläuft.

Vielfältige Relaxmöglichkeiten

Ausgleich und Entspannung stehen im Wellness-Bereich auf dem Programm. Hier kann man sich bei meditativen Unterwasserklängen ausruhen oder im Massage- und Beautybereich mit anspruchsvollem Wohlfühl-

Programm verwöhnen lassen. Auch in der Saunalandschaft der Therme können es sich die Gäste gut gehen lassen: Hier kann man in der »Japanischen Rosenholzsauna« oder im »Japanischen Dampfbad« ganz nach ostasiatischer Tradition schwitzen. Wer Körper und Geist befreien möchte, ist auch in der »Seesauna« am rechten Platz. Hier lässt es sich nicht nur auf finnische Art saunieren, sondern man kann auch den einmaligen Ausblick auf den Bodensee genießen und im Anschluss im selbigen abtauchen. Danach verspricht ein Aufenthalt im herrlichen Saunagarten – mit traumhaftem Blick auf den See – ein Oasenerlebnis der besonderen Art. Nicht minder romantisch kann man es sich alternativ auch im Ruhehaus vorm Kaminfeuer gemütlich machen.

Die Bodensee-Therme Überlingen überzeugt vor allem durch ihr vielfältiges und gehobenes Thermal- und Wellness-Programm sowie ihr einzigartiges See-Ambiente. Auch Familien und Fitnessbegeisterte kommen in den verschiedenen Erlebnisbereichen sowie im modernen Sportbad mit Schwimmerbecken und einem umfassenden Angebot an Gesundheitskursen voll und ganz auf ihre Kosten. ■

TIPPS

Die Bodensee-Therme Überlingen bietet zahlreiche Fitnesskurse für unterschiedliche Altersklassen an. Ob Wassergymnastik oder Aquajogging, anspruchsvolles PowerSpezial oder AquaBody Workout – hier findet jeder das passende Sportangebot, um fit zu bleiben.

Im Sommer kann man im angegliederten Strandbad zu einem Sprung ins erfrischende Nass eintauchen oder am Ufer des Bodensees ein Sonnenbad genießen. Das Strandbad hat bei gutem Wetter von 9 bis 20 Uhr geöffnet.

GASTRONOMIE

Das Thermenrestaurant im Obergeschoss verwöhnt die Besucher nicht nur mit der Aussicht auf den See, sondern auch mit leckeren Kreationen aus der Well-Fit-Küche. Im externen À-la-carte-Restaurant »Aquarius« warten ebenfalls frische und wohlschmeckende Gerichte.

EVENTS

Jeden letzten Freitag im Monat von 22 bis 2 Uhr findet in der Therme Überlingen die Mitternachtssauna mit Spezialaufgüssen statt.

Jeden Mittwoch ist Beauty-Tag – bei den Spezialaufgüssen steht dann Genuss an erster Stelle.

Wassermassage

DONAUBAD WONNEMAR ULM/NEU-ULM

Das Menü für Erlebnishungrige

INFORMATIONEN

Bundesland
Bayern

Adresse
Donaubad Wonnemar
Wiblinger Straße 55
89231 Neu-Ulm
Tel. (0731) 98 59 90
www.wonnemar.de

Öffnungszeiten
Ganzjährig täglich in der Regel
10–22 Uhr

Hunde
Nicht erlaubt

Badespaß mit der ganzen Familie (Titelbild)

Als fünftes der bislang sieben Wonnemar-Bäder öffnete das Donaubad Ulm/Neu-Ulm 2011 seine Pforten. Seither können sich die Besucher auch im baden-württembergischen Grenzgebiet verwöhnen lassen. So schnell kann ein Tag in der faszinierenden Wasserwelt vergehen: Mit Spaß, Erholung und Bewegung bietet Wonnemar für jeden etwas. Atemberaubende Rutschanlagen, Strömungskanäle, Wellenbecken oder der große Thermalbereich sind nur einige Beispiele.

Ob »Black-Hole«, »Crazy-River«, Erlebnis- oder Familien-Rutsche: Bei einer Fahrt im Rutschen-Tower sind Action und Freude garantiert. Für alle Altersstufen sind Rutschen in unterschiedlichen Geschwindigkeiten und Schwierigkeitsgraden vorhanden. Durch die fast unbegrenzten Möglichkeiten der Erlebniswelt werden den Kleinen im »Wonniland« Wasserkanone, Spielburg, Rutsche und Wasserspritzen geboten, während die Großen sich im Außenbecken vom Strömungskanal mitreißen lassen können.

Urlaubsgefühl im Wellenbecken

Auch im Abenteuer-Wellenbecken kommt schnell Urlaubsfeeling auf. Stündlich werden hier bis zu einem Meter hohe Wellen erzeugt. Daneben gibt es ein Schwimmbecken für Sportler – mit vier Bahnen und einer Länge von 25 Metern steht es unter anderem auch Schul- oder Vereinssportlern zur Verfügung.

Zwischendurch kann reichhaltig für den Bärenhunger oder gesundheitsbewusst für das eigene Wohlbefinden im Gastronomiebereich geschlemmt werden. Die große Auswahl an Speisen und Getränken rundet einen außergewöhnlichen Tag ab. Das urlaubsbetonte Ambiente sorgt mit drei verschiedenen Restaurants für besondere Vielfalt.

Entspannung vom Feinsten

Entspannen und genießen lässt es sich im Gesundheitsbad von Wonnemar. Wohltemperierte Thermalbecken im Innen- und Außenbereich laden mit Sprudelliegen und Massagedüsen zum Erholen ein. Danach kann man es sich in einem Dampfbad richtig gut gehen lassen oder eine der unzähligen Saunen testen. Ob Bio-, Vier-Jahreszeiten- oder Münsterblick-Sauna: Die Qual der Wahl besteht aus acht Saunen mit unterschiedlichen Temperaturen und Aufgüssen. Hier kann man die Seele baumeln lassen und fühlt sich danach wie neugeboren.

Der Besuch der Saunawelt ist übrigens auch ohne Nutzung des Erlebnisbades möglich.

Wer sich etwas Gutes tun möchte, ist mit dem Wasseranimations-Programm bestens versorgt. Dieses bietet gelenkschonendes Bewegungstraining, das von jedem ausgeführt werden kann. Die Steigerung der Beweglichkeit und Leistungsfähigkeit steht hier im Vordergrund. Die Kraft- und Konditionsübungen kräftigen sowohl die Muskulatur als auch das Herz-Kreislauf-System.

Die Vielzahl der Attraktionen in dem Erlebnis- und Sportbad machen jeden Besuch für Groß und Klein zu einem unvergesslichen Erlebnis. ■

TIPP

Wer nach dem ganzen Wasserspaß noch mehr erleben will, kann im Winter einen Abstecher auf die an das Schwimmbad angeschlossene Eislaufbahn unternehmen. In den Sommermonaten steht außerdem das Freibad zur Verfügung.

GASTRONOMIE

Hungrige Badegäste finden sowohl im Foyer als auch im Erlebnisbad sowie der Saunawelt ein abwechslungsreiches gastronomisches Angebot. Im Selbstbedienungs-Restaurant »Sunny Beach« können auch Kindergeburtstage gefeiert werden, zu denen auch ein spezielles Programm im Erlebnisbad gehört.

EVENTS

An jedem 1. Freitag im Monat finden die langen Saunaabende statt. Zwischen 19 und 1 Uhr wird unter anderem ein spezielles Aufguss-Programm geboten.

An jedem 3. Samstag im Monat kann man im Erlebnisbad den »Candlelight Abend« mit Kerzenlicht und sanfter Musik genießen.

Entspannen im Saunabereich (oben)
Außenbereich bei Nacht (unten)

7 LEGOLAND® DEUTSCHLAND

Stein für Stein Freizeitspaß

INFORMATIONEN

Bundesland
Bayern

Adresse
LEGOLAND Deutschland
LEGOLAND Allee
89312 Günzburg
Tel. (01805) 70 07 57 01
€ 0,20 pro Anruf aus dem Festnetz, Mobilfunk max. € 0,60 pro Anruf
www.legoland.de

Öffnungszeiten
In der Regel Anfang April–Anfang November 10–18 Uhr, an vielen Wochenenden, im Sommer und bei Events länger

Hunde
Nicht erlaubt, allerdings besteht (gegen Vorlage des Impfausweises) die Möglichkeit einer Unterbringung im parkeigenen Hundehaus.

Jeder für sich ist klein, aber in der Kombination sind sie riesengroß und aus Kinderzimmern nicht wegzudenken – da weiß jeder sofort Bescheid: Von LEGO®-Steinen ist natürlich die Rede. Vom Bauernhof über die Weltraumstation bis hin zum Wolkenkratzer gibt es wohl nichts, was man mit dem kreativen Spielzeug nicht bauen kann. Warum also nicht auch einen ganzen Freizeitpark?

Im MINILAND heißt es, die Welt im Kleinformat zu bestaunen. Die Modelldesigner setzten aus über 25 Millionen LEGO-Steinen Sehenswürdigkeiten, Landschaften und Städte zusammen. Bekannte Bauten wie das Schloss Neuschwanstein oder der Berliner Reichstag sind hier genauso zu finden wie der Münchner Flughafen oder die Allianz Arena. Science-Fiction-Fans kommen aber hier ebenso auf ihre Kosten: Auf 140 Quadratmetern können die bekanntesten Szenen der sechs STAR WARS™-Filme und der Animations-Serie STAR WARS: THE CLONE WARS™ bewundert

Im MINILAND (Titelbild u. rechts)

werden – alle aus rund 1,5 Millionen handelsüblichen LEGO-Steinen im Maßstab 1:20 nachgebaut.

Wie entsteht eigentlich so ein LEGO Stein?

Die »LEGO Fabrik« beantwortet auf spannende Weise die Frage nach der Herkunft der bunten Steine. Vom Granulat über den Formgebungsprozess bis hin zur Verpackung der fertigen Bausätze kann hier der Werdegang beobachtet werden. In der »Hyundai LEGOLAND Fahrschule« ganz in der Nähe können Kinder ab sieben Jahren ihren ersten eigenen »Führerschein« machen. Ohne Führerschein, aber mit viel Spaß, können sich die Besucher in der »HERO Factory« von Industrierobotern, die ursprünglich aus dem Fahrzeugbau stammen, herumwirbeln lassen.

Vermeintlich ruhiger mutet die Reise ins Mittelalter an. Doch auch im LAND DER RITTER warten große Abenteuer auf die tapferen Recken. Die Burg des »Feuerdrachen« etwa bietet neben ihrer zunächst vermeintlich gemütlichen Themenfahrt durch die LEGO Mittelalterwelt auch eine rasante Achterbahnfahrt, bleibt dabei aber stets familientauglich. Wer sich einen guten Überblick über den Park verschaffen möchte, sollte eine Fahrt mit dem Aussichtsturm im Themenbereich IMAGINATION wagen. Aus 43 Metern Höhe kann man zum Beispiel die verschiedenen Restaurants wie »Pizza Mania!«, »Dino Grill« oder das »Asia Chicken House« entdecken, die die unterschiedlichsten Geschmacksrichtungen bedienen. Das »Bau- und Test Center« verlangt von kleinen Baumeistern etwas Ge-

TIPP

Schlendern Sie in Ruhe durch alle Shops und Sie entdecken mit Sicherheit das eine oder andere Sonderangebot an hochwertigem Spielzeug oder Merchandise – für LEGO® Freunde ein Paradies.

EVENTS

Haufenweise Events kann man im Veranstaltungskalender des LEGOLAND Deutschland entdecken. Den Abschluss der Saison feiert der Park mit den Halloween-Wochen.

Land der Ritter (links)
Dschungel X-pedition (rechts)

GASTRONOMIE

Drei Restaurants sowie eine ganze Reihe an Cafés und Snackstationen laden zum Schmausen ein. Dabei findet man natürlich Pommes, Schnitzel und Burger, aber auch Pizza und Pastagerichte sowie Spezialitäten aus dem Wok. Das »City-Restaurant« steht für Frische, Vielfalt und Regionalität.

schick beim Bau von erdbebensicheren LEGO-Türmen, während sich die Kleinsten vom »DUPLO Wasserspaß« und dem »DUPLO Spielplatz« begeistern lassen.

Piraten und Abenteurer

Im LAND DER PIRATEN ziehen kleine und große Seefahrer in »Käpt'n Nicks Piratenschlacht«. Schon Kinder ab einem Jahr dürfen mit den Wasserkanonen der Boote die sieben Weltmeere unsicher machen. Nass kann man auch bei der geheimnisvollen »Dschungel X-pedition« werden, die mit dem hinter einem Felsmassiv versteckten Wasserfall und unheimlichen LEGO-Spinnen aufwartet. Trocken werden die kleinen Forscher dann bei einer ausgiebigen »Safari Tour« im wilden Afrika – oder sie bleiben beim nassen Element und statten Dinosauriern auf einer »Kanu X-pedition« einen Besuch ab.

Wild geht es mit der Achterbahn »LEGO Test Strecke« im Bereich LEGO X-TREME weiter. Im flotten Hin, Her, Auf und Ab brettern die Rennwagen in der Bahn vom Typ »Wilde Maus« über die Piste. Seit kurzem schleudert eine besondere Anlage mutige Flugkünstler durch die Lüfte: Die Drachen des Flugkarussells »Flying Ninjago« drehen in bis zu 22 Metern Höhe ihre Runden und vollführen waghalsige Flugfiguren.

Unterwasserwelten, Events und Shows

Über 2.000 Fische und viele Modelle aus einer Million LEGO-Steinen machen »LEGOLAND ATLANTIS by SEA LIFE®« zur Besonderheit. Haien, Rochen

LEGO Test-Strecke (links)
Flying Ninjago (rechts)

und anderen tropischen Fischen kommt man im acht Meter langen Glastunnel unter Wasser besonders nahe. Neben den über 50 Attraktionen, Shows und Workshops im LEGOLAND Deutschland sind auch die zahlreichen Events spannend und unterhaltsam. Ob Klassiker wie die »Langen Nächte«, Halloween und das STAR WARS™-Event oder Aktionen, bei denen die Besucher an einem Hochhaus aus LEGO-Steinen mitbauen: Hier ist immer was los.

Wer sich zum Erleben sämtlicher Attraktionen im LEGOLAND Deutschland Resort genügend Zeit lassen möchte oder auch eine längere Anfahrt zum Park hat, kann Unterkünfte aus einer abwechslungsreichen Themenpalette auswählen. Ob Ritterburg oder die neue gigantische Königsburg, Rennfahrer- Piraten oder Ägypten-Stil: Das LEGOLAND Feriendorf kann für fast jeden Kindertraum das passende Ambiente bieten. Das Feriendorf bietet außerdem ein Bowling-Center, Minigolf, einen Hochseilgarten und Fußballplatz sowie Restaurants und einen Campingplatz.

LEGOLAND Deutschland ist ein Park für die ganze Familie, in dem Kinder von zwei bis zwölf Jahren die Helden sind und Erwachsene sich in ihre Kindheit zurückversetzt fühlen. ■

Hafenrundfahrt (oben)
Ritterburg im LEGOLAND Feriendorf (unten)

Zebras (Titelbild)

TIERGARTEN NÜRNBERG

Etabliert seit mehr als 100 Jahren

INFORMATIONEN

Bundesland
Bayern

Adresse
Tiergarten Nürnberg
Am Tiergarten 30
90480 Nürnberg
Tel. (0911) 91 15 45 46
www.tiergarten-nuernberg.de

Öffnungszeiten
Ganzjährig täglich 9–17 Uhr, Sa/So bis 17:30 Uhr, die Tierhäuser schließen jeweils 45 Minuten vorher

Hunde
Nicht erlaubt

GASTRONOMIE

Neben dem Café-Restaurant »Waldschänke«, welches fränkische Gaumenfreuden bietet, sorgt im Tierpark auch das Bistro »Lagunenblick« oberhalb der »Delphinlagune« für das leibliche Wohl der Gäste. Jeweils ein Kiosk am Eingang und am Kinderzoo runden das gastronomische Angebot ab.

Der Tiergarten Nürnberg wurde am 11. Mai 1912 offiziell eröffnet und gehört seither zu den bekanntesten Ausflugszielen der Stadt und – mit knapp einer Million Besuchern im Jahr – zu den beliebtesten Zoos in Deutschland. Ganz getreu seinem Motto »Tier und Landschaft erleben« bietet der reizvoll angelegte Tierpark mit großzügigen Wald- und Wiesenlandschaften abwechslungsreiche Gehege und tierisch gute Attraktionen.

Neben Giraffen, Bären und Nashörnern beherbergt der Tiergarten Nürnberg insgesamt rund 290 Tierarten. Die meisten Gehege sind dabei insbesondere durch die Felsformationen der ehemaligen Sandsteinbrüche am Schmausenbuck geprägt. So auch beispielsweise das Raubtierhaus, das durch einen Tunnel betreten wird und Amurtiger und Asiatische Löwen beherbergt.

Flipper & Co.

Einer der größten Besuchermagneten ist aber die 2011 eröffnete »Delphinlagune«, die das bereits seit mehr als 40 Jahren bestehende »Delphinarium« ergänzt. Ihre Errichtung war seinerzeit heftig umstritten, vor allem Tierschutzorganisationen forderten das Ende der Delphinhaltung in Zoos. Wie man aber auch immer zu dieser Problematik stehen mag, die Anlage in Nürnberg bietet den Tieren auf jeden Fall einen abwechslungsreicheren Tagesablauf als vorher. Sie können hier zusammen mit Seelöwen unter freiem Himmel schwimmen und »Naturereignisse« wie Regen direkt miterleben. Darüber hinaus sind die Lebensräume hier größer und sehr naturnah gestaltet. Die Besucher dagegen profitieren vor allem von der großen Panoramascheibe, durch die sie die Tiere auch unter Wasser beobachten können.

Direkt angrenzend an die »Delphinlagune« befindet sich mit dem ebenfalls 2011 eröffneten »Manatihaus« ein weiteres Highlight des Nürnberger Zoos. Neben den Manatis sind hier auch viele tropische Tiere und Pflanzen zu sehen.

Eisbären & Co.

Im 2001 errichteten »Aqua Park«, einer großzügigen Wasserlandschaft, haben neben Pinguinen ebenso Biber, Otter, Robben und Eisbären ihr Zuhause gefunden. Auch hier ermöglichen Glasscheiben interessante Einblicke in die Unterwasserwelten. Dabei können die Besucher beispielsweise die Eisbären beim Tauchen beobachten oder zusehen, wie die Pinguine wegen eines Luftpolsters in ihrem Gefieder im Ruhezustand wie ein Korken auf dem Wasser treiben. Bei kommentierten Fütterungen bei den Pinguinen und Seelöwen können sich die Besucher ebenfalls über die Lebensweise dieser interessanten Tiere informieren.

Mit seinem Prädikat als Landschaftszoo und der enormen Größe von rund 67 Hektar präsentiert der Tiergarten Nürnberg dem Besucher ein einmaliges Naturerlebnis. Obgleich die »Delphinlagune« nicht bei jedem Zustimmung findet, wurden hier im Tierpark die Ansprüche an eine artgerechte Tierhaltung konsequent umgesetzt, was sich zuletzt vor allem in den Großanlagen etwa auch für die Gorillas und die Schneeleoparden zeigt. ■

TIPPS

Ein besonderer Höhepunkt nicht nur für die kleinen Besucher ist die Fütterung der Pinguine, die täglich um 14:45 Uhr stattfindet.

Das Areal des Tierparks ist recht weitläufig, zwischendurch lohnt daher eine Fahrt mit der Kleinbahn des Zoos, die zwar 2008 aufgrund des Lagunenbaus zunächst ihren Betrieb einstellen musste, nun aber nach größeren Umbaumaßnahmen wieder zwischen Giraffengehege und Alpaka-Gehege verkehrt.

EVENTS

Interessierte Besucher können im Tiergarten Nürnberg nach Voranmeldung an speziellen Führungen wie beispielsweise dem »Besuch im Affenhaus« oder der »Begegnung mit Delphinen« teilnehmen oder im Workshop »Zoo-Tier-Beschäftigung« erfahren, mit welchen Methoden man Zootiere bei Laune hält. Auch für Kindergeburtstage bietet der Zoo diverse Programmpunkte an.

Delphinlagune

55

PLAYMOBIL-FUNPARK

Kinderspaß

INFORMATIONEN

Bundesland
Bayern

Adresse
PLAYMOBIL-FunPark
Brandstätterstraße 2–10
90513 Zirndorf
Tel. (0911) 96 66 17 00
www.playmobil-funpark.de

Öffnungszeiten
In der Regel Mitte April–Anfang November 9–18 Uhr, Sonderöffnungen während der Winter- und der Faschingszeit, in der Sommer- und Hauptsaison Park bis 19 Uhr und Minigolf, Aktivpark und Biergarten bis 22 Uhr

Hunde
Nicht erlaubt

Einer der vielen Spielplätze im PLAYMOBIL-FunPark (Titelbild)

Ein Freizeitparkbesuch mit Kindern kann anstrengen, aber auch wunderbar sein – je nach Angebot an Aktivitäten und Attraktionen, die die Kids bereits erleben dürfen. Der PLAYMOBIL-FunPark hat sich ganz auf Abenteurer eingestellt, die für Riesen-Achterbahnen noch zu klein sind, und bietet stattdessen jede Menge Mitmach- und Entdeckerspaß.

Nachdem die Kinderzimmer schon lange von den bekannten Kunststoff-Figuren erobert wurden, können deren zeitlose Abenteuer am »Piratensee« oder auf der »Ritterburg« hier »in groß« erlebt werden. Der »Steinbruch« lädt kleine Bauarbeiter mit archimedischen Schrauben, Baggern und Schaufeln ein, die Muskeln spielen zu lassen. Die Eltern sind dabei augenzwinkernd zu Statisten degradiert und dürfen entspannen.
Ein lebhaft genutztes Areal ist die »Aktivwelt Baumhaus« mit verzauberter Feenquelle, während im »Dino-Forscherparcours« nebst »Wackelvulkan« ein Tyrannosaurus Rex und eine Triceratops-Familie zu entdecken sind. Ähnlich gestalten sich die Aktivitäten bei Rutschen, Klettergerüsten, Flößen, Wasserspielplätzen und, und, und … Wassersportbegeisterte ab drei Jahren können ihre Runden mit den lustigen »Power-Paddelbooten« über ein Wasserareal drehen und trainieren dabei Koordination, Gleichgewichtssinn und Navigationsfähigkeit.

Wetterunabhängiger Spaß unter Glas

Der HOB-Komplex beheimatet nicht nur einen Großteil des gastronomischen Angebotes, sondern garantiert unter einer gigantischen Glaskonstruktion wetterunabhängigen Spielspaß. Hier kann auch bei Regenwetter mit PLAYMOBIL-Figuren gespielt oder dem Programm der Mitmachbühne zugeschaut werden. Bei gutem Wetter, insbesondere in den Sommermonaten, verwandelt sich der Bereich vor dem HOB-Center nach Parkschluss in einen gemütlichen Biergarten. Und damit auch die Großen ihrem Bewegungsdrang nachgehen können, stehen unter anderem ein Outdoor-Fitnessbereich sowie Billard- und Kickertische zur Verfügung. Der aufpreispflichtige Minigolfplatz ist auch für junge Golfcracks geeignet. Über die Firmen- und die Erfolgsgeschichte der Spielzeuge aus Zirndorf erfährt man in der Ausstellung im obersten Stockwerk des HOB-Centers mehr. Hier sind nicht nur die ersten PLAYMOBIL-Figuren und deren Urahnen in Form von Spardosen oder Traktoren zu finden – auch sehenswerte Modelle des Parks sind hier ausgestellt.

Familienfreundlich

Gastronomisch bewegen sich sowohl der Angebotsumfang als auch die Preise durchaus in familienfreundlichen Regionen. Die Sauberkeit nicht nur der Parkanlagen und Attraktionen, sondern insbesondere der großzügig bemessenen Sanitäranlagen nebst Wickel- und Stillbereichen ist im Übrigen erwähnenswert. Für Familien mit weiterer Anreise steht ein kleines, aber feines Apart-Hotel zur Verfügung.

Im PLAYMOBIL-FunPark sind Familien mit aktiven Kindern bis 13 Jahre genau richtig. ■

TIPP

Montag ist Seniorentag
Personen ab 60 Jahren erhalten montags (abgesehen von der Wintersaison, den bayrischen Schulferien und Feiertagen) freien Eintritt gegen Vorlage des Ausweises.

GASTRONOMIE

Wie wäre es mit einem halben Hähnchen vom Grill in der »Wirtsschänke«, einem frisch zubereiteten Tagesgericht im HOB-Center oder Kaffee und Kuchen im »Burgcafé«? Für die kleinen Gäste sind natürlich auch spezielle Kindermenüs zu haben. Nach einem actionreichen Tag empfiehlt sich dann ein Abstecher in den großen Biergarten, der ab 18 Uhr zum gemütlichen Verweilen einlädt – ideal zum Abendessen für die ganze Familie.

EVENTS

Neben der täglichen Mini-Disco und der monatlichen Aufführung des PLAYMOBIL-Puppentheaters wird den Besuchern die ganze Saison über ein interessantes Veranstaltungsprogramm geboten.

Biergarten (oben)
Rutschspaß (unten links)
Piratenschiff mit Floßfahrt (unten rechts)

56

KRISTALL PALM BEACH

Das Rutschenparadies bei Nürnberg

INFORMATIONEN

Bundesland
Bayern

Adresse
Kristall Palm Beach
Albertus-Magnus-Straße 29
90547 Stein
Tel. (0911) 68 83 50
www.palm-beach.de

Öffnungszeiten
Ganzjährig täglich So–Do
9–22 Uhr, Fr–Sa 9–24 Uhr

Hunde
Nicht erlaubt

Wellenbad (Titelbild)

Den Namen »Palm Beach« assoziieren die meisten unter uns wohl mit Sonne, von Palmen gesäumten Stränden und feuchtfröhlichem Badespaß. Alles Attribute, die einen von tropischen Destinationen träumen und zunächst weniger an ein Badeparadies in Mittelfranken denken lassen. Doch ganz in der Nähe von Nürnberg in der Stadt Stein kann man im Erlebnisbad Kristall Palm Beach nicht nur Urlaubsfreuden unter Palmen genießen, sondern auch in futuristische Welten eintauchen

Detailreich thematisiert und inszeniert lauern in der »Future World« und im »Space Center« des Steiner Erlebnisbades nämlich überall Außerirdische, Astronauten, Raumschiffe und fremde Galaxien auf die Badegäste. Im Funhouse-Stil gibt es allerhand Überraschungen etwa in Form eines Timetunnels, Zerrspiegeln, Wackelböden und Wasserkanonen, gepaart mit jeder Menge Licht- und Spiegeleffekten. Insgesamt 16 Rutschen warten hier mit einer Gesamtlänge von 1,6 Kilometern auf die Badegäste – angefangen von harmloseren Varianten für die ganze Familie bis hin zu High-Speed-Anlagen mit einer Spitzengeschwindigkeit von 70 Stundenkilometern für die Thrill-Fans.

Spaß im Außenbereich

Im Wellenbad mit Cocktailbar und Südseeflair sowie beeindruckend großen Ölgemälden des Künstlers Paul Gauguin, dem fröhlich-bunten Kinderplanschbereich und dem angrenzenden großzügigen Außengelände bietet das Kristall Palm Beach ein riesiges Angebot an Animations- und Spielmöglichkeiten im Fun- und Beachbereich an. Das 4.000 Quadratmeter große Außengelände um einen Strömungskanal herum bietet ein Beachvolleyballfeld, eine Trampolinanlage, einen Spielplatz sowie einen Sandstrand zum Spielen, Relaxen und Toben.

Wer es etwas ruhiger mag, sollte einen Blick auf die Therme des Kristall Palm Beach werfen, die mit Marmor und Edelsteinen einen luxuriösen Eindruck macht. Gesundes Thermal-Heilwasser in drei großen Therapiebecken und zwei Heißwasserbecken im Innenbereich mit Temperaturen von 32 bis 38 Grad Celsius sowie ein großzügiges Thermenaußenbecken gehören zur Ausstattung des Bereichs. Angereichert ist das Wasser mit der Heilkraft von Amethysten, Achaten und Bergkristallen – ganz im Sinne der Heilslehre der berühmten Klosterfrau Hildegard von Bingen.

Entspannen kann man auch in einer der 15 verschiedenen Themensaunen. Wie wäre es mit dem osmanischen Hamam mit Kosmetik- und Massageabteilung, dem »Kleopatra-Schwebebecken«, dem »Bayerischen Saunadorf« mit Biergarten, Parkanlagen und Saunasee? Dampfbäder, Aromatempel, Banja, Eis-Nebelgrotte, Saunabar mit Kaminfeuer, Whirlpool, Solarien und ein kreativer Aufgussplan sind weitere Merkmale des Saunabereichs im Kristall Palm Beach. ■

GASTRONOMIE

Neben dem Wellenrestaurant »Neptun« und dem SB-Restaurant »Hawaii Inn« gibt es noch eine Saunabar, eine Cocktailbar und ein Café.

EVENTS

Jeden ersten Samstag im Monat und immer ab 18 Uhr finden für alle Saunagäste die Themen-Saunafeste statt.

Rutschenspaß (oben)
Sauna-Außenbereich (unten)

FÜRTHERMARE

XXL-Badespaß in Mittelfranken

INFORMATIONEN

Bundesland
Bayern

Adresse
Fürthermare
Scherbsgraben 15
90766 Fürth
Tel. (09 11) 723 05 40
www.fuerthermare.de

Öffnungszeiten
Ganzjährig täglich 10–23 Uhr

Hunde
Nicht erlaubt

EVENTS

Während der kalten Jahreszeit von Oktober bis April gibt es einmal im Monat die lange Sauna-Nacht. Jeweils von 19 bis 1 Uhr werden dabei besondere Erlebnis-Aufgüsse sowie spezielle Wellnessanwendungen angeboten und das sogar zum regulären Tarif ohne Aufpreis.

Entspannen in der Saunalandschaft (Titelbild)

Entspannt in den Strandliegen verweilen, saunieren in mallorquinischem Ambiente oder sich auf ein rasantes Rutschenabenteuer begeben – diese Freizeitvergnügen lassen sich allesamt im 2007 eröffneten Fürthermare genießen. Das im mittelfränkischen Fürth gelegene Erlebnisbad trumpft dabei mit einer großen Vielfalt an Erlebnis- und Erholungsmöglichkeiten auf.

Für spritzige Momente und actionreiches Vergnügen sorgt im Fürthermare das Spaßbad mit vielfältigen Attraktionen wie einem Strömungskanal, einem Wasserfall, einer Abenteuer-Grotte sowie einem Rutschenturm. Bei Letzterem garantieren eine 75 Meter lange »Blackhole-Rutsche« und eine »Turbo-Speed-Rutsche« mit Freifall-Effekt den ultimativen Nervenkitzel, während die »Riesen-Reifen-Rutsche« mit 109 Metern Länge Wasserspaß im XXL-Format aufkommen lässt. Daneben ergänzen ein ganzjährig nutzbares Außenbecken, eine Kinder-Erlebniswelt mit Piratenschiff sowie ein Ruhebereich mit Strandliegen das Spaßbad-Angebot.

Mediterranes Urlaubs-Feeling

Im Sommer können sich Badegäste über ein erweitertes Freibad-Angebot freuen. Dann steht den Wasserratten im Fürthermare eine Gesamt-Wasserfläche von rund 4.000 Quadratmetern zur Verfügung. Das »Sommerbad« besitzt dabei neben einem Erlebnisbecken und einem 50-Meter-Schwimmerbecken (mit acht Bahnen) auch eine steile »Kamikaze-Rutsche«, die vor allem Adrenalinsüchtigen feucht-fröhliches Rutschvergnügen beschert. Ein Beachvolleyball-Bereich, ein Planschbecken für die kleinen Besucher und zu guter Letzt ein feinsandiges Strandareal nebst Liegestühlen komplettieren das Rundum-Wohlfühl-Erlebnis im »Sommerbad«. So kann man hier bei sommerlichen Temperaturen ins kühle Nass springen oder sich am mallorquinischen Sandstrand entspannt zurücklehnen.

Ebenfalls mediterran geht es in der Sauna-Landschaft des Fürthermare zu. Auf 1.600 Quadratmetern stehen den Gästen im Indoor-Bereich vier unterschiedlich thematisierte Schwitzkammern zur Verfügung – angefangen vom angenehm milden »Casa del Mar« (60°C) bis hin zum 95 Grad heißen »Casa del Caliente«. Daneben bietet die mallorquinisch gehaltene Saunawelt zusätzlich zwei Dampfbäder sowie drei Außensaunen im Finca-Stil. Relaxen lässt es sich danach im Saunagarten ganz entspannt unter Zitronen- und Olivenhainen.

Die Kraft der Kleeblatt-Quelle entdecken

Wer seinem Körper zusätzlich etwas Gesundes tun möchte, der findet im Thermalbad-Bereich des Fürthermare die Gelegenheit dazu. Das Thermal-Wasser, das hier aus einer Tiefe von 400 Metern aus der »Kleeblatt-Quelle« gespeist wird, ist mit seinem hohen Mineralgehalt besonders wohltuend und findet im »Thermal-Kaskadenbecken«, im »Thermal-Außenbecken« oder in der »Solegrotte« Genuss.

Das Fürthermare ist eine familienfreundliche Erlebniswelt, die ganzjährig Badespaß verspricht. Das breite Angebot an Attraktionen, Fitness- und Wellness-Möglichkeiten lässt kaum Wünsche offen. ■

TIPPS

Während der Hallenbad-Saison haben Gäste des Fürthermare kostenlosen Zugang zum Hallen-Sportbad Fürth, während der Freibad-Saison entsprechend zum Sommerbad Fürth.

Bitte beachten Sie, dass Kindern unter 16 Jahren der Zutritt zum Thermalbad-Bereich nur zu eingeschränkten Zeiten und nur in Begleitung eines Erziehungsberechtigten gewährt wird!

Eine moderne Ausstattung mit Cardio- und Kraftgeräten erwartet die Gäste des Vitamare, dem neuen Fitnessbereich des Fürthermare. Hier finden Sportbegeisterte nicht nur ein umfassendes Kursangebot vor, sondern auch ganz individuelle und effektive Trainingsmethoden.

GASTRONOMIE

Auch während seiner kulinarischen Auszeit hat der Gast im Fürthermare die Qual der Wahl. Gleich mehrere gastronomische Einrichtungen, darunter das SB-Restaurant im Spaßbad, das externe Fürthermare-Bistro im Foyer sowie die Sauna-Gastronomie, verlocken mit zahlreichen Gaumenfreuden.

Vielfältiger Nass-Spaß im Fürthermare

58

ERLEBNISPARK SCHLOSS THURN

Familienspaß im Schlosspark

INFORMATIONEN

Bundesland
Bayern

Adresse
Erlebnispark Schloss Thurn
Schlossplatz 4
91336 Heroldsbach
Tel. (091 90) 92 98 98
www.schloss-thurn.de

Öffnungszeiten
In der Regel Mitte April–Anfang Oktober 10–17 Uhr, Anfang August–Anfang September sowie an Eventtagen länger, in der Vor- und Nachsaison an einzelnen Wochentagen geschlossen

Hunde
Erlaubt (beim Kauf eines Hundetütchens für € 1)

Ritterspiele (Titelbild)
Wasserbahn (rechts)

Im oberfränkischen Heroldsbach gibt es mit dem Erlebnispark Schloss Thurn ein Familienvergnügen der ganz besonderen Art. Mitten in eine historische Barock-Schlossanlage eingebettet, bietet der 1975 eröffnete Vergnügungspark dabei mehr als 50 verschiedene Attraktionen, viel Unterhaltung und jede Menge Möglichkeiten für eine entspannte Auszeit.

Auf einer Fläche von 40 Hektar trumpft der von Schlossherr Graf Hannfried von Bentzel-Sturmfeder-Horneck errichtete Freizeitpark nicht mit actionreichen und adrenalinfördernden Thrill-Coastern auf, sondern vielmehr mit seinen vielzähligen familienfreundlichen Fahrgeschäften. Dazu gehört insbesondere die 1998 eröffnete »Familienachterbahn«, bei der es mit rund 40 Stundenkilometern über kleine Hügel und durch rasante Kurven geht. Auf der Wildwasserbahn geht es dann im Baumstamm-Boot auf große Fahrt. Gleich zwei Schuss-Abfahrten sorgen gerade im Sommer für eine angenehme Erfrischung. Ein feucht-fröhliches Vergnügen ist auch der Ritt auf der »Wasserbobbahn«. Hierbei werden die Passagiere auf einer Art Wellenrutsche rund zwölf Meter in die Tiefe befördert. Fahrattraktionen wie die »Monza-Rennbahn«, die »Bumperboats« oder das »Schwanen-

karussell« sorgen ebenfalls für gemeinsamen Familienspaß.

Auch mehrere Live-Shows sind für den Erlebnispark am Schloss Thurn charakteristisch. Hauptattraktion sind dabei zweifelsfrei die »Ritterspiele«, eine Show mit Schwertern und Lanzen.

Familienspaß in einzigartiger Naturlandschaft

Während der Nachwuchs seine Zeit auf den Wasser- und Abenteuerspielplätzen verbringt, können sich die Erwachsenen eine Ruhepause auf der Liegewiese gönnen, wo sie mit klassischer Musik verwöhnt werden. Entspannend für alle Familienmitglieder ist dagegen die Fahrt mit dem »Drachenschiff« oder dem Tretboot auf dem Schlossweiher. Zudem kann das weitläufige Areal mit der alten »Dampfrosseisenbahn« erkundet werden, die gleich an mehreren Stationen im Erlebnispark Halt macht. Alternativ kann man sich hier mit der »Schwebebahn« fortbewegen, die regelmäßig zwischen Westernstadt und See pendelt. Langeweile kommt also garantiert keine auf, dafür sorgen zusätzlich auch der Märchenwald, die Minigolfanlage und die vielen tierischen Bewohner des Wildgeheges.

Ob rasante Achterbahn, eine gemächliche Eisenbahnfahrt, Wild-West-Show oder ein mittelalterliches Turnier – der Erlebnispark Schloss Thurn verspricht mit einer breiten Mischung aus familienfreundlichen Attraktionen sowie aufwendigen Shows ein abwechslungs- und erlebnisreiches Familienprogramm. Darüber hinaus bietet der Park mit seinem teils jahrhundertealten Baumbestand eine einzigartige Naturlandschaft, die zwischendurch für eine erholsame Auszeit sorgt. ■

EVENTS

Im Erlebnispark Schloss Thurn finden über die ganze Saison mehrere Aktions- und Eventtage statt, darunter beispielsweise der Große Ritter- und Prinzessinnentag. Hier können sich die kleinen Besucher nicht nur auf dem Ritterparcours versuchen oder eine rosa Zauberwelt erkunden – verkleidete Kinder im Alter von 3 bis 11 Jahren erhalten zudem Rabatt auf den Eintrittspreis.

GASTRONOMIE

Kulinarisch verwöhnt werden die Parkbesucher im Restaurant »Romantiksaal« mit Sonnenterrasse und Schlossblick. Im »Saloon«, dem SB-Restaurant in der Westernstadt, lässt es sich im Cowboy-Stil speisen, während man im »Coffeeshop« bei Kaffee und Kuchen genüsslich entspannen kann. Ein Biergarten sowie weitere Kioske halten Snacks und Getränke für zwischendurch bereit. Alternativ kann man gegen eine vorherige Reservierung auch die Grillmöglichkeit »Mexiko« nutzen, um mitgebrachte Speisen gleich selbst zuzubereiten.

Familienachterbahn

59

BAYERN-PARK

Bunter Freizeitspaß in Blau-Weiß

INFORMATIONEN

Bundesland
Bayern

Adresse
Bayern-Park
Fellbach 1
94419 Reisbach
Tel. (087 34) 929 80
www.bayern-park.de

Öffnungszeiten
In der Regel Mitte April–Mitte Oktober 9–18 Uhr, April und Oktober an einigen Werktagen

Hunde
Nicht erlaubt

Tierisches bestaunen (TItelbild)

Rund eine Stunde Fahrzeit von der Bayrischen Landeshauptstadt München entfernt liegt der Bayern-Park im Landkreis Dingolfing-Landau. Seit der Gründung im Jahre 1991 hat sich der einst reine Wildpark zu einem Familienpark mit einem bunten Attraktionsangebot für die ganze Familie entwickelt.

Dass sich hier besonders Familien mit jüngeren Kindern wohlfühlen können, zeigt sich bereits im Eingangsbereich des Parks. Neben Wellenflieger, einem Rutschenturm, Trampolinen und weiteren Attraktionen findet sich hier die »Burg Fellbach«. Hinter deren mittelalterlicher Fassade verbirgt sich ein Spielareal, das auch bei schlechterem Wetter für Kletter- und Spielspaß sorgt. Ob Softballanlage, Klettergerüste oder verschiedene kleine Fahrgeschäfte wie »Luna Loop« oder Pendelbahn – in der 1.200 Quadratmeter großen Halle wird so einiges geboten. Eine Riesen-Gaudi haben die Kids auch auf den (mechanischen) Esel- und Pferdereitbahnen, auf den Reifenrutschen und natürlich bei der Fahrt mit einer der beiden Parkeisenbahnen – einer auf Schienen und einer ohne …

Wilde Action

Für actionliebende größere Kinder und natürlich auch die erwachsenen Besucher stehen Fahrgeschäfte wie Wildwasserbahn und Rafting-Anlage oder die zwei (aufpreispflichtigen) Sommerrodelbahnen mit 350 Metern und 600 Metern Länge bereit und sorgen für Nervenkitzel. Achterbahnfreunde kommen mit der schlicht »Achterbahn« getauften Familienachterbahn auf ihre Kosten – und natürlich mit dem »Freischütz«, einer der neuesten und beliebtesten Attraktionen des Bayern-Park. Frei nach der gleichnamigen Operette, in der ein verzaubertes Geschoss nach wildem Flug immer genau ins Ziel trifft, sorgt der Achterbahnzug mit Abschuss, rasanten Kurven und Überschlägen treffsicher für Fahrspaß. In 2,3 Sekunden erreichen die Wagemutigen 80 Stundenkilometer und bewältigen die knackigen Fahrspaß bietenden 483 Schienenmeter – manchmal auch gleich zweimal hintereinander – ohne anzuhalten …

Gemütlichkeit und Ursprünge

Ruhe und Entspannung bieten der kleine See nebst darauf fahrendem »Raddampfer Bavaria« und die direkt in der Nachbarschaft befindliche »Rundbootfahrt durch Schloss und Grotte«, bei der der Name Programm ist. In einem Freizeitpark selten zu finden, aber hier ein sehenswerter Ort der Ruhe: Die geweihte Barockkapelle »Patrona Bavariae« ist täglich ab 14 Uhr zu besichtigen. Einen Blick in die Zeit vor der Umgestaltung zum Freizeitpark bieten die Tiergehege im hinteren Bereich des Bayern-Park. Hier gibt es Rot- und Damwild, Steinböcke und Gämsen, Luchse, Ziegen, Esel, Kamerunschafe sowie Berberaffen zu bestaunen. Gastronomiemöglichkeiten sind im ganzen Park verteilt, hier findet jedes Familienmitglied ein umfangreiches Angebot.

Abseits der großen Verkehrsstraßen schafft der inmitten von Wald und Wiesengebieten gelegene Bayern-Park eine Menge Gelegenheiten für Erholung, Spaß und Abenteuer. ■

GASTRONOMIE

Wen der Hunger plagt, der kann zu einer gemütlichen Mahlzeit in das bayrische Restaurant mit dem dazu gehörenden Biergarten einkehren oder sich an einem der überall im Park verteilten Stände einen kleinen Snack gönnen.

Kopfüber im Freischütz

60

FREIZEIT-LAND GEISELWIND

Vögel und Fahrgeschäfte

INFORMATIONEN

Bundesland
Bayern

Adresse
Freizeit-Land Geiselwind
Wiesentheider Straße 25
96160 Geiselwind
Tel. (095 56) 921 10
www.freizeitlandgeiselwind.de

Öffnungszeiten
In der Regel Mitte April–Mitte Oktober 9–18 Uhr, in der Vor- und Nachsaison an vielen Wochentagen geschlossen

Hunde
Erlaubt (Kampfhunde ausgenommen)

Die Geschichte des traditionsreichen bayerischen Freizeit-Land Geiselwind geht zurück auf das Jahr 1969, in dem der Kaufmann Ernst Mensinger, ein erfahrener Züchter von exotischen Vögeln, einen beschaulichen Vogelpark mit Märchen und Ponys eröffnete. Bis die ersten Fahrgeschäfte ihren Weg in das Freizeit-Land fanden, sollten allerdings noch mehr als zehn Jahre vergehen …

Heute präsentiert sich der Park, direkt an der A3 zwischen Nürnberg und Würzburg gelegen, als eine bunte Mischung aus Tierhaltung und Attraktionen, welche sogar teilweise in Deutschland einmalig sind. Dazu zählt vor allem der im Jahre 2000 anlässlich des Millenniums eröffnete »Boomerang«, eine fast 36 Meter hohe Achterbahn, die unter anderem eine Rückwärtsfahrt durch einen gewaltigen Looping bietet. Das

Wildwasserbahn (Titelbild)
Papageien (unten)

Besondere bei diesem Coaster ist, dass die Züge die Strecke zunächst vorwärts durchfahren und anschließend wieder zurück.

Rekord auf dem Boomerang

Übrigens kam der mit australischen Thematisierungselementen versehene »Boomerang« auch schon zu internationalen Ehren: Die Anlage in Geiselwind wurde im Jahre 2006 von dem Deutschen Stefan Seemann für einen Ausdauer-Weltrekord im Achterbahnfahren genutzt. Die anderen beiden bestehenden Coaster, die »Drehgondelbahn« und der Powered Coaster »Blauer Enzian«, kommen im Vergleich nicht so wild daher und bieten Fahrspaß für die ganze Familie.

Eine tolle Aussicht auf das gesamte Parkareal kann man bei »Top of the World« genießen, dem höchsten transportablen Aussichtsturm der Welt. Ganze 95 Meter geht es hier für bis zu 132 Passagiere in die Höhe, womit dem Freizeit-Land ein Eintrag in das Guinessbuch der Weltrekorde sicher war und ist. Dagegen muten die Ausmaße des Freifallturms »T-Rex Tower« mit seinen knapp 60 Metern Höhe schon fast winzig an – doch Vorsicht: die abrupten Geschwindigkeits- und Fahrtrichtungswechsel haben es in sich, und so mancher Gast hat schon

Kroko-Wasser-Rodeo (links oben)
Blauer Enzian (links unten)
T-Rex Tower (rechts oben)
Ikarus (rechts unten)

GASTRONOMIE

Gutbürgerliche Speisen, bayrische Schmankerln, fränkische Spezialitäten oder ofenfrische Pizza – drei Restaurants und mehrere Kioske sorgen im Freizeit-Land für das leibliche Wohl. Für Leckermäuler stehen unter anderem Pfannkuchen, Waffeln, Dampfnudeln und Donuts auf dem Programm.

Affenreservat (links oben)
Park-Maskottchen (links Mitte)
Flamingos (links unten)
Acapulco-Springer (rechts)

die Kraft des »Tyrannosauriers« unterschätzt. Einen ebenfalls schönen Überblick über den Park können die Besucher bei »Ikarus« bekommen, einem Rundfahrgeschäft, bei dem die Gondeln auf eine Höhe von 30 Metern in die Luft entschweben.

Wildwasserfahrt zu König Ludwig

Klassisch bayerisch wird es bei der Wildwasserbahn des Freizeit-Land Geiselwind. Die ehemals transportable Anlage wird vom Konterfei König Ludwigs geziert, der ein waches Auge auf die Baumstammboote wirft, während diese aus bis zu zwölf Metern Höhe in die Fluten stürzen. Der Nässegrad der Bahn ist angenehm hoch, so dass hier natürlich bei hohen Temperaturen schnell längere Wartezeiten entstehen.

Freunde von Elektronik-Shows dürfen sich darüber freuen, dass diese zeitlosen Unterhaltungs-Kunstwerke hier immer noch gehegt und gepflegt werden. Ein Gang durch die »T-Rex-World«, wo man verschiedenen Urzeit-Giganten begegnet, gehört genau wie das »Elfenschloss« mit seinen märchenhaften Bewohnern oder eine Vogelhochzeit mit Animatronics zum Repertoire des Freizeit-Land, das hier schon fast nostalgische Gefühle aufkommen lässt. Auch bei dem Angebot an Karussells hat man sich hier auf

Altbewährtes verlassen: »Wellenflieger«, »Break Dance« oder »Enterprise« sind allesamt Klassiker, die auf Volksfesten immer noch zu den beliebtesten Fahrgeschäften gehören.

Tiere in Geiselwind

Den besonderen Reiz des Freizeit-Lands macht aber auch der traditionsreiche Tier-Bereich des Parks aus. Alleine die »Vogelwelt« mit ihren zahlreichen Freiflugvolieren, einer Fasanerie oder einer großen Storchenwiese lädt zu ausgiebigem Beobachten der gefiederten Bewohner ein. Ein Streichelzoo mit Ziegen sorgt besonders bei den jüngeren Gästen immer für großen Spaß – übrigens genauso wie das »Affenreservat«, wo von einer Aussichtsplattform herab Berberaffen bei der Aufzucht der jährlich hier geborenen Jungtiere bestaunt werden können.

Auch der Edutainment-Faktor kommt hier nicht zu kurz. So wird bei dem »Botanischen Lehrpfad« die einheimische Flora und Fauna mit Infotafeln bei einem gemütlichen Spaziergang auf schattigen Waldwegen ausführlich erklärt. In der »Schaubrutanlage« schlüpfen in einem gläsernen Brutapparat ständig vor den Augen der Betrachter flauschige Küken. Kleine Hühner, Enten und Gänse verbringen hier in behaglicher Wärme ihre ersten Lebenstage, bevor sie später in die Freiläufe der Kleintier-Zuchtanlage gegeben werden können.

Das Freizeit-Land Geiselwind kombiniert Zoo-Erlebnis und Freizeitpark-Spaß auf eine nur selten anzutreffende Art und Weise in einer landschaftlich reizvollen Umgebung. Und spätestens der moderate Eintrittspreis macht es nicht umsonst zu einem der beliebtesten Ausflugsziele in Bayern. ■

TIPPS

An den Samstagen im August ist »Langer Samstag« und dementsprechend bis 20 Uhr geöffnet.

Gleich am Eingang des Parks hat man die Möglichkeit, sich mit den Maskottchen des Freizeit-Land fotografieren zu lassen. Die geschossenen Fotos kann man dann wenige Meter weiter erwerben.

Highlight: Boomerang

Erlebnisparks im Osten

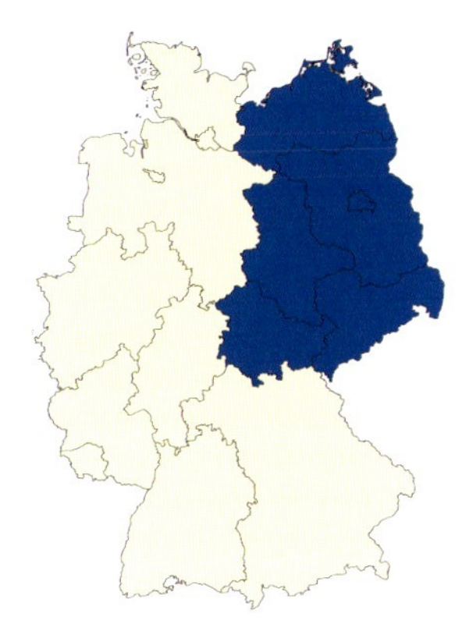

In den sechs östlichen Bundesländern Berlin, Brandenburg, Mecklenburg-Vorpommern, Sachsen, Sachsen-Anhalt und Thüringen leben rund 16,5 Millionen Menschen auf fast 110.000 Quadratkilometern.

Zu den Top-Ausflugszielen gehören unter anderem der Freizeitpark BELANTIS in Leipzig, die Filmstadt Babelsberg, der Zoo Rostock, der Zoo Leipzig, Tropical Islands in Krausnick und das Wonnemar Wismar.

Freizeitparks und Co.

Park	Ort	Internet	Seite
Kidsplanet Dresden	01257 Dresden	www.kidsplanet.tv	–
Saurierpark	02625 Bautzen	www.saurierpark.de	172
BELANTIS	04249 Leipzig	www.belantis.de	176
Erlebnistierpark Memleben	06642 Memleben	www.tierschule-memleben.de	–
Freizeitpark Plohn	08485 Lengenfeld	www.freizeitpark-plohn.de	180
Miniaturschauanlage Klein-Vogtland	08626 Adorf	www.adorf-vogtland.de	–
Landschaftspark Miniwelt	09350 Lichtenstein	www.miniwelt.de	–
Sonnenlandpark Lichtenau	09661 Rossau	www.sonnenlandpark.de	–
LEGOLAND® Discovery Centre Berlin	10785 Berlin	www.legolanddiscoverycentre.de	–
Jolos Kinderwelt	10965 Berlin	www.jolo-berlin.de	–
Filmpark Babelsberg	14482 Potsdam	www.filmpark.de	184
Tier- und Freizeitpark Germendorf	16515 Oranienburg	www.freizeitpark-germendorf.de	–
Indoor-Spielplatz kunti-bunt	17034 Neubrandenburg	www.kunti-bunt.de	–
El Dorado Templin	17268 Templin	www.eldorado-templin.de	188
Usedompark Trassenheide	17449 Trassenheide	www.meer-usedom.de	–
Dinosaurierland Rügen	18551 Spycker	www.dinosaurierland-ruegen.de	–
Rügenpark Gingst	18569 Gingst	www.ruegenpark.de	–
Pirateninsel Rügen	18581 Putbus	www.pirateninsel-ruegen.de	–
Pullman City II	38899 Hasselfelde	www.pullmancity-2.de	–

Zoos und Tierparks

Park	Ort	Internet	Seite
Zoo Dresden	01219 Dresden	www.zoo-dresden.de	170
Zoo Leipzig	04105 Leipzig	www.zoo-leipzig.de	174
Eilenburger Tierpark	04838 Eilenburg	www.tierpark-eilenburg.de	–
Zoologischer Garten Halle	06114 Halle	www.zoo-halle.de	–
Zoo Aschersleben	06449 Aschersleben	www.zoo-aschersleben.de	–
Tierpark Dessau	06846 Dessau	www.tierpark.dessau.de	–
Zoo der minis Aue	08280 Aue	www.zooderminis.de	–
Botanischer Garten Chemnitz	09114 Chemnitz	www.chemnitz.de	–
Tierpark Chemnitz	09117 Chemnitz	www.tierpark-chemnitz.de	–
Tierpark Berlin	10319 Berlin	www.tierpark-berlin.de	–
Zoologischer Garten Berlin	10787 Berlin	www.zoo-berlin.de	–
Botanischer Garten Berlin	14195 Berlin	www.botanischer-garten-berlin.de	182
Tiergarten Neustrelitz	17235 Neustrelitz	www.tiergarten-neustrelitz.net	–
Naturerlebniswelt Heringsdorf	17424 Seebad Heringsdorf	www.naturerlebniswelt.de	–
Schmetterlingsfarm Trassenheide	17449 Trassenheide	www.schmetterlingsfarm.de	–
Zoo Rostock	18059 Rostock	www.zoo-rostock.de	190
Zoo Schwerin	19061 Schwerin	www.zoo-schwerin.de	–
Tierpark Wismar	23966 Wismar	www.tierpark-wismar.de	–
Zoo Magdeburg	39124 Magdeburg	www.zoo-magdeburg.de	194
Thüringer Zoopark Erfurt	99087 Erfurt	www.zoopark-erfurt.de	–

Erlebnisbäder

Bad	Ort	Internet	Seite
monte mare Neustadt	01844 Neustadt	www.monte-mare-neustadt.de	–
Schwimmhalle fiwave	03238 Finsterwalde	www.finsterwalde.de	–
Kur- und Freizeitbad Riff	04651 Bad Lausick	www.freizeitbad-riff.de	–
Platsch Erlebnisbad	04758 Oschatz	www.oschatz.-erleben.de	–
Wonnemar Bad Liebenwerda	04924 Bad Liebenwerda	www.wonnemar.de	–
Maya Mare	06132 Halle	www.mayamare.de	–

Bad	Ort	Internet	Seite
Freizeit- und Erlebnisbad Saalemaxx	07407 Rudolstadt	www.saalemaxx.de	178
KRISTALL Kur- und Freizeitbad	07639 Bad Klosterlausnitz	www.kristallbad-bad-klosterlausnitz.de	–
Badewelt Waikiki	07937 Zeulenroda	www.badewelt-waikiki.de	–
Johannisbad	08056 Zwickau	www.johannisbad.de	–
Erlebnisbad AQUA MARIEN	09496 Marienberg	www.aquamarien.de	–
Fläming-Therme Luckenwalde	14943 Luckenwalde	www.flaemingtherme.de	–
Schwapp	15517 Fürstenwalde	www.schwapp.de	–
Tropical Islands	15910 Krausnick	www.tropical-islands.de	186
Inselparadies	18586 Ostseebad Sellin	www.inselparadies.de	–
Wonnemar Wismar	23966 Wismar	www.wonnemar.de	192
Solewelt Bad Salzungen	36433 Bad Salzungen	www.solewelt.de	–
Toskana Therme Bad Sulza	99518 Bad Sulza	www.toskana-therme.de	–
Wellness & Spa Resort TABBS	99891 Tabarz	www.tabbs.de	–

Informationen im Internet

Mehr Erlebnisparks im Osten Deutschlands finden Sie unter:

www.parkscout.de

www.freizeitstars.de

Direkte Links

Berlin: www.parkscout.de/bundesland/berlin

Brandenburg: www.parkscout.de/bundesland/brandenburg

Mecklenburg-Vorpommern: www.parkscout.de/bundesland/mecklenburg-vorpommern

Sachsen: www.parkscout.de/bundesland/sachsen

Sachsen-Anhalt: www.parkscout.de/bundesland/sachsen-anhalt

Thüringen: www.parkscout.de/bundesland/thueringen

ZOO DRESDEN

150 Jahre Tiergarten in der Elbestadt

INFORMATIONEN

Bundesland
Sachsen

Adresse
Zoo Dresden
Tiergartenstraße 1
01219 Dresden
Tel. (03 51) 47 80 60
www.zoo-dresden.de

Öffnungszeiten
Ganzjährig täglich im Sommer 8:30–18:30 Uhr, Winter 8:30–16:30 Uhr, Frühling und Herbst 8:30–17:30 Uhr

Hunde
Nicht erlaubt, allerdings können sie für € 2,50 und gegen Hinterlassung eines Personaldokuments in separaten Hundezwingern untergebracht werden.

Kattas (Titelbild)

Der Zoo Dresden wurde bereits 1861 eröffnet und kam in den folgenden Jahren schnell zu großer Anerkennung. Im Zweiten Weltkrieg, in dem fast der gesamte Tierbestand vernichtet wurde, folgte allerdings der Tiefpunkt der langjährigen Zoo-Geschichte. Glücklicherweise erholte man sich in der Elbmetropole schnell von diesem Unglück, und mit mehr als 1.600 Tieren aus rund 285 Arten zählt der Tierpark heute mit zu den großen deutschen Erlebniswelten.

Im Großen Garten, einer ab 1676 entstandenen barocken Parkanlage, gelegen, verfügt der Tierpark über einen direkten Zugang zur Dresdener Innenstadt. Bereits seit 1873 ist der Zoo vor allem für seine Menschenaffen bekannt, mit denen er schon um die Wende zum 20. Jahrhundert erste bemerkenswerte Haltungserfolge feiern konnte. Aber auch heute noch stehen die Primaten in Dresden hoch im Kurs. Erst 2010 wurde das neue »Professor-Brandes-Haus« eröffnet, in dem Bartaffen, Wollaffen, Weißkopfsakis, Kaiserschnurrbarttamarine, Kronenmakis und Guerezas ein neues Zuhause gefunden haben. Letztere werden seit mehr als 50 Jahren im Dresdener Zoo gezüchtet und sind auch im Logo des Tierparks zu finden. Zu den weiteren Bewohnern des Tropenhauses gehören auch Faultiere sowie Koalas.

Zahlreiche Neuerungen

Ein weiteres Highlight im Zoo Dresden ist das »Afrikahaus«, das 1998 eingeweiht wurde und neben Elefanten auch Nacktmullen, Mandrills, Gürtelschweifen, Rüsselspringern, Ägyptischen Langohrigeln, Achatschnecken und Elefantenrüsselfischen eine neue und artgerechte Heimat bietet. Beim »Zoo unter der Erde« werden Tiere wie etwa die Blinden Höhlensalmler, Höhlengrillen oder auch Wanderratten in ihrem Element präsentiert. Im »Aquarium/Terrarium« können hingegen Reptilien, Amphibien und Fische in Augenschein genommen werden. Star des Bereichs ist aber Leistenkrokodil Max. Der etwa 4,5 Meter lange und 430 Kilogramm schwere Koloss lebt bereits seit 1958 im Dresdener Zoo und war lange Zeit im »Professor-Brandes-Haus« untergebracht.

In den letzten Jahren wurden viele Tieranlagen modernisiert, vergrößert und naturnah gestaltet, darunter auch die 2009 eröffnete »Katta-Insel« oder die 2008 in Betrieb genommene »Giraffen- und Zebraanlage« sowie im Oktober 2011 die große Felsen-Anlage für die Schneeleoparden, die einem asiatischen Hochgebirge nachempfunden ist. Bereits 2007 konnte sich der König der Tiere über eine großzügige Löwensavanne freuen, in der neben Karakalen auch Zebramangusten neues Quartier bezogen. Außerdem beheimatet der Tierpark auch eine Vielzahl an exotischen und einheimischen Vögeln. So gehören hier unter anderen Aras, Pelikane und Flamingos sowie seit Anfang 2012 auch die seltenen Darwin-Nandus zu den gefiederten Bewohnern.

Kleine Zoobesucher werden sich aber auch für die Humboldt-Pinguine, die Erdmännchen oder für das Streichelgehege begeistern. Und damit es auch sonst genügend Abwechslung für Kinder gibt, sorgen mehrere Spielplätze für reichlich Spaß und Abenteuer.

Von den zahlreichen Neuerungen und Umbauten der letzten Jahre profitieren im Zoo Dresden nicht nur die tierischen Bewohner, sondern auch die Besucher, die sich auf eine moderne und erlebnisreiche Tierschau freuen dürfen. Der viertälteste Tiergarten Deutschlands besitzt zudem eine wunderschöne Parkanlage, die mit vielen Sitzgelegenheiten zum Entspannen einlädt und Kindern viel Raum zum Austoben bietet. ■

TIPPS

Tierparkfreunde können Geld sparen: Inhaber einer Jahreskarte erhalten bei Vorlage im Zoo Berlin, Tierpark Berlin, Zoo Aquarium Berlin, Zoo Leipzig, Zoo Rostock und dem Tierpark Hellabrunn einen ermäßigten Eintritt.

Montags gilt – außer an Feiertagen – ein ermäßigter Eintrittspreis für Erwachsene.

GASTRONOMIE

Eine kulinarische Auszeit mit afrikanischem Flair können sich Besucher im Zoo-Restaurant »Ristofante« nehmen. In der Hauptsaison sind darüber hinaus die »Linden-Oase«, der »Känguru-Stop« und das »Pinguin-Café« geöffnet.

EVENTS

Das gesamte Jahr über finden im Zoo zahlreiche Veranstaltungen und Aktionstage statt: Familien- und Kinderfeste, Halloween, aber auch Weihnachtsveranstaltungen bilden die Highlights im Eventkalender des Zoo.

Tiererlebnisse schon für die Kleinsten

SAURIERPARK

Eine vergessene Welt

INFORMATIONEN

Bundesland
Sachsen

Adresse
Saurierpark
Am Saurierpark 1
02625 Bautzen OT Kleinwelka
Tel. (03 59 35) 30 36
www.saurierpark.de

Öffnungszeiten
In der Regel Anfang April–Anfang November 9–18 Uhr, Juli/August bis 19 Uhr

Hunde
Erlaubt

Auf Entdeckungstour (Titelbild)

Wenn man Kinder fragen würde, welche Tiere sie am liebsten in einem Zoo beobachten würden, wäre die Antwort wohl ziemlich eindeutig; immerhin üben Dinosaurier nach wie vor eine große Faszination auf den Menschen – und vor allem auf den Nachwuchs – aus. Das Problem an der Sache ist nur, dass bekanntlich die Urzeit-Giganten bereits seit langem ausgestorben sind.

Über deren Verschwinden gibt es nur Vermutungen – die zur Zeit wahrscheinlichste dürfte die Theorie eines Meteoriteneinschlags sein, der das Klima auf der Erde so stark veränderte, dass für die Dinosaurier kein Überleben mehr möglich war. Trotzdem kann man die Riesenechsen heute im sächsischen Kleinwelka in ihrer vollen Pracht bewundern – im dortigen Saurierpark stehen über 200 verschiedene Vertreter ihrer Art, perfekt in die örtliche Landschaft eingebunden. Vom furchteinflößenden Tyrannosaurus Rex über Triceratopse bis hin zu 15 Meter hohen Brontosauriern reicht die Palette der präsentierten Tiere. Dabei wird der gesamte Zeitraum zwischen dem Perm, das vor etwa 299 Millionen Jahren begann, und dem Jura-Zeitalter vor 65,5 Millionen Jahren, welches das Ende der Saurier-Ära einläutete, abgedeckt.

Edutainment in der Vergessenen Welt

Mit dem »Reich der Giganten« gibt es sogar einen eigenen großen Jura-Themenbereich, in dem 80 Dinosaurier-Figuren in verschiedenen aufwendigen Szenerien einen guten Eindruck über das damalige Leben vermitteln. Auf diese Weise können die Besucher nicht nur über die gewaltigen Ausmaße der Tiere staunen, sondern lernen ganz nebenbei auch vieles über die Zustände auf unserem Planeten zu jener Zeit.

Im Jahre 2013 wurde noch ein zusätzliches spannendes Erlebnisareal eröffnet: »Die vergessene Welt«. Dort erhält man in den Kulissen einer verlassenen Forschungsstation die seltene Gelegenheit, die Dinosaurier und ihre Spuren mit allen Sinnen zu erfahren. Für die Saison 2014 wurde dieser Bereich nochmal erweitert und mit einer neuartigen Attraktion ergänzt.

Wasserspaß, Forschertum und Reise ins Universum

Neben dem Edutainment-Faktor bietet der Saurierpark vor allem seinen jüngeren Gästen jede Menge Gelegenheiten zum Spielen und Toben. Eines der Highlights ist sicherlich der vor allem im Hochsommer stark frequentierte Wasserspielplatz.

Ein großer Spaß für den Nachwuchs ist auch eine Ausgrabungsstätte, wo er in die Fußstapfen berühmter Archäologen treten kann. Und damit der Erfolg garantiert ist, sind in dem Sand kleine Überraschungen für die angehenden Forscher versteckt. Auch der Spielplatz zum Thema Universum weckt den Wissenshunger bei den Kids: Eine spannende multimediale Reise zum Mittelpunkt der Erde steht hier genauso auf dem Programm wie die Erklärung des Urknalls.

Der Saurierpark verknüpft das Wissen über Urzeit-Riesen auf elegante Weise mit der Abenteuerlust jüngeren Besucher und eignet sich perfekt als Ausflugsziel für die ganze Familie – vor allem, weil man sich dort nicht nur auf eine passive Bespaßung beschränkt wie in vielen anderen Parks. ■

TIPPS

Der Saurierpark bietet Führungen an, bei denen das geschulte Personal den Gästen gerne Rede und Antwort rund um den Park und das Zeitalter der Dinosaurier steht.

Direkt neben dem Saurierpark befindet sich der Sauriergarten, die prähistorische Anlage des deutschen Bildhauers Franz Gruß. Mit der Eintrittskarte vom Saurierpark können Sie dort in die Welt der Urzeit eintauchen.

Parkmaskottchen Bodo ist der Liebling der Kinder. Im kostenlosen »Bodo-Klub«, für den man sich auch auf der Homepage des Parks anmelden kann, erfahren die Kids laufend Neues aus der Welt der Saurier.

GASTRONOMIE

Für den Ausflug in die Urzeit stärken kann man sich in der »Raumstation«, der Hauptgastronomie des Saurierpark, in deren unmittelbarer Nähe sich auch Spielmöglichkeiten für die Kleinen befinden. Bei starkem Besucherandrang öffnet zudem die im Wald gelegene Snackstation »Brachionest«. Darüber hinaus ist es möglich, eine Grillhütte mitsamt Kohle und Grill vorzubestellen.

Dinosaurier hautnah

ZOO LEIPZIG

Die Zukunft hat begonnen

INFORMATIONEN

Bundesland
Sachsen

Adresse
Zoo Leipzig
Pfaffendorfer Straße 29
04105 Leipzig
Tel. (03 41) 593 35 00
www.zoo-leipzig.de

Öffnungszeiten
Ganzjährig täglich April und Oktober 9–18 Uhr, Mai–September 9–19 Uhr, November–März 9–17 Uhr

Hunde
Nicht erlaubt, allerdings besteht (gegen Voranmeldung) die Möglichkeit einer Unterbringung in einer zoonahen Hundepension.

Orang-Utan in der Menschenaffenanlage »Pongoland« (Titelbild)
Elefant beim Baden (rechts)

Die Geschichte des Zoo Leipzig beginnt bei dem Gastwirt Ernst Pinkert, der im Jahre 1876 nach einer Möglichkeit suchte, seine Gaststätte »Zum Pfaffendorfer Hof« für die Gäste attraktiver zu machen. Seine Idee, exotische Tiere auszustellen, hatte großen Erfolg, und so folgte 1878 schließlich die offizielle Gründung des Zoologischen Gartens, der heute etwa 850 Arten und Unterarten beherbergt.

Seit dem Jahre 2000 baut der Zoo Leipzig seine Gehege nach aktuellen Erkenntnissen der artgerechten Tierhaltung um und bildet dabei die natürliche Umwelt möglichst originalgetreu nach. Statt Beton und Stahl prägen heute weitläufige Savannen, schützende Baumbestände und großzügige Wasserläufe das Zoogelände.

Die Reise durch den Zoo Leipzig beginnt im »Gründergarten« mit dem »Entdeckerhaus Arche«. In dem aufwendig renovierten ehemaligen Raubtierhaus können sich die Besucher interaktiv über die Artenschutzbemühungen des Zoos informieren und das 100 Jahre alte Aquarium besichtigen. Neben Haien und Rochen sind hier auch Muränen, afrikanische Friedfische und Sumpfkrokodile zu bestaunen. Ein Schmuckstück ist der Elefantentempel »Ganesha Mandir« mit seinen großzügigen Außenanlagen, die den Dickhäutern beste Bedingungen für ausgiebige Körperpflege und ausreichende Bewegung bieten. Einblicke in die asiatische Flora und Fauna bieten die begehbare Freiflugvoliere, die »Tiger-Taiga« sowie die »Lippenbären-Schlucht«.

Gemeinschaftsprojekt mit dem Max-Planck-Institut

Die Menschenaffenanlage »Pongoland« entstand als Gemeinschaftsprojekt mit dem Max-

Planck-Institut für Evolutionäre Anthropologie. Sie beherbergt Schimpansen, Gorillas, Orang-Utans und Bonobos, die eine drei Hektar große Hügellandschaft inklusive fünf Außenanlagen mit Kletterseilen, Bäumen und Höhlen bewohnen. Dieser Lebensraum ermöglicht ein natürliches Zusammenleben in kleinen Sozialverbänden und arttypisches Verhalten.

Von der Lodge der »Kiwara-Savanne« aus können Zoofreunde schließlich Zebras, Giraffen, Antilopen und Gazellen beobachten. Die Löwensavanne »Makasi Simba« und der »Okapiwald« sind weitere Besuchermagnete des afrikanischen Themenbereichs. Das »Gondwanaland« greift die Idee vom Urkontinent als unverwechselbarem Lebensraum auf. Exotische Pflanzen und Tiere laden zu einem Entdeckerabenteuer ein. Baumwipfelpfad, Bootstour und Vulkanstollen bieten einen spannenden Wechsel der Perspektiven.

Der Zoo Leipzig bietet Abenteuer, Erholung und Wissen gleichermaßen. Schon jetzt, noch bevor die Reise um die Welt und durch 160 Millionen Jahre Erdgeschichte komplett ist, führt kein Weg am Leipziger Zoo vorbei. ■

TIPPS

Wer den Zoo nicht auf eigene Faust durchwandern möchte und vielleicht mehr über sein Lieblingstier erfahren will, der hat hier die Gelegenheit, sich gegen Aufpreis einem Zoolotsen anzuvertrauen. Auf einer gemeinsamen Entdeckertour erzählt dieser nicht nur Spannendes über die Zoobewohner, sondern gibt auch interessante Einblicke in den Zooalltag und das Artenschutzengagement des Zoos. Bitte melden Sie sich mindestens vier Wochen vor dem geplanten Termin an.

In den Ferien finden dienstags und donnerstags jeweils um 10 Uhr kostenlose Führungen statt, für die keine Anmeldung erforderlich ist.

GASTRONOMIE

Im Zoo Leipzig wird sogar das Essen zu einem besonderen Erlebnis, da die Restaurants und Imbiss-Stationen sowohl in der Gestaltung als auch in der Auswahl der Speisen an die entsprechenden Themenwelten angepasst sind. Afrikanische, asiatische oder südamerikanische Spezialitäten, aber auch altbekannte Speisen wie Schnitzel und Bratwurst stehen auf dem Programm.

EVENTS

Das Jahr über finden im Zoo Leipzig eine ganze Reihe an Veranstaltungen und Aktionstagen statt, über die auf der Homepage informiert wird.

1 BELANTIS

Freizeitspaß in Leipzig

INFORMATIONEN

Bundesland
Sachsen

Adresse
BELANTIS
Zur Weißen Mark 1
04249 Leipzig
Tel. (013 78) 40 30 30
€ 0,50/Anruf aus dem Festnetz, Mobilfunkpreise teurer
www.BELANTIS.de

Öffnungszeiten
In der Regel Mitte April–Ende Oktober 10–18 Uhr, an einigen Werktagen geschlossen, bitte vorab über die Webseite des Parks informieren

Hunde
Erlaubt (Kampfhunde ausgenommen)

HURACAN (Titelbild)
Götterflug (unten)

Schon mehr als zehn Jahre ist es her, dass in Leipzig inmitten eines alten Braunkohleabbaugebietes der Freizeitpark BELANTIS eröffnete. Wo früher Bagger und Ödnis das Bild prägten, sind heute üppiges Grün, Abenteuer und Freizeitspaß für die ganze Familie zu Hause.

Beim Eintritt in den Freizeitpark heißt es zunächst, das märchenhafte Schloss BELANTIS zu bewundern, das außer dem »Schloss-Café« und einem Souvenirshop noch die Möglichkeit bietet, in romantischem Ambiente zu heiraten. Gleich hinter dem Schloss BELANTIS lädt Parkmaskottchen Buddels Kinder-Jahrmarkt mit Attraktionen für die ganz Kleinen ein.

Unerschrockene Zeitreisende

Auf der Reise zu Mythen und Abenteuern führt der Weg zunächst zum großen See des Freizeitparks, der in Form des Mittelmeeres angelegt wurde. Unerschrockene Zeitreisende verschlägt es von hier aus meist zur großen Pyramide, in der es gilt, dem »Fluch des Pharao« zu entkommen. Wen dieser trifft, der erlebt bei einer rasanten Wildwasserfahrt, was es heißt, eine Gottheit zu erzürnen. Bei der großen Abfahrt aus der hohen Pyramide hat man kurz Gelegenheit, einen Blick über den Freizeitpark zu werfen – bevor es ins kühle Nass geht. Am »Strand der Götter«, der den griechischen Mythen gewidmet ist, warten unter anderem der spektakuläre »Götterflug« und die Show in der »Arena des Zeus« auf die Gäste.

Auf dem Weg weiter entlang des Meeres kommt man schließlich durch das »Land der Grafen«, in dem es sich lecker essen und trinken lässt. Abenteuer pur bietet die «Insel der Ritter« mit dem spaßigen »Drachenritt« in Form einer Familienachterbahnfahrt über Burg und Wasser. Aber Vorsicht im »Verlies des Grauens« – hier verliert man leicht das Gefühl für oben und unten …

Auf den Spuren von Kolumbus und Winnetou

An der »Küste der Entdecker« kann man es Christoph Kolumbus gleichtun und von hier aus, nach einer Fahrt mit der Schiffschaukel »Santa Maria«, nach Amerika aufbrechen. Während der Seefahrer eigentlich einen Weg nach Indien suchte, können die Besucher zielgerichtet die »Prärie der Indianer« mit ihren Attraktionen erwandern. Neben »BELANITUS Rache«, einem 20 Meter hohen Riesenschwungpendel, das aus den Besuchern echte Bleichgesichter macht, wartet vor allem der Themenbereich »Reich des Sonnentempel« mit einer ganz besonderen Herausforderung auf die Abenteuerlustigen: »HURACAN«, der gefürchtete Herrscher über die Naturgewalten der Erde, schickt die Fahrgäste persönlich auf eine wilde Achterbahnfahrt mit supersteiler Abfahrt und atemberaubenden Überschlägen.

Der sympathische Freizeitpark, übrigens Deutschlands einziger in einer Großstadt, ist unbedingt eine Reise wert. In dem für seine besonders freundlichen Mitarbeiter und günstigen Preise bekannten Park wird für jeden Geschmack etwas geboten. ■

TIPP

Im Schloss BELANTIS kann man auch heiraten: Schon seit 2004 ist der Ballsaal ein offizielles Trauzimmer und pro Saison finden bis zu zehn Hochzeiten statt.

GASTRONOMIE

Ob Rittergrill, orientalische Snackoase oder mediterrane Bodega – die BELANTIS-Restaurants sind passend zu den jeweiligen Themenbereichen gestaltet. Besonders zu empfehlen ist die »Pulverschänke« am Alten Markplatz, wo sogar mittelalterliche Gaukler auf die Besucher warten.

Blick aufs »Mittelmeer«

65

SAALEMAXX

Wasserspaß in der Schillerstadt

INFORMATIONEN

Bundesland
Thüringen

Adresse
SAALEMAXX
Freizeit- und Erlebnisbad
Rudolstadt GmbH
Hugo-Trinckler-Str. 6
07407 Rudolstadt
Tel. (036 72) 31 45-0
www.saalemaxx.de

Öffnungszeiten
Ganzjährig täglich 10–20 Uhr, vereinzelt länger in den Ferien, weitere Angaben auf der Homepage des Bades

Hunde
Nicht erlaubt

Wasserspaß (Titelbild)

Neben der bekannten Heidecksburg, dem wohl prunkvollsten Barockschloss Thüringens, und dem Schillerhaus kann man das 2001 eröffnete SAALEMAXX wohl zu den wichtigsten Touristenangeboten der Region zählen.

Neben dem Sportbad, dessen fünf jeweils 25 Meter langen Bahnen vor allem die Wasserfreunde anziehen, die sich der Fitness wegen in das kalte Nass stürzen, dürfte es vor allem das Erlebnisbad sein, das Familien mit Kindern anlockt. Ein großer Außenbereich mit Liegewiese, Beachvolleyball, Tischtennisplatten und Blick auf die vorgenannte Heidecksburg bietet im Sommer genügend Platz auch für einen größeren Besucheransturm. Punkten kann das Bad natürlich, neben dem Wellenbecken und dem Strömungskanal, vor allem durch die allseits beliebten Rutschen. Die »Black Hole«-Rutsche nebst Zeitmessung und die spektakuläre »Free Fall«-Rutsche mit 45° Gefälle lassen die Reifenrutsche »Crazy River« dagegen schon beschaulich wirken. Viel Spaß und Abwechslung sind hier garantiert. Ergänzt wird der Bereich durch ein Dampfbad, Whirlpool, einen Palmengarten und eine Aussichtsplattform.

Auch hier zuhause: Maxxis Kids-Club, mit Animationsprogramm für die kleineren Wasserfans. Ein Warmwasserbecken, Spielgeräte, Bausteine, Bobbycars zum Herumdüsen und Maxxis Sandburg bieten Spielmöglichkeiten für den ganzen Tag. Abwechslungsreich sind übrigens auch die Kursangebote im SAALEMAXX: Neben Schwimmkursen für Erwachsene und Kinder, die hier selbstverständlich auch gleich ihr Seepferdchen ergattern können, werden auch Fitness- und Fatburn-Angebote gerne angenommen.

Wo Spaß und Action zu finden sind, passen Ruhe und Entspannung als ausgleichender Pol ganz sicher hervorragend. Die Saunawelt wartet hier neben fünf Hauptsaunen und einer Dampfsauna noch mit einer Wohlfühlsauna mit verschiedenen Liegebereichen auf. Besonders beliebt sind die Sauna-Nächte mit verschiedenen Themen sowie passenden Massageangeboten und Buffets. Ganz dem orientalischen Thema hat sich das »Badehaus« verschrieben. Der Wellness-Bereich lädt mit warmen Bädern, Sprudelliegen, Massagedüsen und Kneippstrecke zum Entspannen und Regenerieren ein. Zahlreiche Anwendungen von der klassischen Massage über orientalische Reinigungsrituale wie Hammam und Rhassoul bis hin zur Schlammpackung tun ihr Übriges, den Alltag vergessen zu lassen.

Leib und Seele zusammenhalten

Das Gastronomieangebot verspricht alle Wünsche von »A wie Apfelmus bis Z wie Zigeunerschnitzel« zu erfüllen. Je ein eigener

Angebot im Erlebnisbad und dem Saunabereich hält dafür variantenreiche Menükarten bereit, auf denen Groß und Klein schnell das Passende für sich herausfinden.

Das SAALEMAXX bietet Spaß und Erholung rund um das Thema Wasser für die ganze Familie – und das zu günstigen Preisen. ■

TIPPS

Beim Verzehr im Wert von mindestens € 5, die auf die Chipkarte aufgebucht werden, erfolgt eine Zeitgutschrift für die Benutzung des Bades.

Für Badegäste auf der Durchreise stehen neun Caravan-Stellplätze nebst Wasser- und Stromversorgung sowie Abwasserentsorgung bereit. Je nach Jahreszeit ist eine rechtzeitige Reservierung zu empfehlen.

GASTRONOMIE

Das breite Angebot an Speisen sowohl im Erlebnisbad- als auch Saunabereich erfüllt auch ausgefallenere Wünsche: Nicht nur Pommes und Schnitzel, sondern auch Geschnetzeltes, sowie Fisch, Salat und Gemüsevariationen stehen auf den Speisekarten.

Im Badehaus (oben)
Außenansicht (unten)

FREIZEITPARK PLOHN

Von Forellen und Stieren

INFORMATIONEN

Bundesland
Sachsen

Adresse
Freizeitpark Plohn
Rodewischer Straße 21
08485 Lengenfeld / Plohn
Tel. (03 76 06) 341 63
www.freizeitpark-plohn.de

Öffnungszeiten
In der Regel Mitte April–Anfang November 10–17 Uhr, in der Hauptsaison länger

Hunde
Erlaubt

Wildwasserbahn (Titelbild)
Oldtimerfahrt (rechts)

Der 1996 aus einem Forellenhof entstandene Freizeitpark Plohn in Sachsen gehört zu den oft übersehenen Perlen unter den vermeintlich kleineren Parks in Deutschland. In den vergangenen Jahren wurde das Angebot an Attraktionen konsequent erweitert und ein tolles Ausflugsziel geschaffen, das vor allem Familien mit Kindern zu begeistern weiß.

Wichtigstes Highlight ist sicherlich die 2009 eröffnete Holzachterbahn »El Toro«, deren rasante Fahrt schon so manchen überrascht haben dürfte. Trotz ihrer mediokren Höhe von nur knapp 25 Metern bietet die Anlage dank ihres kompakten Streckenverlaufs einen Geschwindigkeitsrausch, den die meisten ihrer größeren Schwestern noch nicht einmal ansatzweise erreichen. So ist der Ritt auf dem Stier auch eher etwas für die älteren Besucher – mit kleineren Kindern sollte man besser auf die Familienachterbahnen »Raupe«, »Plohseidon« oder die auch schon etwas temporeichere »Silver Mine« ausweichen.

Freier Fall in den Topf der Kannibalen

Eine Besonderheit stellt die 16 Meter hohe Wildwasserbahn des Parks dar, die zu Beginn der Fahrt einen längeren Geisterbahn-Part mit schönen Schwarzlichteffekten bietet und über einen nicht zu unterschätzenden Nässegrad verfügt. Trocken hingegen bleibt man bei der »Floßfahrt durch die Urzeit«, einer beschaulichen Bootsreise über einen See, der von prähistorischen Lebewesen bevölkert wird. Gleich in der Nähe findet man hier auch den »Freefall Tower im Urzeitdorf«, einen schön thematisierten kleinen Freifallturm, bei dem man im Kochtopf von Kannibalen landet. Überhaupt fällt die Liebe zum Detail im Freizeitpark Plohn überall ins Auge: Selbst der in anderen Parks oft vernachlässigte Märchenwald glänzt mit originellen Ideen und einem tadellosen Zustand.

Zu den weiteren Dingen, die man bei einem Besuch nicht verpassen sollte, gehören der atmosphärische Darkride »Plohnis Tauchfahrt«, ein japanischer Garten, der zum Entspannen einlädt, oder verschiedene Klettermöglichkeiten wie das größte Baumhaus Deutschlands, die »Holzmichl-Villa« oder auch das »Crazy House«. Gerade Letztere gehören natürlich bei den jüngeren Gästen zu den absoluten Top-Attraktionen, da sie nicht nur aufwendig gestaltet sind, sondern auch verschiedene Herausforderungen für alle Altersklassen bereithalten. Für den großen Hunger nach dem Toben empfiehlt es sich unbedingt, in der Gaststätte »Forellenhof« einzukehren, wo frisch zubereitete Fischspezialitäten für Gaumenfreuden sorgen.

Der Freizeitpark Plohn überzeugt mit seinem Hang zu liebevollen Details auf ganzer Linie, bietet für Familien ein ausgewogenes Attraktionsangebot und strapaziert mit einem recht günstigen Preis die Geldbörse nicht über Gebühr. ■

TIPP

Wer gerne am Freizeitpark Plohn übernachten und einmal etwas Außergewöhnliches erleben möchte, dem sei das »Heuhotel« ans Herz gelegt, in dem man zu günstigen Preisen in gemütlichen Heuboxen schlummern kann. Außerdem stehen Ferienwohnungen sowie die Themenpension »Zur alten Brauerei«, deren Zimmer nach Märchen benannt sind und passende Wandbemalung bieten, zur Verfügung.

GASTRONOMIE

Besonders zu empfehlen sind die frisch zubereiteten Fisch-Spezialitäten im »Forellenhof«, ansonsten warten in vielen anderen hübsch thematisierten Räumlichkeiten im Park noch Steaks, Pizza, Nudelgerichte und süße Leckereien auf die hungrigen Besucher.

Holzachterbahn El Toro

BOTANISCHER GARTEN BERLIN

Flora aus vier Kontinenten

INFORMATIONEN

Bundesland
Berlin

Adresse
Botanischer Garten und Botanisches Museum Berlin-Dahlem
Königin-Luise-Straße 6–8
14195 Berlin
Tel. (030) 83 85 01 00
www.bgbm.org

Öffnungszeiten
Ganzjährig täglich ab 9 Uhr bis 16–21 Uhr (je nach Saison), am 24.12. geschlossen

Hunde
Nicht erlaubt

Blick auf das Große Tropenhaus (Titelbild)
Amerikasee (rechts)

Wer hat nicht schon einmal von einer Weltreise geträumt? Davon, fremde Kontinente zu entdecken und sich mit einer völlig neuen Umwelt vertraut zu machen? Doch was tun, wenn Zeit oder das passende Kleingeld fehlen? Der Botanische Garten Berlin bietet eine Antwort. Auf dem etwa 43 Hektar großen Areal können Besucher Pflanzen aus fünf Kontinenten bewundern und somit (fast) die ganze botanische Welt an einem Tag kennenlernen.

Die Vielfalt der hier ausgestellten Flora reicht dabei vom heimischen Gänseblümchen auf einer bunten Frühlingswiese bis hin zum südostasiatischen Riesenbambus, der eine beeindruckende Höhe von bis zu 26 Metern erreichen kann.

Kleiner Anfang, ...

Dabei hat auch der Botanische Garten der deutschen Hauptstadt einmal klein angefangen: 1679 war es, dass auf dem Gelände des heutigen Heinrich-von-Kleist-Parks in Schöneberg ein Hof- und Küchengarten mit angegliedertem Mustergarten angelegt wurde, den man 1718 der Preußischen Akademie der Wissenschaften unterstellte. In der Folge, vor allem aber im 19. Jahrhundert, entwickelte sich die Anlage zu einem Botanischen Garten im heutigen Sinne. Die Eröffnung des »Königlich Botanischen Museums« 1879 bildete einen ersten Meilenstein in dieser Entwicklung. Aber auch der Garten selbst expandierte zu dieser Zeit, bis schließlich um die Jahrhundertwende das Areal im Kleistpark zu klein für seine wissenschaftlichen Ansprüche wurde. Neuer Standort wurde ein ehemaliger Kartoffelacker in der Domäne Dahlem, wo der Garten auch heute noch seinen Sitz hat. Direktor und mitverantwortlich für die Planung der neuen Anlage war Adolf Engler, einer der führenden

Pflanzenkundler seiner Zeit, dessen Spuren sich in Form der Unterteilung der Pflanzensysteme auch heute noch überall im Botanischen Garten finden. Doch nun genug der Historie.

… große Wirkung

Viel interessanter ist, was den Besucher heute im Botanischen Garten erwartet. Da wäre beispielsweise die »Pflanzengeographische Abteilung«, die auf einem Drittel der Gesamtfläche Pflanzen aus Europa, Asien und Nordamerika vorstellt. Das botanische Spektrum reicht dabei vom europäischen Laubwald bis zu den Gebirgspflanzen Zentralasiens. Im »Arboretum«, mit etwa 14 Hektar auf Platz zwei der größten Freilandabteilungen, sind dagegen etwa 1.800 Baum- und Straucharten zu finden, während der »Italienische Garten« mit mediterraner Flora für Urlaubsfeeling sorgt. Sehr beliebt bei den Besuchern ist darüber hinaus der Duft- und Tastgarten, in dem aromatische Stauden, duftende Sommerblumen und Gewächse mit unterschiedlichen Oberflächenstrukturen zum Schnuppern und Anfassen einladen. Etwas Besonderes ist auch der »Arzneipflanzengarten«, in dem die Beete einer menschlichen Figur ähneln und die Pflanzen in dem »Organ« angepflanzt wurden, an dem sie ihre medizinische Wirkung entfalten.

Neben der Freifläche sind natürlich auch die Gewächshäuser wahre Besuchermagneten, allen voran das »Große Tropenhaus« mit seiner stattlichen Höhe von 23 Metern. Das unter Denkmalschutz stehende Gebäude aus den Jahren 1906/07 wurde zwischen 2006 und 2009 grundlegend saniert und ist seither wieder für die Öffentlichkeit zugänglich. ■

TIPPS

An den Parkkassen können kostenlos Rollstühle ausgeliehen werden, allerdings wird hierzu eine vorherige Anmeldung empfohlen. Behindertengerechte Toiletten sind am Duft- und Tastgarten sowie bei Veranstaltungen auch im »Neuen Glashaus« zu finden, Schlüssel sind an den Kassen erhältlich.

Wer sich zu Hause selbst als Gärtner betätigen möchte oder einfach ein nettes Mitbringsel sucht, wird in den zwei Läden im Botanischen Garten garantiert fündig. Hier gibt es nicht nur Bücher, Kunsthandwerk und weitere schöne Souvenirs zu kaufen, sondern auch Pflanzen, Sämereien und Gartengeräte.

EVENTS

Der Botanische Garten Berlin ist das ganze Jahr über Schauplatz der verschiedensten Veranstaltungen, Führungen und Ausstellungen. Nähere Informationen hierzu sind auf der Homepage zu finden.

GASTRONOMIE

Im Café im »Neuen Glashaus« sind kalte und heiße Getränke, Kuchen und kleine Snacks zu haben. Für den größeren Hunger ist das Restaurant »Landhaus« täglich von 11 bis 18 Uhr geöffnet.

FILMPARK BABELSBERG

Und Action!

INFORMATIONEN

Bundesland
Brandenburg

Adresse
Filmpark Babelsberg
Großbeerenstraße
14482 Potsdam-Babelsberg
Tel. (03 31) 721 27 50
www.filmpark-babelsberg.de

Öffnungszeiten
In der Regel Mitte April–Anfang November 10–18 Uhr, in der Vor- und Nachsaison häufig Mo/Di geschlossen

Hunde
Erlaubt

GASTRONOMIE

Besonders empfehlenswert ist das Erlebnisrestaurant »Prinz Eisenherz«, das seine Besucher in die Welt des Mittelalters entführt. Weiterhin sorgen das Kinderrestaurant »Köhler Jeromir« sowie verschiedene Imbissstände für das leibliche Wohl.

Per Boot nach Panama (Titelbild)

Seit mehr als 100 Jahren steht der Name Babelsberg für Kinogenuss der Extraklasse. Von »Metropolis« bis »Inglourious Basterds« reicht die Reihe der hier produzierten Leinwandklassiker. Aber nicht nur als Produktionsstandort ist das etwa 46 Hektar große Areal der Medienstadt Babelsberg Filmfans aus nah und fern heute ein Begriff: Vor allem der hier beheimatete Filmpark erfreut sich seit seiner Eröffnung im Jahr 1991 eines großen Besucherinteresses.

Wo anfangs nur wenige Attraktionen wie ein Schneideraum oder einige Außendekorationen besichtigt werden konnten, präsentiert sich heute ein cineastisch motivierter Freizeitpark. Verspielt und träumerisch für die einen, spannend und actionreich für die anderen – die etwa 20 unterschiedlichen Attraktionen rund um das Thema Film und Fernsehen lassen hier die Herzen der verschiedensten Besuchergruppen höher schlagen.

Traumwelten für kleine Gäste

Highlights für Kinder sind dabei sicherlich liebevoll gestaltete Themenwelten wie die »Gärten des kleinen Muck« oder die Bootstour durch »Janoschs Traumland«. Und natürlich darf auch ein Besuch beim Sandmännchen nicht fehlen. Seit 2010 informiert die Ausstellung »Das Sandmännchen – Abenteuer im Traumland« junge und jung gebliebene Besucher über die Techniken der Trickfilmproduktion und gibt ihnen dank des Sandmann-Green-Screen-Studios sogar die Möglichkeit, selbst ins traumhafte Somnia zu reisen.

Action, Spannung, Nervenkitzel

Doch auch wer den Nervenkitzel sucht, ist im Filmpark an der richtigen Adresse: Sei es bei der

»Stuntshow im Vulkan«, die schon seit mehr als einem Jahrzehnt die Besucher in ihren Bann zieht, oder beim »4D-Actionkino«, in dem sie drei verschiedene Filme mit (fast) allen Sinnen erleben können. Gesteigert wird dieses Erlebnis seit Juni 2011 im interaktiven XD-Erlebniskino im »Dome of Babelsberg«. Hier erwartet die Besucher eine große Rundbogenleinwand, auf der bis zu 24 Zuschauer gleichzeitig, ausgestattet mit 3D-Brille und Laservisier mit integrierter Kamera, auf Monsterjagd gehen können. Ein weiteres Highlight für alle Showfans ist die Making-of-Show zum 3D-Film »Die drei Musketiere«, eine interaktive Inszenierung, die mit einem spektakulären Sct und Originalrequisiten einen spannenden Blick hinter die Kulissen ermöglicht. Zu den weiteren Attraktionen im Filmpark gehören darüber hinaus der Rundgang durch die Medienstadt, ein Besuch auf dem Außengelände der Serie »Gute Zeiten, schlechte Zeiten« (GZSZ) und ein Spaziergang durch die Westernstadt.

Mit liebevoll gestalteten Kulissen, packenden Shows und einer ansprechenden Gesamtatmosphäre weiß der Filmpark Babelsberg seine Besucher schon seit vielen Jahren zu beeindrucken. Zusammen mit weiteren Attraktionen in der näheren Umgebung, wie Schloss Sanssouci, dem Filmmuseum Potsdam oder dem Berliner S-Bahn-Museum macht er die brandenburgische Landeshauptstadt zu einem beliebten Reiseziel für Touristen aus aller Welt. ■

TIPPS

Um alle Shows in Ruhe genießen zu können, sollten Sie für einen Besuch etwa 5–6 Stunden einplanen.

Mitmachen erwünscht! Bei der »Fernsehshow« können ausgewählte Besucher ihr Können als Wetterfee oder Lichtdouble unter Beweis stellen.

EVENTS

Ein Treffen mit echten Stars, Feiern in Filmkulissen – die Filmpark-Events bieten die ganze Saison über zahlreiche Höhepunkte. Informationen dazu gibt es auf der Homepage des Parks.

Actiongeladene Stunt Show im Vulkan

69

TROPICAL ISLANDS

Europas größte tropische Urlaubswelt

INFORMATIONEN

Bundesland
Brandenburg

Adresse
Tropical Islands
Tropical-Islands-Allee 1
15910 Krausnick
Tel. (03 54 77) 60 50 50
www.tropical-islands.de

Öffnungszeiten
Ganzjährig täglich rund um die Uhr

Hunde
Nicht erlaubt

Reifenrutsche (Titelbild)

Ein Badeurlaub in der Südsee mitten in Deutschland ist seit der Eröffnung von Tropical Islands im brandenburgischen Örtchen Brand – rund 60 Kilometer südlich von Berlin entfernt – ganz leicht möglich. Hier kann man auf einer Fläche von fast sieben Hektar sein eigenes Dschungel-Abenteuer erleben und sich vom Alltagsstress bestens erholen.

Im Tropical Islands befindet sich übrigens der größte Indoor-Regenwald der Welt – die faszinierende Urwald-Landschaft besteht aus rund 50.000 Bäumen, Büschen und einem üppigen Unterholz: Insgesamt sind hier etwa 600 verschiedene Pflanzenarten zu finden, darunter Palmen, Farne, Mangroven oder Baumorchideen.

Aber auch tierische Bewohner haben hier ein neues Zuhause gefunden – freilaufende Pfaue und Fasanen können ausgiebig beobachtet werden. Ein Abenteuer-Pfad führt durch dichtes Grün über Wackelbalken und eine Hängebrücke zum »African Jungle Lift«, einem Hochfahrgeschäft, bei dem es auf einem Holzbalken 20 Meter in die Höhe geht.

Mit dem Ballon über der Südsee

Auch die »Regenwaldtour« bietet ein außergewöhnliches Erlebnis: Ein audiovisuelles Führungsgerät im Taschenrechnerformat ermöglicht die unabhängige Erkundung dieses einmaligen Ökosystems im Tropical Islands – mit spannenden Infos und Videoanimationen. Wer keine Höhenangst hat, sollte unbedingt einen etwa zehnminütigen Flug mit dem »Fesselballon« unternehmen, der seinen Gästen 55 Meter über dem Boden einen atemberaubenden Blick auf die exotischen Landschaften und Strände von Tropical Islands ermöglicht. Dieses

Erlebnis ist zwar aufpreispflichtig, aber jeden Cent wert.

Entspannen in Bali

Für entspannten Badespaß sorgt die »Bali-Lagune«. Hier erwartet Sie Romantik pur auf 1.200 Quadratmetern: Ein Strömungskanal, zwei unterirdische Wasserrutschen und Whirlpools laden bei einer Wassertemperatur von 32 Grad zum Schwimmen oder einfach nur Relaxen ein. Sandstein, Holz und Palmen säumen das Ufer – wo die Lagune an den Regenwald grenzt, schaffen eine Grotte und ein Wasserfall echte Dschungel-Atmosphäre. Auf der anderen Seite der Halle wartet die »Südsee« auf die Besucher, ein riesiges Areal mit langem Sandstrand und einem künstlichen Horizont – eine perfekte Illusion. Liegestühle und Palmen lassen sofort echte Urlaubsgefühle aufkommen, man wähnt sich nicht mehr irgendwo in Deutschland, sondern auf einer paradiesischen Insel irgendwo im Pazifik.

Natürlich bietet Tropical Islands seinen Gästen auch verschiedene Wasserrutschen. Der mit 27 Metern höchste Rutschen-Turm Deutschlands beinhaltet gleich vier dieser beliebten Attraktionen: von der gemächlichen Familienabfahrt mit der Reifenrutsche bis zur Turbo-Rutsche, auf der schon Geschwindigkeiten bis zu 70 Stundenkilometer erreicht wurden! Spezielle Outdoor-Aktivitäten, ein Minigolf-Platz, eine Wellness-Oase oder die abendliche Show runden das Angebot passend ab. ■

TIPP

Hier können Familien richtig sparen: Wenn zwei Erwachsene und ein Kind Eintritt zahlen, erhalten bis zu drei weitere Kinder (4–14 J.) kostenlosen Zugang.

GASTRONOMIE

Passend zum traumhaften Ambiente bietet sich die Möglichkeit, eine ganze Reihe exotischer Speisen zu probieren. Wer sich an tropisches Barbecue, indische Tandoori-Gerichte oder karibische Küche jedoch nicht herantraut, kann auch auf Altbekanntes wie Burger, Pommes frites, Currywurst und Pizza zurückgreifen. Zudem sind ein Café und drei Cocktail-Bars zu finden.

Nur ein Teil der gigantischen Anlage

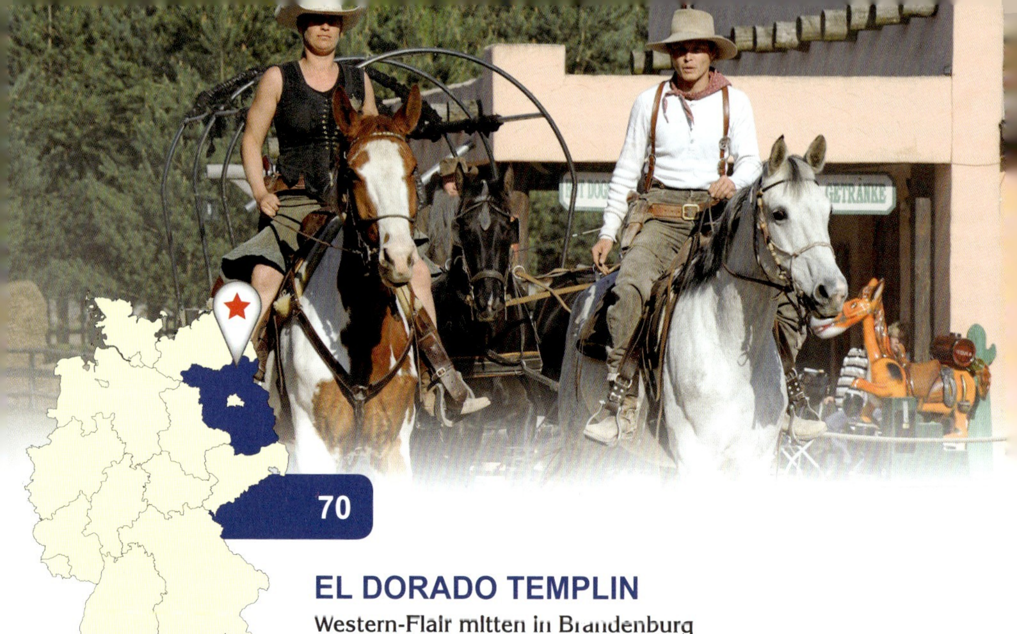

70

EL DORADO TEMPLIN

Western-Flair mitten in Brandenburg

INFORMATIONEN

Bundesland
Brandenburg

Adresse
El Dorado Templin
Am Röddelinsee 1
17268 Templin
Tel. (039 87) 208 40
www.eldorado-templin.de

Öffnungszeiten
In der Regel Mitte April–Anfang November 10–18 Uhr, in den Schulferien und an Feiertagen in Berlin und Brandenburg täglich, außerhalb der Ferien nur Sa/So

Hunde
Erlaubt

Cowboys im uckermärkischen Wilden Westen (Titelbild)

Wer echtes Cowboy-Feeling und Wild-West-Romantik erleben möchte, musste bisher eine weite Reise ins Land der unbegrenzten Möglichkeiten antreten. Seit Sommer 2006 gibt es jedoch im brandenburgischen Templin mit El Dorado eine original nachgebaute Westernstadt, die ihren Besuchern jede Menge packender Unterhaltung und einzigartiges Prärie-Abenteuer verspricht.

Wer als Kind schon immer Cowboy und Indianer spielen wollte, wird sich hier inmitten der brandenburgischen Uckermark wie im Eldorado fühlen. Der Themenpark bietet den Besuchern dabei spannende Attraktionen und actionreiche Shows ganz im Western-Stil. So gibt es etwa bei der »Western-Stuntshow« wilde Schießereien und Kämpfe zwischen Bleichgesichtern und Rothäuten. Unter der Leitung des Bösewichts Major Jackson ist die U.S. Cavalry auf der Suche nach einem sagenhaften Goldschatz, wobei sie tief ins Territorium der Indianer eindringt. Zwei Indianer und eine Farmerstochter versuchen, den skrupellosen Vormarsch aufzuhalten.

Main Street Stunt Show und Hoop Dance

Packende Szenen können die Besucher aber auch einmal täglich auf der Main Street erleben, wenn in der »Main Street Stuntshow« die letzte Kutsche nach Tombstone fährt. Immer um 17:30 Uhr versuchen die Jackson-Brüder, die Goldreserven der Bank zu stehlen – dabei haben sie allerdings die Rechnung ohne Sheriff und Bürgermeister gemacht.

Ein Highlight ist auch die Reifentanzshow in der Indianershowarena. Bei seinem Hoop Dance erzählt der Blackfoot-Indianer Quentin Pipestem die Geschichte eines jungen Indianers, der auszieht, um ein wahrer Krieger zu werden. Auch für Kinder ist das Programm in der Westernstadt äußerst kurzweilig. Neben Attraktionen wie »Bogenschießen« und »Hufeisenwerfen« können die Kleinen auch mit dem Kinderquad über den Strohballenparcours düsen.

Wie es sich für ein Leben zur Pionierzeit des 19. Jahrhunderts gehört, kann man auch in El Dorado dem Goldrausch verfallen und in der »Goldwaschanlage« nach dem wertvollen Edelmetall schürfen. Tierbegeisterte Besucher sind beim Pony- oder Trailreiten dagegen goldrichtig. Weitere Attraktionen, wie etwa die Fahrt mit der »El Dorado Ex-press Postkutsche«, werden mitdem El Dorado-Dollar entrichtet, der natürlich stilecht in der Western-Bank gewechselt wird. Doch Vorsicht! Die Stadt ist auch ein Eldorado für Räuber und Banditen. Eine Auszeit vom turbulenten Wild-West-Treiben kann man sich dagegen bei einer Mahlzeit im Saloon oder im Steakhouse nehmen. Alternativ bietet sich auch ein Streifzug durch die westerntypischen Läden an: Sei es im Spielzeugladen oder dem »Clothing Emporium« – hier findet jeder das passende Souvenir.

El Dorado Templin ist eine einzigartige und authentische Erlebniswelt für Jung und Alt vor den Toren Berlins. Action, Spaß und Abenteuer gehören in der Westernstadt genauso zur Tagesordnung wie schießende Cowboys und tanzende Schwarzfuß-Indianer. Man könnte meinen, dies sei alles ganz wie im Film, doch es gibt einen großen Unterschied – hier sind die Kulissen keine Attrappen. ■

TIPPS

Da es in der Westernstadt viel zu entdecken gibt, lohnt auch eine Übernachtung, etwa in den stilechten Ranchhäusern, dem Fort oder den Indianer-Tipis.

Ob Hochzeit, Kindergeburtstag, Workshop oder Klassenfahrt – das El Dorado Templin bietet für die verschiedensten Anlässe den perfekten Rahmen und hält auf der Homepage eine Menge an Angeboten bereit.

EVENTS

Im El Dorado Templin finden die ganze Saison über zahlreiche Sonderveranstaltungen statt, darunter beispielsweise das Indianer-Treffen oder das Schlittenhunde-Treffen. Aktuelle Informationen zu den einzelnen Events finden Sie auf der Homepage des Parks.

GASTRONOMIE

Für Ihr leibliches Wohl sorgen neben dem Saloon mit Burgern und Co. auch ein Steakhouse sowie die rustikale »Beaver Lodge« mit Grillspezialitäten. Auf die Naschkatzen warten Kaffee und Kuchen im »Coffee House«.

Indianer auf der Main Street (oben)
Main Street-Impression (unten)

ZOO ROSTOCK

Tierwelten entdecken und Abenteuer erleben

INFORMATIONEN

Bundesland
Mecklenburg-Vorpommern

Adresse
Zoologischer Garten Rostock
Rennbahnallee 21
18059 Rostock
Tel. (03 81) 208 20
www.zoo-rostock.de

Öffnungszeiten
Ganzjährig täglich ab 9 Uhr

Hunde
Erlaubt (gegen eine Eintrittsgebühr von € 6)

Huftierhaus (Titelbild)

Im Zoo Rostock – dem größten Zoo an der deutschen Ostseeküste – begegnen Sie 4.500 Tieren in 320 verschiedenen Arten aus aller Welt. Erleben Sie Geparden und Jaguare in der Wildnis, Dschungelfeeling inmitten von Kapuzineraffen im »Südamerika-Haus«, urzeitliche Reptilien in der »Krokodil-Halle«, Eisbären auf der »Bärenburg« und exotische Vögel im »Regenwald-Pavillon«. Die naturnah gestalteten Gehege sind eingebettet in eine einmalige Parklandschaft mit vielfältigen botanischen Besonderheiten, die zum Verweilen und Entspannen unter uralten Bäumen einlädt.

Im »DARWINEUM« begeben Sie sich auf eine spektakuläre Reise durch die Evolution. Das lebendige Museum bietet Umweltbildung und Wissenschaft zum Anfassen, Mitmachen und Mitdenken. In zwei interaktiven Ausstellungsbereichen wird die biologische Vielfalt des Lebens im Zuge der Evolution erlebbar. Sie werden von Galapagosriesenschildkröten empfangen und begeben sich auf eine Zeitreise, von der Geburt des Universums über explodierende Sterne hin zur Entstehung der Erde. Themenboxen mit lebenden Fossilien, imposante Aquarien mit Korallen oder Seepferdchen und Deutschlands größter Quallenkreisel ergänzen die Ausstellung. In der Ausstellung zur Kulturellen Evolution erwartet Sie Wissenschaft zum Ausprobieren.

Das Herz des »DARWINEUM« schlägt in der modernen Tropenhalle. Das 4.000 Quadratmeter große Tropenhaus ist das neue Zuhause für die Gorillas und Orang-Utans. Die Menschenaffen leben hier zusammen mit Brazza-Meerkatzen und Gibbons in naturnahen Lebensräumen. Das »DARWINEUM« ist umgeben von einer großzügigen, circa 10.000 Quadratmeter umfassenden Außenanlage für die Menschenaffen. Gut 5.000 Quadratmeter davon entfallen auf das Freigehege für die Gorillas, circa 4.000 Quadratmeter sind der Tummelplatz der Orang-Utans.

Tierpfleger auf Zeit

Während der öffentlichen Fütterungen der Löwen, Kamele, Eisbären, Wisente und Pinguine sowie bei den exklusiven Tierbegegnungen erleben Sie die Tiere hautnah. Außerdem bietet der Zoo als »Tierpfleger auf Zeit« bei Eisbären, Pinguinen, Zebras oder Robben, bei thematischen Führungen und durch ein vielfältiges Veranstaltungsangebot zahlreiche Erlebnisse für die ganze Familie.

Der Zoologische Garten Rostock ist Mitglied im Welt-Zoo-Verband (WAZA) und engagiert sich global in Zucht- und Auswilderungsprojekten. Wegen der Erfolge bei der Eisbärenaufzucht wird hier seit 1980 das internationale Zuchtbuch geführt. Er gehört zu den beliebtesten Urlaubszielen Norddeutschlands, ist mehrfach mit dem Gütesiegel »Familienfreundliche Einrichtung« vom Landestourismusverband ausgezeichnet und erhielt 2013 den ADAC-Tourismuspreis. Außerdem ist er der einzige Zoo in Deutschland, in dem Kinder erst ab sieben Jahre Eintritt zahlen müssen. ■

TIPPS

Als Tierpfleger auf Zeit können Sie einen Tierpfleger bei seiner täglichen Arbeit begleiten und erleben dabei Zebras, Robben oder Pinguine hautnah.

Einen Blick hinter die Kulissen können Sie auch bei der Nächtlichen Tropenexpedition werfen. Wenn die Tagesgäste gegangen sind, öffnet das »DARWINEUM« für Sie noch einmal seine Pforten und Sie beobachten, wie sich unsere Schützlinge auf die Nacht im Dschungel vorbereiten.

Richtig abenteuerlich wird es im Zoo überall dort, wo es gleich neben den Tieranlagen etwas zum Spielen oder Ausprobieren gibt – Balancieren wie ein Flamingo oder klettern wie ein Affe. Auf den Themenwegen und an den Erfahrungsstationen lautet die Devise: Erfahrungen sammeln durch Ausprobieren.

GASTRONOMIE

Hungrige Besucher haben im Zoo Rostock die Wahl zwischen dem Restaurant im »DARWINEUM«, der Lodge oder dem »Café Käfer«. In gemütlicher Atmosphäre können Sie hier bei Ihrem Zoo-Besuch eine Pause einlegen. Kinderherzen schlagen im »Kindertraumland« höher – hier finden kleine und große Naschkatzen eine große Auswahl an süßen Leckereien und kleinen Snacks.

Nachwuchs bei den Orang-Utans (oben)
Gorilla (unten)

WONNEMAR WISMAR

Die reinste Urlaubswonne

INFORMATIONEN

Bundesland
Mecklenburg-Vorpommern

Adresse
Freizeitbad Wonnemar Wismar
Bürgermeister-Haupt-Straße 38
23966 Wismar
Tel. (038 41) 32 76 23
www.wonnemar.de

Öffnungszeiten
Ganzjährig täglich Oktober–April 10–22 Uhr, Mai–September 10–21 Uhr, Wonnemar SPA 14–20 Uhr

Hunde
Nicht erlaubt

Eine der sechs Rutschen des Rutschentowers (Titelbild)

Das Wonnemar in der Hansestadt Wismar ist Freizeit-, Gesundheits- und Erlebnisbad in einem. Zu jeder Jahreszeit sorgt das familienfreundliche Bad mit mehr als zehn Wasserbecken, sieben actionreichen Rutschelementen sowie vielfältigen Wellnessanwendungen für jede Menge Abwechslung.

Das Wonnemar Wismar bietet Gästen allen Alters Badevergnügen vom Feinsten. Während sich große und kleine Besucher im 370 Quadratmeter großen »Abenteuer-Wellenbecken« in die Brandung werfen und dabei das Gefühl von Urlaub am Meer genießen, steht bei Kindern das »Wonniland« ganz hoch im Kurs. Hier kann der Nachwuchs nach Herzenslust toben und die zahlreichen Wasserfontänen dieser wunderschön angelegten Kinderwelt erkunden oder mit Seehund »Wonni« spielen. Wer sich nun fragt, ob das für die Kleinen nicht viel zu gefährlich ist, der sei beruhigt, Seehund »Wonni« ist das Maskottchen des Wonnemar Wismar und nicht mehr als eine niedliche Steinfigur.

Während die größeren Kids auf dem Piratenschiff oder in der »Felsengrotte« zu einem spannenden Abenteuer aufbrechen oder einfach die kindgerechte Rutsche ausprobieren, planschen die ganz kleinen Badegäste im 32 Grad warmen Babypool. Übrigens, von einer beheizten Sitzfläche aus haben Eltern ihre Sprösslinge stets im Blick.

Nervenkitzel garantiert

Mit oder auch ohne Reifen, »Black Hole« oder »Kamikaze« – Fans von rasanten Abfahrten haben im »Rutschentower« des Wonnemar Wismar die Qual der Wahl, denn hier bekommt man auf insgesamt sechs verschiedenen Rutschen reichlich Action und Wasserspaß geboten. Mit rund 55 Stundenkilometern geht es auf der »Turborutsche« wahrhaftig temporeich die Röhre hinab, so dass der Adrenalinpegel schnell in die Höhe steigt, während man selbst in die Tiefe gerissen wird. Manch sonst so mutiger Geselle sehnt dabei das schnelle Ende dieses Höllenritts herbei. Etwas ruhiger und gemütlicher geht es dagegen auf dem 105 Meter langen »Crazy River« zu. Mit Schwimmreifen bestückt verläuft die Fahrt hier über zahlreiche Stromschnellen und Wirbel.

In der Ruhe liegt die Kraft

Den nötigen Ausgleich finden Badegäste dagegen nicht nur im tropischen »Palmengarten« des Wonnemar, auch der Thermalbereich mit Thalassobecken, Sole-, Kneipp- und Kaskade-Becken sowie Dampfbad stellt eine Oase der Ruhe dar. Verschiedene Massagen, kosmetische Behandlungen und ein vielfältiges Fitnessprogramm runden das Angebot ab.

Heiß her geht es in der Saunawelt des Wonnemar unter anderem mit »Finnischer Sauna«, »Steinbad« und »Kelo-Sauna« mit Kaminraum. Der Saunahof mit Brunnen sowie weitere stilvolle Relaxbereiche sorgen dabei für ausgiebige Momente der Entspannung.

Das Wonnemar Wismar an der Ostsee ist eine Wasserwelt für alle Altersklassen und für alle Sinne. Während der große Wellness- und Saunabereich vielzählige Möglichkeiten zur Regeneration bietet, werden sich Action-Begeisterte im Erlebnisbereich wonnig wohlfühlen. Ambitionierten Wasserratten bietet zudem das großzügige Schwimmerbecken jede Menge Entfaltungsmöglichkeiten. ■

TIPPS

Für Sauna-Neueinsteiger ist die milde »Soft-Sauna« (65°C) des Wonnemar Wismar als Anfang empfehlenswert.

Mit der bad-eigenen App können sich die Besucher nun auch mobil über Neuigkeiten aus dem Wonnemar Wismar informieren.

EVENTS

Sowohl im Erlebnisbad als auch in der Saunawelt und im Gesundheitsbereich finden regelmäßig verschiedene Events und Aktionen, wie zum Beispiel Familientage, lange Saunaabende oder Seniorentage, statt.

Der Außenschwimmbereich des »Wonni«

ZOO MAGDEBURG

Vom Heimat-Tiergarten zum Erlebniszoo

INFORMATIONEN

Bundesland
Sachsen-Anhalt

Adresse
Zoo Magdeburg
Zooallee 1
39124 Magdeburg
Tel. (03 91) 28 09 00
www.zoo-magdeburg.de

Öffnungszeiten
Ganzjährig täglich 9–17 Uhr

Hunde
Erlaubt gegen eine Eintrittsgebühr von € 2 (außer in Tierhäusern und für Besucher begehbaren Anlagen)

Greifvogelshow (Titelbild)
Giraffenjunges (rechts)

Von der Öffentlichkeit bisher mit nur wenig Aufmerksamkeit bedacht, hat sich der Zoo Magdeburg in den letzten Jahren zu einem modernen und attraktiven Tiergarten entwickelt. Wie kaum ein anderer deutscher zoologischer Garten hat er dabei einen grundlegenden Wandel erfahren und bietet heute mit seinen modernen Großanlagen sowie breit angelegten Artenschutzprogrammen den perfekten Rahmen für einen erlebnisreichen Zoobesuch.

Allen voran ist die im Juni 2010 eröffnete Afrika-Anlage »Africambo 1« mittlerweile ein großer Besuchermagnet. Auf 20.000 Quadratmetern sind hier verschiedene Tierarten des »Schwarzen Kontinents«, darunter Blessböcke, Grevy-Zebras, Zwergmangusten und vor allem die vom Aussterben bedrohten Spitzmaulnashörner, beheimatet. Immer wieder macht der Zoo aber auch durch Zuchterfolge von sich reden. So konnte man sich 2013 über Rothschildgiraffe Shani, drei Jungtiere bei den Asiatischen Löwen sowie Schneeleoparden-Drillinge freuen. Letztere bedrohte Raubkatzenart bekam 2015 sogar erneut Nachwuchs. Der 1950 als Heimat-Tiergarten eröffnete Zoo Magdeburg besitzt aktuell rund 900 Tiere aus etwa 180 verschiedenen Arten. Da sich der einstige Zoobegründer Alfred Hilprecht als leidenschaftlicher Ornithologe erwies, steht hier neben den Säugetieren insbesondere auch die Vogelwelt im Mittelpunkt, die unter anderen mit Flamingos, Pelikanen sowie Weißkopfseeadlern vertreten ist.

Von Afrika nach Amazonien

Im 2009 neu eröffneten Eingangsbereich des Tierparks, der sogenannten »Zoowelle«, können Besucher neben den munteren Erdmännchen auch Nager und

Reptilien beobachten. Im gleichen Jahr entstand die Südamerika-Anlage, in der auf 2.000 Quadratmetern neben Tapiren, auch Nasenbären und Guirakuckucke leben.

Zu den schönsten Bauten im Zoo gehört das Giraffenhaus, das 1991 nach nur 110 Stunden Bauzeit eröffnet werden konnte. Die Idee zu dieser doch etwas verrückten Baugeschichte lieferte die Produktionsfirma einer Fernsehshow, in der es darum ging, scheinbar Unmögliches möglich zu machen. Das Haus wurde vom 24. bis 26. Oktober errichtet, am 2. November hielten die eigens aus Karlsruhe beschafften Giraffen Hanna und Fidelitas Einzug. Des Weiteren sollte man sich auch das »Löwenhaus« nebst Freianlage sowie die Anlage der Schneeleoparden, Rothunde und Tiger nicht entgehen lassen – gleichermaßen einen Besuch beim Wappentier des Zoos, dem Luchs. Die Pinguin-Anlage sowie ein großer Abenteuerspielplatz mit Streichelgehege runden das Erlebnis auch für die kleinen Zoobesucher rundherum ab.

Bereits heute ist der Zoo Magdeburg dank seiner naturnahen und artgerechten Tiergehege sowie der Unterstützung zahlreicher Artenschutzprogramme ein moderner Erlebniszoo mit großem Herz und Engagement. Mit dem neuen Menschenaffenhaus und der Madagaskar-Anlage sowie der noch in Bau befindlichen Erweiterung der Afrika-Anlage wird der Zoo wohl auch in Zukunft Besucher und Bewohner gleichermaßen begeistern. ■

TIPPS

Einen Kindergeburtstag im Tierpark zu feiern, ist bestimmt eine ganz besondere Überraschung für den Beschenkten und seine Freunde. Auch der Zoo Magdeburg bietet zu solch einem Anlass den perfekten Rahmen. Das Geburtstagskind bekommt nicht nur eine persönliche Urkunde sowie ein kleines Präsent, sondern darf sich auch noch über einen »tierischen Besuch« freuen.

Der Zoo ist weitestgehend barrierefrei. Behindertentoiletten gibt es am Eingang, am Spielplatz und am Serengeti Camp. Nach telefonischer Reservierung können kostenfreie Rollstühle ausgeliehen werden.

GASTRONOMIE

Für das leibliche Wohl der Tierpark-Besucher sorgen unter anderem das »Zoobistro« im Eingangsgebäude (»Zoowelle«) und das »Serengeti Camp« gegenüber der Afrika-Anlage sowie jeweils ein Kiosk am Streichelgehege und gegenüber dem alten Dickhäuterhaus.

Cobra des Amun Ra, BELANTIS

ZUR GESCHICHTE DER ERLEBNISBÄDER

Wenn sich heutzutage Menschen in schön gestalteten Schwimmbecken vergnügen und anschließend in den Wellness-Bereichen Leib und Seele erholen, so ist dies keineswegs eine Erfindung der Neuzeit. Vielmehr liegen die Wurzeln der modernen Erlebnisbäder rund 4.000 Jahre zurück, als schon in Ägypten und Indien nachweislich große Badehäuser gebaut wurden. Und es waren die antiken Griechen und Römer, die schon vor zwei Jahrtausenden öffentliche Badestätten errichteten, die nicht nur der Bespaßung und der Reinlichkeit dienten, sondern auch die Gesundheit des Körpers stärken sollten.

Die vermutlich bekanntesten Badestätten in der Zeit des Römischen Reiches waren die nach Kaiser Caracalla benannten Thermen, die am Stadtrand Roms von 212 bis 216 errichtet wurden. Dabei ist die Ähnlichkeit zu den Einrichtungen, die wir heute als »Erlebnisbad« bezeichnen, schon frappierend. Die rund 2.000 Personen fassenden Thermen beinhalteten nicht nur mehrere Schwimmbecken, sondern auch Gärten, Gymnastikräume und sogar Geschäfte. Noch heute kann man sich in Rom bei einer Besichtigung der noch gut erhaltenen Ruinen ein gutes Bild über die enormen Ausmaße der Anlage machen.

Im Mittelalter dienten Badehäuser hauptsächlich der Körperpflege und wurden im Auftrag von Gemeinden betrieben. Mit dem verstärkten Aufkommen von Seuchen, deren Verbreitung in diesen Häusern gefördert wurde, begann der allmähliche Niedergang der mit-

teleuropäischen Badekultur. Gab es im 14. Jahrhundert in Frankfurt am Main noch 29 registrierte Bäder, waren Mitte des 16. Jahrhunderts nur noch zwei Badestuben in Betrieb.

Als Vorläufer der heutigen Freibäder könnte man die Flussbadeanstalten bezeichnen, die in Deutschland im 18. Jahrhundert etabliert wurden. So entstanden 1773 in Frankfurt und 1777 in Mannheim die ersten Einrichtungen dieser Art. Öffentliche Badeanstalten in Gebäuden, wie es sie schon im antiken Rom gab, hielten erst im 19. Jahrhundert Einzug in Deutschland.

Im Jahre 1870 eröffnete in Magdeburg das erste moderne Volksbad mit Schwimmbecken – die Angst vor dem Wasser, die noch das Rokoko bestimmt hatte, war nun endgültig verschwunden.

Seitdem hat sich das Aussehen der Bäder stark verändert. Immer neue Errungenschaften wie ein Wellenbecken, das übrigens schon 1905 zum Einsatz kam, Strömungskanäle, Rutschen oder Solebecken gehören heute genauso zum Standard eines modernen Erlebnisbades wie eine angenehme Inneneinrichtung, Restaurationen und ein Wellness-Angebot mit Saunen, Massagen und Solarien. ■

Außenbereich des Donaubades, Thermalbad im Fürthermare, Badespaß im Fildorado, Westfälisches Saunahaus im Inselbad Bahia, Rutschspaß im Fildorado, Magic Eye im GALAXY Erding

ZUR GESCHICHTE DER ZOOS

Als der römisch-deutsche Kaiser Friedrich II. – ein Enkel Friedrich Barbarossas – im Jahr 1235 die Schwester des englischen Königs Heinrich III. heiratete, schenkte er seinem Schwager drei Löwen. Die Tiere wurden im Tower of London untergebracht, doch aus damaliger Unkenntnis darüber, wie sie zu halten seien, verstarben die Löwen nach kurzer Zeit. Nichtsdestotrotz wurde fortan die Menagerie des Towers ausgebaut. Bären und Raubkatzen waren die ersten Tiere, die unter königlicher Obhut gehalten wurden. Sogar ein Eisbär soll im Mittelalter den Weg in den Tower gefunden haben. Löwen waren bald die bevorzugten Tiere auf dem englischen Königssitz, deren adelige Pfleger den privilegierten Titel als »Keeper of the King's Lion« innehatten. Später hielten Kamele, Strauße, Affen, Nashörner, Raubkatzen und Elefanten Einzug in den kleinen Tiergarten, den dann auch die bürgerlichen Einwohner Londons besuchen durften. Wer sich die hohen Eintrittspreise nicht leisten konnte, musste zumindest einen Hund oder eine Katze zur Fütterung der Raubtiere mitbringen.

Auf dem europäischen Kontinent vollzog sich der Ausbau hochherrschaftlicher Menagerien, die auch von den exotischen Tierhaltungen der Azteken beeinflusst worden waren, ab dem 16. Jahrhundert. In Italien wurden die ersten Wildtiere auf den großen Arealen der aristokratischen Residenzen präsentiert. Zum einen dienten die fremdartig wirkenden Tiere als Demonstration der Macht, zum anderen waren Elefanten, Nashörner und Raubkatzen

reizvolle Attraktionen, die Adel und Klerus willkommene Zerstreuung brachten.

Das Wildgehege des königlichen Schlosses in Lissabon erlangte durch die Haltung importierter Tiere aus den portugiesischen Kolonien schon damals Berühmtheit. Hanno, der indische Elefant, wurde 1514 von König Emanuel I. als Geschenk für Papst Leo X. nach Rom gebracht, wo der beliebte Dickhäuter leider zwei Jahre später aufgrund der falschen Behandlung einer Verstopfung verstarb.

Zur Zeit des französischen Sonnenkönigs Ludwig XIV. erfuhr die Ausstellung exotischer Tiere einen wahren Boom. Die höfischen Menagerien der Schlösser Versailles und Schönbrunn verfügten über große barocke Anlagen, die allen anderen damaligen Tierschauen als Vorbild dienten. Heute steht der aus der 1752 entstandenen »Menagerie Schönbrunn« erwachsene »Tiergarten Schönbrunn« für moderne Tierhaltung in großen Gehegen. Er ist der älteste Zoo der Welt.

Von der bloßen Zurschaustellung in engen Käfigen gehaltener Tiere bis zu den ersten Erkenntnissen über artgerechte Haltung mussten ab dem 18. Jahrhundert dennoch weitere Jahrzehnte vergehen. Durch die Öffnung einem breiten Publikum gegenüber wuchs die

Flusspferd im Zoo Frankfurt, Eisbär bei der Nahrungsaufnahme im Tiergarten Nürnberg, Zebra im Zoo Duisburg (von links nach rechts)

ZUR GESCHICHTE DER ZOOS

Nachfrage der Bevölkerung nach weiteren Tierschauen. Der erste offizielle Zoo wurde 1828 in London, der älteste Zoo Deutschlands 1844 in Berlin eröffnet. Es folgten weltweite Zoogründungen in Europa, den USA, China, Indien und Japan. Die Zoos in Köln, Leipzig, München und Stuttgart blicken auf eine lange Tradition zurück und stehen heute für Artenschutz, Nachzüchtungen bedrohter Tierarten und vorbildliche Gehege, die das ursprüngliche Verhalten ihrer Bewohner fördern und regelmäßigen Nachwuchs garantieren.

Als einer der Wegbereiter moderner Zoos gilt Carl Hagenbeck. 1896 entwickelte er seine patentierte offene Tierschau mit freien Gehegen, die in dem 1907 eröffneten »Tierpark Hagenbeck« nördlich von Hamburg seine Verwirklichung fand. Der erste gitterlose Zoo der Welt gehört heute zu den schönsten Europas.

Was wären die deutschen Tierparks ohne das Engagement Bernhard Grzimeks, des langjährigen Direktors des Frankfurter Zoos? In den 1950er Jahren hatte er Afrika bereist und gemahnte in seinem Oscar prämierten Film »Serengeti darf nicht sterben« an den Schutz der bedrohten Tiere des Schwarzen Kontinents. Sein Auftreten in den Medien bewirkte innerhalb der Bevölkerung ein Umdenken hinsichtlich artgerechter Haltung. Auf dem Gelände des Frankfurter Zoos erinnert seine berühmte Dornier im Zebralook noch immer an seine Expeditionen im Namen der Tiere.
Die Zoos der Gegenwart bieten eine Mischung aus interessantem Edutainment, exotischen

Abenteuerlandschaften und wertvollen Refugien aussterbender Arten. Unterhaltung und Tierschutz schließen sich nicht aus, sondern ziehen durch die große Popularität berühmter Zoobewohner auch eine erhöhte Sensibilität bezüglich Klima- und Naturschutz nach sich. Die »World Association of Zoos and Aquariums« besteht aus über 200 weltweiten Zoos und sichert durch ihre Erhaltungszuchtprogramme das Überleben von Tieren, die sonst ausgestorben wären.

In modernen Zoos wird weniger Wert auf die Anzahl der präsentierten Arten gelegt als auf weitläufige Gemeinschaftshaltungen, die der Natur nachempfunden sind. So leben verschiedene afrikanische und australische Steppentiere in ihren jeweiligen Gehegen in harmonischer Eintracht zusammen.

Der größte Tierpark der Welt ist übrigens der »San Diego Wild Animal Park«. Auf dem 720 Hektar großen Areal stehen den Tieren großzügige weite Landschaften zur Verfügung. Das warme Klima Südkaliforniens macht diese freie Haltung exotischer Arten möglich, die sogar selbst aktiv den Kontakt zu den Menschen suchen. Die Löwen Heinrichs III. hätten ihre hier lebenden Artgenossen mit Sicherheit beneidet. ■

Tiger im Tiergarten Nürnberg (links)
Elefant beim Trockenschütteln im Zoo Dresden (Mitte oben)
Giraffen im Serengetipark (Mitte unten)
Nandu im Zoo Duisburg (rechts)

ZUR GESCHICHTE DER FREIZEITPARKS

Freizeitparks sind mitnichten eine Erfindung des 20. Jahrhunderts. Vielmehr gehen ihre Wurzeln und Ursprünge zurück bis in das Jahr 1583, als in einem kleinen Waldgebiet nördlich von Kopenhagen eine Wasserquelle entdeckt wurde, deren gesundheitsfördernde Wirkung sich schnell herumsprach.

Schnell entwickelte sich an diesem Ort ein munterer Marktplatz, an dem Waren und Dienstleistungen als Zusatzangebot feilgeboten wurden: die Geburtsstunde des weltweit ersten Freizeitparks »Bakken« im dänischen Klampenborg.

Auch der »Wiener Prater«, wo bereits ab 1766 die Bevölkerung in Kaffeehäusern und Cafés Entspannung suchte, oder der 1843 eröffnete berühmte »Tivoli« in Kopenhagen gehören zu den traditionsreichsten Freizeitparks auf diesem Planeten und zeigen deutlich, dass der Wunsch der Menschen nach Entspannung und Freizeitgestaltung sicherlich älter ist, als es der moderne Freizeitpark mit seinen Fahrattraktionen vermuten lässt.

In den Vereinigten Staaten von Amerika, die gerne als das Mutterland der Freizeitparks gesehen werden, hielt ein solches Konzept erst vergleichsweise spät Einzug. Erst im Jahre 1846 öffnete der erste Freizeitpark auf amerikanischem Boden seine Tore: der »Lake Compounce Amusement Park« in Bristol. 1870 folgte der heute vor allem durch sein Achterbahnangebot weltbekannte »Cedar Point« in Ohio.

Aufgrund des großen Erfolges dauerte es nicht lange, bis überall im Land weitere Frei-

Flying Coaster Manta in SeaWorld Orlando (links oben)
Tivoli Kopenhagen (links unten)
von links nach rechts:
SheiKra in Busch Gardens Tampa
Die Glocke im Hansa-Park
Scream im Heide-Park

zeitparks gebaut wurden, allerdings fand die Euphorie spätestens mit dem Einsetzen der Großen Depression und des Zweiten Weltkriegs ein jähes Ende. Außerdem stellte sich langsam heraus, dass das Verwenden von Holz als hauptsächlichem Baustoff recht suboptimal war: Alleine auf dem berühmten »Coney Island« zerstörten Feuer im Jahre 1911 und 1944 zwei Parks komplett.

Im Jahre 1929 entstand in Cleebronn mit der Altweibermühle der Grundstein für Deutschlands ältesten Freizeitpark: den »Erlebnispark Tripsdrill«. Bis allerdings die deutschen Großparks entstanden, sollte es noch einige Jahrzehnte dauern. Den entscheidenden Wendepunkt von einem »Amüsierpark« mit Fahrgeschäften und Fressbuden hin zu dem, was wir heute unter einem Themenpark verstehen, markiert sicherlich das Jahr 1955, als ein erfolgreicher Produzent von Zeichentrickfilmen ein völlig neuartiges Park-Konzept der staunenden Öffentlichkeit präsentiert: »Disneyland« in Kalifornien ist von Anfang an ein gigantischer Erfolg und hat zweifellos seitdem alle modernen Freizeitparks inspiriert.

In den darauffolgenden Jahren wirkte sich dies auch auf Deutschland aus: 1967 wurde in Brühl bei Köln mit großem Erfolg das »Phantasialand« eröffnet, 1975 startete der »Europa-Park« seinen Siegeszug. Diese beiden heute größten Parks in Deutschland holten sich trotz vieler eigener Ideen auch so manche Anregungen aus den Konzepten von Walt Disney, dessen eigene Vision eines Freizeitparks wiederum auf der Gestaltung von »Tivoli Gardens« in Dänemark basiert, womit der Kreis zurück zu den Ursprüngen wieder geschlossen wäre. ■

Colossos im Heide Park

490

IMPRESSUM/BILDNACHWEIS

Alle Abbildungen wurden von Parkscout bereitgestellt. Das Copyright liegt, wenn nicht anders angegeben, bei den einzelnen Erlebniswelten bzw. den Fotografen von Parkscout.

Für einzelne Fotos bedanken wir uns bei:

Franz Frieling (S. 36, S. 37 r.); Zoo Osnabrück (S. 38); pixelio.de, M. Großmann (S. 44); Grugapark Essen (S.58–59); Kölner Zoo, Rolf Schlösser (S.82); Kölner Zoo, Rolf Schlösser (S.83 l.); Kölner Zoo, Hans Feller (S.83 r.); Wolfgang Fischer (S. 86); Sven Dzubiel (S. 87); Zoo Frankfurt, Marlies Thieme (S. 99); pixelio.de, Rainer Sturm (S. 102); Hockenheim-Ring GmbH (S.106–107); Wilhelma, Zoologisch-Botanischer Garten Stuttgart (S. 110); Marc Spies (S. 117); Europa-Park Mack KG (S.122–125); Bavaria Filmstadt (S.128–129); Bodensee-Therme Überlingen (S. 140–141); Donaubad Wonnemar, InterSPA Gruppe (S. 142–143); PLAYMOBIL-FunPark (S. 150–151); Fotostudio Wilke, Wien/TFB Fürth Objektgesellschaft mbH und Vitaplan Thermalplan GmbH & Co. KG (S. 154–155); pixelio.de, Hans Snoek (S. 166); Fotografisch-Juliane Mostertz (S.172–173); SAALEMAXX (S.178–179); Botanischer Garten Berlin und Botanisches Museum Berlin-Dahlem, I. Haas (S. 182–183); Filmpark Babelsberg (S. 184–185); El Dorado Templin (S.188–189); Wonnemar Wismar, InterSPA Gruppe (S. 192–193)

Titelbild: Karacho, Achterbahn im Erlebnispark Tripsdrill. Foto: Erlebnispark Tripsdrill GmbH & Co. KG
Foto für App: Eisbären im Erlebnis-Zoo Hannover. Foto: Erlebnis-Zoo Hannover
Vordere Umschlagklappe (innen): Übersichtskarte von Deutschland mit den eingezeichneten Erlebnisparks
Umschlagrückseite: Reifenrutsche in der Therme Erding. Foto: Therme Erding Sportbad GmbH
S. 1: blue fire Megacoaster powered by GAZPROM im Europa-Park, Foto: Parkscout.de

Gaia ist eine Marke der VISTA POINT Verlag GmbH, Potsdam

Konzeption und Redaktion: Mike Vester, Achim Schefczyk/Parkscout.de, Rödelsee
Lektorat: Mike Vester, Verena von Pidoll/Parkscout.de, Rödelsee
Layout und Herstellung: Denis Brünn, Achim Schefczyk/Parkscout.de, Rödelsee
Kartographie: Kartographie Huber, München
Gesamtherstellung: Tandem Verlag GmbH, Potsdam

ISBN 978-3-95733-377-3